동아시아 근대 한국인론의 지형

| 지은이 |

이선이(李善伊, Lee, Sun-yi) 경희대학교 한국어학과

손지연(孫知延, Son, Ji-youn) 경희대학교 후마니타스 칼리지

이선이(李宣垠, Lee, Sun-yi) 서울여자대학교 인문과학연구소

최강민(崔康民, Choi, Kang-min) 경희대학교 후마니타스 칼리지

송석원(宋錫源, Song, Seok-won) 경희대학교 정치외교학과

김경석(金璟碩, Kim, Kyung-seog) 경희대학교 중국어학과

이준태(李俊泰, Lee, Jun-tae) 경희대학교 후마니타스 칼리지

쑨커즈(孫科志, Sun Kezhi) 중국 푸단대학(復旦大學) 역사학과

이돈수(李墩帥, Lee, Don-soo) 동국대학교 교양교육원

동아시아 근대 한국인론의 지형

초판 인쇄 2012년 9월 15일 **초판 발행** 2012년 9월 25일
지은이 이선이, 손지연, 이선이, 최강민, 송석원, 김경석, 이준태, 쑨커즈, 이돈수
펴낸이 박성모 **펴낸곳** 소명출판 **출판등록** 제13-522호
주소 서울시 서초구 서초동 1621-18 란빌딩 1층
전화 02-585-7840 **팩스** 02-585-7848 **전자우편** somyong@korea.com **홈페이지** www.somyong.co.kr

값 25,000원
ISBN 978-89-5626-753-1 93810

이 책은 2009년도 정부의 재원으로 한국연구재단의 지원을 받아 연구되었음(KRF-2009-32A-A00078).

경희대학교 비교문화연구소 비교문화총서 · 05

동아시아 근대 한국인론의 지형

Topography of the discourse on modern korean in East Asia

이선이 외 지음

소명출판

일러두기

1. 인용문의 경우 원문대로 표기하는 것을 원칙으로 하였으나 띄어쓰기의 경우 현대어법에 따랐다.
   - 번역해서 인용한 경우 필자의 번역으로 하였다.
   - 필자가 강조하고자 한 부분은 밑줄이나 굵은 글씨로 표기하였다.
2. 중국어와 일본어 번역의 경우 필요시 한자를 병기하였으며, 문체는 현대 문어체로 통일하였다.
3. 중국어와 일본어를 한국어로 표기할 때는 기본적으로 문교부(현재 문화체육관광부)의 '외래어표기법'(문교부 고시 제85호-11호, 1986년 1월)을 따랐다.
4. 개별 글의 경우 「 」를, 단행본과 연속 간행물의 경우 『 』를 사용하였다.
5. 원문을 줄인 경우 (…중략…) 으로 표시하였다.
6. 인명은 한글로 표기한 후, 한자 또는 영어를 병기하였다.
7. 단행본의 영문 표기는 이탤릭체를 사용하였다.
8. 강조, 원문의 수정 발췌, 요약 인용의 경우는 작은따옴표(' ')로, 원문의 직접 인용, 대화의 경우는 큰따옴표(" ")로 구분하여 표기하였다.

● 책을 펴내며

여기 모은 글들은 근대에 접어들면서 동아시아 삼국에서 제기된 한국인韓國人에 관한 논의를 비교하고 분석한 것이다. 이 연구를 진행하는 동안 우리는 한국인이라는 집단적 정체성이 어떻게 형성되었는가라는 공통의 논제를 염두에 두면서, 근대 초에 삼국에서 언술화된 한국인론韓國人論의 지형을 탐사해 나갔다. 앞서 발간한 『근대 한국인의 탄생』(2011)이 한중일 삼국에서 논의된 근대 한국인론의 실제를 자료집으로 묶은 것이라면, 그 후속작업에 해당하는 이 책은 삼국의 논의를 면밀히 들여다보고 상호비교하며 한국인이라는 기표 안에 새겨 넣은 논자들의 욕망을 비판적으로 읽어나간 작업에 해당한다.

기실 정체성이란 타자의 존재를 인식하는 순간 자각하게 되는 주체 자신의 고유한 실체에 대한 욕망이다. 여기에서 중요한 것은 타자가 주체에 맞먹는 의미를 갖는다는 사실이다. 그러므로 모든 정체성에 관한 담론은 주체와 타자의 시선이 서로 섞여서 짜낸 인식론적 교직물이라 할 수 있다. 이처럼 고유의 정체성 담론은 자신의 내부와 외부를 언제나 동시에 호명해 낸다. 하지만 우리가 여기서 주목한 점은, 시선의 혼재라는 사실 그 자체가 아니라 이러한 시선의 섞임을 가능하게 만든 욕망이 무엇이며 이를 담론화하는 방식이 어떠했는가 하는 사실이었다. 오랫동안 우리가 한민족이라는 고유한 민족정체성에 집착하면서 그 속에서 부지불식간에 감지해야했던 일종의 균열감 내지는 이질감들은 이러한 바라봄의 시차視差가 야기한 실상이라 할 수 있을 것이다. 따라서 한국인이라는 우리의 정체성이 어떻게 형성되었는가를 살피기 위해서는 주체와 타자가 서로를 바라보는 방식과 함께, 이 시선의 방향성을 정위한 욕망의 이면을 예의주시할 필요가 있었다. 그러므로 우리가 여기에서 분석대상으로 삼고 있는 것은 근대에 접어들면서 동아시아 삼국에서 제기된 조선민족성 관련 담론이지만, 우리가 궁극적으로 규명하고자 한 것은 동아시아 삼국의 근대적 집단정체성이 어떻게 명명되었는가 하는 논의 방식이자 그 이데올로기라 할 수 있을 것이다. 이를 살피는 과정에서 우리의 이목을 집중시킨 사실은 이러한 욕망들이 개별적이고 일방향적으로 발생하고 전이된 것은 아니라는 점이다. 이들 욕망은 동아시아 공간을 횡단하면서 인식론적 순환과 충돌양상을 보였으며, 삼국에서 한국인론이 유통되는 과정에는 강한 상호텍스트성이 포착되었다. 이러한 문화횡단의 양상을 면밀히 들여다보며 한국인이라는 집단적 초상이 만들어진 근대적 기원을 추적하는 일은, 연구에 동참한 우리 모두에게 결코 즐거운 시간만은 아니었다.

그럼에도 불구하고 우리의 힘겨운 연구를 지속시켜 준 동력은 우리가 처한 작금의 현실이라 하겠다. 이 연구를 시작하게 된 문제의식에는 지난 백년간 우리를 명명한 민족정체성의 구획 방식을 정직하게 들여다보지 않고는 한국사회에서 진정으로 타자와 함께 한다는 인식을 만들어나가기가 어렵다는 현실적인 필요가 함께 하고 있었다. 이러한 문제의식을 가지고 우리는 하나의 고유성으로 집단을 명명하는 일이 일종의 동일성의 폭력을 담론적으로 실천하는 행위임을 목도하며 동아시아 근대공간에서 정체성의 정치Identity Polices가 만들어낸 고통스러운 실상을 횡단하였다. 이 과정에서 우리 사회가 지향하고 있는 다중적 정체성이란, 복수의 정체성의 산술적 합이 아니라 단수의 정체성이 갖는 인식론적 폭력성을 비판적으로 재인식할 수 있을 때 도달할 수 있는 하나의 지평임을 새삼 확인할 수 있었다. 이런 점에서 한국사회가 다양한 이질적인 집단들과 공존하는 길을 찾고 이들과 더불어 공감과 이해에 바탕을 둔 집단정체성을 만들어나가는 데 우리의 연구가 미력하나마 보탬이 되기를 소망해 본다.

이 연구를 진행해 온 지난 2년 동안 오승희, 신선희, 리샤오메이 세 분 박사과정생은 궂은일을 마다하지 않았다. 고마운 마음이 크다. 또한 일본의 하타노 세츠코波田野節子 선생님과 중국의 손과지孫科志 선생님을 비롯하여 한중일 삼국에서 이 연구를 위해 도움을 주신 여러 선생님들의 후의厚意는 잊지 못할 것이다. 가까이에서 함께 연구를 진행한 여러 선생님들과의 만남도 소중한 인연이 아닐 수 없다. 마지막으로 이 책의 출판을 맡아주신 소명출판에도 고마운 마음 전하고 싶다.

2012년 8월 서천의 녹음 아래에서

이선이

차례

II 근대 한국인론의 표상과 재현

I

동아시아 민족성 담론의 지형들

근대 한국과 일본의 조선민족성 논의*

이선이李善伊

1. 민족성 혹은 타자화된 자기인식

근대국가가 '민족'을 기반으로 하는 민족국가의 성격을 가지면서 '민족'에 대한 인식은 우리 자신을 이해하는 중요한 척도가 되어 왔다. 일반적으로 '민족'의 함의는 언어, 역사, 종족 등의 원초적인 요소를 강조하느냐, 근대적 국민국가의 국민성이라는 역사적 요소를 강조하느냐에 따라 달라질 수 있다. 이 가운데, 근대적 민족성 논의는 근대국가 만들기와 내밀하게 연관되는 '국민'이라는 개념과 그 인식의 맥락을 같이 한다. 우리의 경우, 국민성 논의는 국가상실로 인해 민족성에

* 이 글은 *Comparative Korean Studies*(제16집 2호, 2008)에 수록된 논문을 수정 보완한 것임.

관한 논의로 담론화되며 한국인의 정체성 형성을 주도하였다. 물론 민족 담론의 경우, 질곡의 현대사를 거치면서 지배이데올로기에 나포됨에 따라 통치이데올로기로서의 성격을 강하게 드러낸 바 있다. 따라서 오늘날 민족 담론은 일방적으로 부정되고 비판받아야 할 대상으로 치부됨에 따라, 민족 담론의 기원과 성격에 대해 진지하게 성찰하지 못하고 있는 것이 현실이다. 특히 이들 민족 담론 가운데 민족이라는 추상명사에 구체적인 내용을 부여해 온 민족성 관련 논의들은 민족을 의미화하는 의미형성의 요체core에 해당한다는 점에서 면밀한 고찰이 요구된다. 하지만 민족 담론이 지나치게 이데올로기가 실현되는 장소가 됨에 따라 이를 진지하게 성찰해 볼 수 있는 기회를 우리 스스로 박탈해 왔다. 민족성에 관한 학문적 천착이 지연된 것은 민족성 담론이 점유하는 담론의 현재적 지형이 만들어낸 결과로 볼 수 있다.

그렇지만 우리의 민족성 담론이 어떻게 역사적으로 구성되었으며, 그 의미생산 방식이 어떠했는가를 면밀히 고찰하는 것은 한국인의 정체성 형성과정과 그 속에 담긴 외상trauma을 성찰해 보는 역사적 경험이 된다는 점에서 의미 있는 작업이 아닐 수 없다. 실상 '민족'은 개항 이후 한국인이 자신과 다른 타자를 만나면서 심리적으로 경험하게 된 자기인식의 문제와 깊이 결부된다는 점에서 여전히 문제적이다. 왜냐하면 '민족' 개념의 발생론적 기원 문제나 민족성이라는 민족의 고유한 특성 규명은 결국 나와 다른 남과의 차이에 대한 인식이 촉발한 타자화된 자기인식이기 때문이다.[1] 일반적으로 정체성identity이란 타자와의 상호작용 과정에서 스스로에게 부여하게 되는 고유성의 심리적 기제로, 타자와 나를 구별하는 심리적 경험이라 할 수 있다. 이는 다양한 기억에 공통성을 부여하는 방식으로 정립되면서 상당히 오랜 시간 불변의 요소로 인식된다는 점에서 진리적 혹은 당위적 속성을 갖게 된다. 물론 시간의 흐름에 따라 정체성의 내용은 변화하지만 그러나 우리의 민족정체성의 경우, 장구한 역사의 이름으로 호명되었고 공통의 언어와 신화를 토대로 공유되었을 뿐만 아니라, 일제강점기라는 내부적 위기를 극복하는 과정에서 형성되었다는 점에서 일층 본질화되었다고 하겠다.

그렇다면 이러한 엄숙한 표정을 지니고 불변의 요소로 인식되는 민족정체성의 진원지는 어디일까?[2] 무엇보다 우리가 아닌 타자와의 광범위한 만남을 갖게 된 개항은 이런 점에서 중요한 역사적 경험이 아닐 수 없다. 전근대 시기에 한국인들의 삶이 비교적 안온하고 자족적이었다면 열강의 위력 앞에서 비로소 스스로에 대한 인식을 새롭게 요구받은 때가 바로 이 시기이기 때문이다. 이 시기에 제기된 민족성 담론에는 서양인과 일본인이 인식한 우리 민족성에 대한 논의가 수용과 전유, 저항과 변형의 방식으로 착종되면서 표출된다. 차이에 대한 인식과 동시에 발생하는 자기재정립 내지는 자기인식에 대한 욕망의 탄생은 '민족'이라는 이름을 내면화하며 스스로에 대한 새로운 인식을 축조해나가는 결정적 계기가 된다. 자아의 성장과정에서 조우하게 되는 타자에 대한 인식이 자기이해의 중요한 계기가 되듯이, 한국인의 자기인식 과정에서 타자와의 대면은 근대적인 자기인식을 추동하는 중요한 동인이 되었다. 스스로를 타자의 눈으로 바라볼 수 있을 때 비로소 진정한 자기인식이 시작되기 때문이다. 특히 이 시기 타자의 시선 가운데 우리를 압도한 것은 일본인이 형성해나간 우리의 민족성이라 할 수 있다. 한일 민족성 담론의 주고받기에 대해 주목할 수밖에 없는 이유가 바로 여기에 있다.

2. 조선민족성 담론의 형성 과정

명치유신明治維新 이래 일본은 탈아입구脫亞入歐의 기치를 내세우며 아시아 내의 주도권을 잡아가는데, 특히 청일전쟁(1894)과 러일전쟁(1904)에 승리하면서 가지게 된 자부심은 조선민족성에 대한 담론으로 표출되며 식민논리의 정당성을 만들어 나간다. 이 과정에서 조선과 조선인에 대한 민족성 담론이 일본 내의 언론 매체를 통하여 광범위하게 제기되었다. 물론 이러한 조선민족성에 관한 담론의 이면에는 일본민족성을 정립하고자 하는 욕망이 무의식적 전제로 자리하고 있었음은 널리 알려진 바이다.[3] 서구적 근대인의 기준에 합치하는 일본민족성을 부각시키며 이러한 담론화 과정을 통해 일본의 논자들은 아시아 내 다른 국가와 일본의 구별 짓기를 수행한다.[4] 이들 일본의 조선민족성 관련 담론은 한국인 스스로가 자신을 이해하는 방식에도 적지 않은 영향을 끼치게 된다. 일본에서 제출된 조선민족성 담론은 한국에서의 조선민족성 담론 생산을 촉진하고 자극함에 따라 당시 우리의 민족성에 대한 인식은 광범위하게 퍼져 중요한 사회 담론이 된다. 이러한 담론화의 과정이 일본과 한국에서 어떻게 진행되었는지 좀 더 면밀하게 살펴보자.

조선민족성에 대한 담론화는 정한론征韓論이 대두된 1870년을 전후하여 일본에서 시작된다. 이 시기 조선을 다녀간 일본의 주요 인사들은 조선여행기나 조선체험기를 발표하는데, 여기에 조선인의 민족성을 언급하기 시작한다. 하지만 이들의 글에서 조선민족성이 본격적으로 다루어진 것은 아니다. 이러한 논의가 본격화된 것은 청일전쟁과 러일전쟁을 거치면서부터이다. 전쟁의 승리감에 도취한 일본은 조선을 식민지화 할 야욕을 본격적으로 드러내면서 조선민족성을 체계적으로 담론화하기에 이른다. 이들 논의들은 조선과 조선 정부의 무능을 민족성의 본질적 성격에 의한 필연적 결과로 규정하면서 이를 역사적으로 입증하는 방식을 취한다. 이러한 방식은 결국 식민사학자들이 제시한 조선사의 정체성론停滯性論이나 타율성론他律性論과 일맥상통하는 것으로서, 조선민족성을 불변의 것으로 고정시키며 한일 간의 차이를 정교하게 논리화 해나간다.

이는 일본이 스스로의 정체성을 만들어나가는 시기와도 일치한다. 일본이 본격적으로 근대적인 일본인론을 담론화하기 시작한 시기가 청일전쟁 전후였고, 이러한 논의가 하나의 체계를 가지며 완성된 시기가 러일전쟁 직후라는 사실이 이를 입증한다.[5] 1907년에 이르면 하가 야이치芳賀矢一의 『國民性十論』는 베스트셀러의 반열에 올랐으며 일본인의 민족성을 논의하는 것이 일본사회에서 유행 담론이 되었다. 이러한 사회 분위기 속에서 일제강점 직후에는 잡지 『태양』을 중심으로 한국강점을 정당화하고 식민지 정책을 어떻게 펴나가야 할 것인가에 대한 논의가 활발하게 진행되는데,[6] 이들 논의에서 자연스럽게 조선민족성에 대한 부정적인 면은 확고하게 우리의 정체성으로 각인되어 나간다.

그러나 이 시기 일본의 조선민족성 논의가 모두 부정적으로 제출된 것만은 아니다. 한국강점 직후에는 식민지 종주국으로서의 관용을 드러내며 동화정책의 일환으로 조선인의 미덕을 언급하는 논의도 부분적으로 제출된다. 또한 다이쇼大正 데모크라시를 주도한 대표적인 인물인 요시노 사쿠조吉野作造의 '조선자치론'처럼 역사적으

로 독립민족이라는 점을 들어 식민통치의 부당성을 입증하고자 한 경우도 없지 않다. 물론 이런 경우에도 조선인의 무기력 등은 빠지지 않고 언급하고 있지만 이러한 논의 자체가 제국주의의 지배이데올로기에 흡수되는 형국은 분명 아니었다. 하지만 조선을 객관적으로 보고 제국주의적 시선에서 벗어나려는 이러한 입장은 주류 담론에 대한 저항 담론으로서 사회적 힘을 형성하기에는 역부족이었다. 특히 일본의 조선민족성에 대한 논의는 3・1운동을 계기로 급격하게 부정적인 민족성을 강조하는 경향으로 수렴되어 나간다. 즉 3・1운동의 경험은 일본의 입장에서 볼 때, 조선민족성 담론을 통치이데올로기를 위한 담론으로 활용해야 한다는 필요를 자극하기에 충분한 사건이었다. 이러한 정황에서 제출된 대표적인 조선민족성 관련 텍스트가 1927년 조선총독부에서 발간한 기밀 조사자료집인 『朝鮮人の思想と性格』이다. 이 자료집에는 조선인에 의한 조선민족성 담론과 일본인에 의한 조선민족성 담론이 함께 수록되어 있다. 그러나 일제강점하에서 조선총독부에 의해 발간된 자료집이라는 성격에서 알 수 있듯이, 이 자료집은 그 동안 일본에서 제출된 조선민족성 논의를 종합적으로 압축한 것으로서 그 속에는 식민주의적 시선이 깊게 투영되어 있다. 하지만 이러한 의도를 노골적으로 드러내지 않기 위해 당시 서양인이 본 조선인에 대한 인상도 함께 수록함으로써 자신들의 논리를 객관적으로 가공하는 여유를 보이기도 한다. 또한 조선인의 성격을 사상과 종교의 변천을 근거로 하여 논리적으로 규명함으로써 학술적 태도로 조선인의 민족성을 밝히려는 입장을 견지한다. 이러한 면은 당시 일본에서 제출된 조선민족성 담론화의 전략을 그대로 수용한 것으로 볼 수 있다.

한국의 경우, 우리 민족성에 대한 담론화가 본격화된 것은 3·1운동의 좌절을 경험하면서부터이다. 물론 개화기부터 신채호, 박은식 등을 중심으로 고대사 연구를 통해 민족적 자부심을 불러일으키는 역사인식을 강조하면서 민족성을 부각시킨 바 있었다. 이들은 단군 중심의 건국신화 강조, 민족적 영웅에 대한 전기 집필, 민족을 중심에 둔 새로운 역사읽기 등을 통해 강인한 민족성을 부각시키고 이에 대한 자부심을 강조하였다. 그러나 이러한 일련의 노력은 그 자체가 민족성에 대한 담론을 구축하는 데로 나아가지는 못하였다. 이들 논의는 민족사의 장구한 연원을 밝힘으로써 근대적인 국민국가 건설에 대한 열망을 표출한 것으로 볼 수 있다.

또한 유길준을 위시한 개화론자들의 경우, 근대적 국민의 탄생을 위한 근대화 과정을 체계적으로 제시하면서 국민성에 대한 피상적인 인식을 드러냈지만 그것이 조선민족성을 규정하는 지점까지 나아가지는 못하였다. 이들은 교육 담론, 위생 담론, 여성 담론 등의 근대화를 위한 논의를 통해 근대화를 성취하기 위한 방향성을 제시하는 데 주력하였지만, 조선의 현실을 하나의 자기인식으로 통합하여 수렴하지는 않았다. 한일합방 이전까지만 해도 당시 지식인에게는 근대적인 제도만 수용한다면 우리도 근대적 국민국가를 이룰 수 있다는 자신감이 충만하였고, 적어도 3·1운동의 좌절을 경험하기까지 이러한 자신감은 위축되지 않았던 것으로 보인다. 최남선이 최초의 근대적 잡지인 『少年』(1908)을 창간하고 여기에 발표한 「해상대한사」[7]를 통해 밝힌 것은 우리의 민족사는 세계사적인 시각에서 볼 때 가장 우수한 역사라는 인식이었으며, 이러한 인식은 당대 지식인들의 근대화에 대한 자신감의 표출로 볼 수 있다. 3·1운동의 좌절이 있기 전까지 지식인들은 이처럼 낭만적 차원에서 민족을 이해하고 소비하고 있었다.

3·1운동은 내부적으로 볼 때, 기존의 민족이해에 대한 총체적인 재인식을 촉발한 중요한 인식론적 결절점에 해당한다. 따라서 3·1운동을 계기로 조선민족성 관련 논의가 활발하게 개진되어 나간다.[8] 그 대표적인 예로 이돈화의 「조선의 민족성을 논하노라」(1920), 이광수의 「민족개조론」(1922), 일제강점기에 민족을 대표한 잡지로 꼽히는 『개벽』에서 방대한 지면을 할애하며 특집으로 구성한 「조선의 자랑」(1925),[9] 최남선의 「역사를 통해 본 조선인」(1928) 등을 꼽을 수 있다. 이러한 1920년대의 논의가 우리의 민족성에 대한 부정과 긍정의 두 측면을 동시에 인식하며 조선민족성 담론의 근대적 원형을 완성해 나갔다면, 1930년대 중반에 접어들면서 민족성 담론의 양상은 서서히 제국주의적 통치이데올로기에 일방적으로 흡수되는 양상을 보인다. 1930년대 초반은 1920년대 중·후반에서부터 널리 확산되어 나간 사회주의 이론이 사회 담론의 헤게모니를 주도하면서 민족주의 계열과의 대치상황으로 치닫게 되고, 이러한 담론의 지형이 1930년대 중반까지 계속됨에 따라 민족성 논의는 수면 아래로 사라지게 된다. 이후 1930년대 중반에 이르러 일제의 대동아전쟁 시기로 접어들면서 서서히 친일적인 조선민족성 담론이 노골적으로 부각된다. 친일작가로 비판받는 장혁주의 경우, 잡지 『삼천리』(1935)에 발표한 「文壇페스트菌」에서 조선 문단에 대한 불만을 토로하며 조선 문단이 질투심과 시기심이 많은 속성을 가졌다며 이러한 속성이 민족성에서 유래한다고 비판한다. 이것을 계기로 당시 문단 내에는 민족성 논의가 촉발되기도 했다. 또한 최초의 근대적인 문학사를 집

필한 김태준은 『조선소설사』(1933)에서 민족성이 문학사에 반영되었다는 입장을 취하면서, 조선인들이 봉건적 잔재와 유불선의 사상사적 영향으로 숙명론적 인생관을 갖게 되었다며 조선민족성에 대한 비판의 날을 세운다. 이 밖에도 총독부 어용단체인 녹기연맹의 연구원이었던 현영섭은 1938년에 출간한 『조선인이 나아갈 길』에서 조선인의 개인생활, 가정생활, 사회생활을 체계적으로 비판하면서 일선동조론日鮮同祖論에 근거하여 조선민족성 개조를 주장한다.[10] 이러한 논리는 조선인에 의해 제기되었지만 실상 일본이 만들어낸 조선민족성을 무비판적으로 수용하며 식민정책의 이데올로기를 그대로 수용했다는 점에서 담론의 자발성과 진정성은 담보되지 못했다고 볼 수 있다. 이처럼 일제강점하에 우리가 인식한 조선민족성은 3·1운동을 기점으로 확연한 변화를 보이며 이전의 낭만적 환상에서 현실적인 비판과 개조 쪽으로 논의가 이동한다.

3. 한일 조선민족성 담론의 실제

실제로 조선민족성 담론은 시기별 차이뿐만 아니라 논자의 입장에 따라 적지 않은 차이를 보인다. 또한 이들의 논의 방식이나 논의 대상에서도 편차가 커서 이를 단순 비교하기는 매우 어렵다. 지리와 풍토적인 측면을 강조하는 입장은 이를 근거로 민족성을 추출하고, 역사를 강조하는 입장은 역사적 근거를 들어 민족성을 규명하고자 하였다. 또한 동일한 내용의 민족성을 논의할 때에도 어떤 논자는 역사적 유래를 논거로 삼고 또 다른 논자는 지리풍토적인 면을 논거로 삼고 있어 비교에 어려움을 더해 준다. 이 시기 대부분의 논의는 역사, 지리, 정치, 생활풍습 등 다양한 분야를 필요에 따라 자의적으로 취합하고 재단하여 논거로 활용하는 논의의 임의성을 보인다. 따라서 이들 개별 논의를 일대일로 비교하는 일은 별반 의미가 없고, 오히려 조선민족성에 대한 긍정과 부정의 담론이 어떻게 구성되는가 하는 구성방식과 그 의미를 비교하는 것이 중요할 것이다. 무엇보다 이러한 민족성 담론을 비교하는 일은 결국 이들 담론 속에 투영된 한일 양국의 민족주의적 욕망의 실상을 살피는 일이 되기 때문에 담론화의 전략에 대한 내밀한 독해가 요구된다. 전후 일본의 대표적인 지성인 가토 슈이치加藤周一가 일본인에 대한 논의를 개진하면서 언급한 바 있는, '"일본인이란 무엇인가' 하는 물음의 핵심은 이미 타 국민과의 비교의 문제가 아니라 우리들이 무엇을 원하고 있는가 하는 의미의 문제'[11]라는 인식은, 한국과 일본의 조선민족성 담론을 분석하는 데에도 중요한 문제의식이 아닐 수 없다.

1) 일본인의 조선민족성 논의 방식

조선총독부에서 발간한 기밀 조사자료집인 『朝鮮人の思想と性格』에 수록된 조선민족성 관련 글 가운데 가장 체계적인 논의는, 당시 경성제국대학 조선어문학과 교수로 재직하고 있었던 다카하시 도오루高橋亨의 「朝鮮人」(1921)이다. 그는 이 글에서 조선인의 성정性情

을 열 가지 항목으로 제시하고 있는데 그가 파악한 조선인의 성정은 사상의 고착固着, 사상이 종속從屬되어 있음, 형식주의形式主義에 빠져 있음, 당파심黨派心, 문약文弱함, 심미관념의 결핍, 공과 사가 구별되지 않음公私混淆, 관대寬雍하고 너그러움鷹揚, 순종從順적임, 낙천적樂天的임으로 요약된다.

이 글은 일본에서 발표된 조선민족성 관련 논의를 내용적으로 총망라했을 뿐 아니라, 논거 제시에 있어서도 사상사를 전공한 학자답게 풍부한 학술적 논거를 제시하며 자신의 논리를 뒷받침하고 있다는 점에서 주목된다. 이 글에서 다카하시가 조선민족성을 파악하는 방식은 크게 세 부분으로 구성되어 있다. 그는 민족성 논의는 민족성의 본질적인 측면과 개조 가능한 측면 그리고 미의식이라는 세 부분으로 구성된다고 전제하고 논의를 전개해나간다.

우선, 그는 조선민족의 본질적인 측면을 논의하면서 주체적이지 못하고 외래문물에 대해 사대주의적인 면이야말로 조선민족의 본질적인 민족성이라고 단언한다. 외래사상을 유입하면서도 이를 자기 식으로 소화해 내지 못하고 외래사상 자체에 고착되는 점이나 중국에 대해 천년 이상 사대주의적으로 종속되고 있다는 점을 예로 들면서 다카하시는 조선인의 무기력과 의타적인 속성을 본질화하고자 한다.

이처럼 비주체적이고 사대주의적인 면을 조선민족성의 본질적인 면이라고 전제한 후에 그는, 이러한 본질에도 불구하고 조선민족성에는 개조 가능한 측면이 있다고 말을 바꾼다. 다카하시가 개조 가능한 조선인의 민족성으로 제시한 요소는 형식주의, 당파적 성향, 문약함, 심미의식의 결핍, 공과 사의 구별을 하지 못하는 점 등이다.

그는 일본에 의한 식민통치가 성공적으로 이루어진다면 이러한 조선인들의 부정적인 성정들은 개조가 가능하다고 주장한다. 그의 주장은 결국 조선인에게는 능동적으로 문명화를 주도해 나갈 능력은 없지만 식민통치에 순응하여 이를 개선해 나간다면 근대적인 국민으로서의 자질을 갖출 수도 있다는 논리를 수용한 것으로 볼 수 있다. 그가 이처럼 개조 가능성에 주목한 이유는 일본의 식민지 통치를 위한 논리의 개발이라는 전략적 선택 때문으로 보인다. 즉 근대문명을 전달함으로써 조선인에게 행복을 주는 소임을 자처한 일본의 식민화 논리가 정당성을 갖기 위해서는 민족성 담론 안에 이러한 개조 가능성을 배치시켜야 할 필요가 있었음이 추측 가능하다. 즉 그는 불변의 요소로만 민족성을 제시하면 일본의 식민통치의 의의를 찾을 수 없기 때문에 이와 동시에 개조의 가능성을 열어 둔 것이라 하겠다.

마지막으로 그는 조선인의 미의식에 주목하며 조선적 가치를 적극적으로 발견하고자 하는 태도를 보인다. 그가 주목한 조선인의 세 가지 아름다운 품성은 관대하고 너그럽다는 점, 순종적이라는 점, 낙천적이라는 점이다. 그는 이 세 가지 품성을 조선인의 미의식으로 제시하며, 이러한 품성은 더욱 더 계발하고 발전시킬 요소라고 주장한다. 하지만 관대, 순종, 낙천이라는 속성을 조선인의 미의식으로 삼고자 하는 그의 논리에는 일본의 식민통치에 대한 조선인의 저항의지와 극복의지를 말살하고자 하는 식민주의적 의도가 깊게 투영되어 있다. 조선적 가치를 순응적, 소극적, 현실긍정적인 것만으로 규정함으로써 저항적, 능동적, 현실비판적인 요소를 배제하려는 의도가 조선미의식 선별의 준거로 작동하고 있다고 하겠다. 이와 같은 일본인의 조선민족성에 대한 담론화 방식은 일종의 문화정치의 일환으로서, 정체성 정치Identity politics를 통해 조선인을 식민지 조선인이라는 잠재적 자아와 집단으로 호명해내는 기능을 충실히 수행한다. 즉 이러한 담론 배치는 긍정적인 것의 발견을 통한 식민화 전략의 내면화를 도모하는 데 일조한다고 하겠다.

결국 다카하시의 논리는 민족성의 구조를 만들어내고 여기에 조선민족의 성정을 적절히 이입시켜 우리의 정체성을 만들어내고자 한 것으로 요약된다. 그는 민족성을 본질적인 면과 부차적인 면, 이 둘과는 분리되면서 일층 감정적인 차원에 놓여 있는 미의식이라는 영역으로 구획하고, 한국인은 본질적으로는 부정적인 민족이지만 정서적으로는 매우 긍정적인 민족으로서 식민통치를 통해 보다 나은 민족성을 확보해 나갈 수 있다는 인식을 담아낸다. 실제로 다카하시의 이러한 담론화 방식은 당시까지 일본이 조선민족성을 생산해내는 전형적인 방식이라 할 수 있다. 하지만 이러한 담론의 구성방식은 식민주의의 틀을 보다 견고하게 하는 이론적 토대가 되면서 지속적으로 정체성 정치를 수행하는 논리적 기제로 활용된다. 예를 들어 조선민예에 대한 깊은 관심을 보이면서 조선과 조선인에 대한 애정을 가졌던 일본의 대표적인 민예학자인 야나기 무네요시柳宗悅의 경우, 이러한 세 번째 특성에 주목하여 조선의 미의식을 규명해 나갔다. 하지만 그의 의도와는 달리 그의 논리가 식민정책의 내면화에 기여하게 된 점은 이러한 담론의 구도 안에서 조선미의식이 점유하는 위치 때문이라 하겠다.

2) 한국인의 조선민족성 논의 방식

우리의 경우, 조선민족성 담론은 어떤 구조를 가지고 있는가를 살펴보자. 1920년대에 접어들면서 본격화되기 시작한 조선민족성 관련 논의 가운데 이광수와 최남선의 논의는 당시 한국인의 민족성 구성 방식을 가장 선명하게 보여준다. 이기백은 이광수의 「민족개조론」과 최남선의 「역사를 통하여서 보는 조선인」이 최초의 본격적인 민족성 논의인 것으로 추정된다고 밝힌 바 있다.[12] 물론 1920년대에 우리의 민족성에 대한 논의는 일본인이 제출한 부정적인 조선민족성 담론에 대한 감정적인 대응에서 비롯한다. 그 출발은 이돈화의 「조선인의 민족성을 논하노라」(『개벽』 제5호, 1920) 에서 찾을 수 있다. 여기에서 이돈화는 "本題는 우리의 가장 중대한 문제와 동시에 중대히 연구할 필요가 有함으로 本號에는 但히 사회여론을 환기키 위하여 그 문제만 나타냄에 불과하온바 機를 見하여 更히 구체적 연구를 重코자 한다"라고 밝히며 민족성 논의가 사회 담론으로 중요한 의미를 갖는 현실을 직시하고 있다. 이돈화의 언급으로 볼 때, 당시 우리 지식인들은 일본인이 제출한 조선민족성 담론이 식민지 조선에 점차 확산되고 있는 현실에 대응할 조선의 주체적인 민족성 논의가 필요함을 인식한 것으로 볼 수 있다. 그러나 이돈화는 일본의 조선민족성 담론에 대해 직접적으로 대응하는 방식을 피하고 서구적 가치의 극복과 동양적 가치의 복원이라는 보다 거시적인 차원에서 조선민족성을 규명하고자 하였다. 이돈화는 우리 민족성의 핵심적인 내용으로 '선심善心'을 내세우며 '서양 = 물질'과 '동양 = 정신'이라는 당시 동아시아의 동양담론이 보여준 이분법적 도식을 조선민족성 담론에 그대로 적용한다. 이러한 도식의 이면에 감추어진 제국주의적 욕망은 간과한 채, 조선의 민족성이야말로 세계적인 보편성을 가진 것으로 인식하는 그의 태도는 당시 많은 논자들이 보인 태도이기도 하였다.

특히 이들이 주목한 것은 조선적 가치로서의 '도덕성'과 '윤리성'이었다. 이를 위해 '물질 = 서구 = 일본'이라는 논리에 대한 저항으로서 '정신 = 동양 = 조선'이라는 논리를 적극 활용한다. 결국 이 도식은 동양이라는 범주에서 일본을 배제시킴으로써 일본의 동양담론을 넘어서는 방식을 취하고자 하였다고 볼 수 있다.[13] 이 시기 사회담론을 주도한 대표적인 잡지인 『개벽』에는 이돈화의 이러한 인식방법과 동일한 논의가 지속적으로 발표된다. 그러나 이들의 논리는 조선민족성에 대한 맹목적인 찬양과 자기우월 의식을 드러냄으로써 맹목적인 자기긍정으로 치닫는 민족적 나르시시즘 양상으로 도착되어 버린다. 물론 도덕성을 내세운 우리의 논의가 물질주의와 과학주의, 제국주의와 자본주의로 요약되는 근대적 모순에 대한 비판이라는 의의를 보이기도 하지만, 그러나 이러한 논의는 현실에 기반하지 않고 민족성을 정신주의적인 차원에서 논의함으로써 담론의 탈역사화로 치닫는 문제점을 드러낸다.

이에 반해 이광수와 최남선은 근대에 대한 자각에 고무되어 민족성 논의를 제기한 경우라 할 수 있다. 따라서 이 두 사람의 조선민족성 논의는 모두 근대적인 국민으로서 갖추어야 할 국민성을 제시하는 데 궁극적인 목표가 있었다. 세부적인 내용은 상이한 면이 많지만 표면적으로 볼 때, 이들의 논리 구성 방식은 일본인이 제출한 조선민족성 담론과 상당 부분 유사성을 보인다.

이광수는 민족성에는 불변하는 요소인 근본적 성격과 가변적인 요소인 부수적 성격이 있다고 보았다. 이는 프랑스의 민족심리학자 귀스타브 르봉Gustave Le Bon의 견해를 따른 것으로, 당시 일본에서 르봉의 논의가 활발하게 수용되어 일본민족성에 대한 논의가 유행 담론이 되었음을[14] 감안할 때, 이광수의 논의는 일본의 민족성 논의에 크게 영향을 받았을 것이라는 추측이 가능하다. 이광수는 르봉의 논의를 적극 수용하여, 조선민족의 근본적 성격은 '관대, 박애, 예의, 염결, 자존, 무용, 쾌활'이나 가변적 성격에 해당하는 부속적인 성격은 '허위, 비사회적 이기심, 나타懶惰, 무신無信, 겁나怯懦, 사상성의 결핍'이라고 제시한다. 일차적으로 이광수가 제시하고 있는 조선민족성에는 동서양의 타자의 눈에 비친 조선의 긍정적인 면과 부정적인 면이 혼재되어 열거되고 있다. 여기에는 이광수의 한국문화에 대한 긍정적인 인식과 함께 일제의 식민화 논리에 흡수된 인식이 서로 착종되어 나타난다. 그러나 여기에서 중요한 점은 이러한 긍정과 부정의 인식이 구성되는 방식에 있다. 즉 민족성은 근본적인 성격과 부차적인 성격으로 나누어지고 근본적인 성격은 불변하며 부차적인 성격은 가변적이라는 논리는, 일본의 조선민족성 담론의 논리와 구조적 상동성을 보인다. 다카하시의 논리가 그러하듯, 일본의 논자들은 대체로 조선의 민족성을 논하면서 근본적인 불변의 성격과 개선 가능한 가변적인 성격으로 나누어 논의를 진행하였다. 비록 세부적인 내용에 있어서 일본이 생산한 조선민족성 담론에 대해 비판을 가한다 하더라도, 우리의 조선민족성 담론 또한 근본적인 성격과 부수적인 성격으로 논리를 이원화하고, 여기에 변하지 않는 민족성의 존재를 전제하는 방식은 논리적으로 동일하다고 하겠다.

이러한 논리화 방식은 일본의 입장에서 보면 조선민족성의 부정적 측면을 확고하게 함으로써 자연스럽게 일본의 근대적인 긍정적 민족성을 불변의 요소로 추인하는 결과를 낳는다면, 우리의 경우에는 그 역이 자연스럽게 성립하게 된다. 실제로 일본이 조선민족성 담론을 생산하며 일본민족성 내지는 국민성이 지닌 근대성을 본질화하는 방식을 취했다면, 우리는 인의예용仁義禮勇이라는 유교적 가치를 본질화함으로써 근대적인 국민성은 도달할 수 없는 미래로 상정하는 오류에 봉착하고 만다. 민족성의 근본적 성격에서 근대성을 확보하느냐 하지 못하느냐는 결국 민족성 담론이 당대 담론의 지형 안에서 어떠한 의의를 갖는가하는 문제와 관련된다. 일본이 조선의 민족성에서 근대적인 민족성을 전혀 발견할 수 없다는 논리를 개발함에 따라 결국 조선민족성 담론은 지배이데올로기에 나포되어 버리는 형국으로 치닫게 되었다면, 우리의 경우 조선민족성에서 근대적인 요소를 발견하지 못한 상처는 민족성 담론을 과도한 민족 나르시시즘으로 빠져들게 하는 양상을 초래하고 말았다. 따라서 우리의 조선민족성 담론은 일본의 지배이데올로기에 대한 저항이데올로기로서의 치열한 동력을 담론 안에서 생산해 낼 수 없는 상태가 된 채, 지배이데올로기가 실천되는 장이자 자기연민의 공론장이 되고 말았다.

시간이 흐를수록 우리의 조선민족성 관련 논의는 점차 부정적인 요소만이 강조되면서 긍정적인 요소는 억압되고 왜곡되어 나갔다. 또한 긍정적인 차원을 논의할 경우에도 사회적 윤리가 아닌 도덕성 차원에서 민족성을 논의하게 됨에 따라 집단적 성격을 논하는 방식으로부터 멀어져 갔다. 따라서 조선민족성에 대한 논의는 조선의 미의식에 관한 논의들로 담론의 대상이 점차 이동하거나 축소된다. 이광수가 '민족개조는 도덕성에 국한되지 정치적으로 나아가서는 안

된다'는 입장을 고수한 것은 이러한 맥락에 놓여 있다. 근대적인 국민국가를 전제로 하지 않는 민족성의 개조는 결국 무역사적이고 초역사적이라는 점에서, 김윤식이 지적한 바처럼 이러한 논의는 현상유지의 철학[15]을 담아낼 뿐이다.

최남선의 경우에도 이러한 논리 전개 방식은 유사하다. 그는 근본과 부속이라는 표현을 사용하지는 않았지만 기본적인 조선민족성은 우수하나 국민적 속성은 부족하여 개선이 필요하다는 논지로 일관한다. 민족의 고유성과 유구성에 입각한 그의 조선민족성 논의는 근대적인 국민성은 개조를 통해 획득해야 할 대상이나 이를 획득할 구체적인 방안은 제시하지 못한다. 즉 그의 조선민족성 논의는 과거의 역사를 부정해야 할 '병록病錄'으로 인식하고 이에 대한 '각성'에 논의의 초점이 맞추어진다. 최남선도 민족의 고유성과 역사적 유구성은 민족적 자부심을 가질만한 요소이나 근대적 국민성을 갖지 못했다는 점에서 조선민족성은 자기환멸 내지는 자기부정의 대상이 되고 만다. 자기긍정의 인식이 과도한 민족 나르시시즘의 양상을 보이며 내부적 결속을 공고히 함으로써 타자를 배제하는 방식으로 표출되었다면 자기부정의 인식은 과도한 민족 마조히즘을 통해 타자를 무조건적으로 추종하는 방식으로 표출되었다고 할 수 있다. 오늘날 한국 현대문화의 대표적인 현상으로 꼽히는 과도한 민족주의와 지나친 새것 콤플렉스는 바로 이러한 민족성 담론 안에서 탄생된 근대적 현상이라 할 수 있을 것이다. 결국 불변적, 항구적으로 존재하는 본질적 요소와 가변적, 일시적인 비본질적 요소의 결합이라는 이원적 민족성 구성 방식은 차이와 배제를 통한 동일시의 욕망을 발생시키는 서구적 이분법의 아시아적 변용으로 볼 수 있을 것이다.

4. 맺음말

한국사회에서 집단적이고 공공적인 표상인 민족과 이러한 민족의 고유한 성격에 관한 민족성 담론에는 긍정과 부정의 대립적 시선이 길항하고 있다. 특히 이러한 담론은 오랫동안 민족에 대한 과도한 자부심과 우울한 죄의식의 자궁matrix으로 기능해 왔다. 일제강점기 한일 양국에서 제출된 우리의 민족성 담론에서 알 수 있듯이, 민족성 담론은 타자와의 차이를 통한 객관적인 자기인식이 되지 못하고 지배이데올로기와 이에 순응하는 정신의 식민화가 실천되는 장이 되어온 것이 현실이다. 이는 일제강점기라는 특수한 역사적 시공간이 강제한 담론 생산 방식이면서 식민지라는 역사적 외상으로 인해 자리 잡게 된 우리에 대한 왜곡된 기억 방식이라 할 수 있다. 문제는 식민의 상태를 벗어난 이후에도 이러한 기억들이 반복적으로 제의화되며 출몰했다는 점이다.

앞에서 살핀 바와 같이 근대의 초입에 제출된 한일 양국의 조선민족성 관련 담론에는 조선인에게 근대적인 국민성이란 언제나 부재하는 무엇이었다. 이에 반해 일본에서 제출된 일본민족성 담론에서 일본인에게 근대적인 국민성은 선험적으로 주어진 무엇이었다. 이러한 차이는 결국 제국주의와 식민주의의 존재방식을 그대로 암유한다고 하겠다. 충족과 결핍, 모두 있음과 전혀 없음이라는 극단의 존재방식은, 보편성과 특수성의 변증법적 자기이해 과정 안에서 역동적으로 전개되는 역사와 현실을 부단히 왜곡한다. 이 심리적 현실을 직시하지 않은 채 해방 이후 지속적으로 강조되어 온 우리의 민족성 관련 담론들은 여전히 왜곡된 욕망을 투사하는 장이 되고 말았다. 이를 넘어서기 위해서는 무엇보다 해방 이후 한일 양국의 자국 민족성 담론화 방식을 비교함으로써 제국적 정체성과 식민적 정체성의 차이가 논리화되는 현장들을 보다 면밀하게 읽어내는 일이 선행되어야 할 것이다. 강요된 국민적 정체성에서 벗어나 자율적인 시민적 정체성을 발견해 내는 지점은, 일제강점기에 제출된 민족성 논의가 해방 이후 한일 간의 배타적 민족주의의 문맥화에 어떻게 개입하는가를 살피는 일에서 출발하기 때문이다. 이 글은 그 출발선을 그려보는 작업에 해당될 것이다.

1920년대 민족주의자들의 우리 민족성 인식*

이광수, 최남선, 안재홍을 중심으로

최강민崔康民

1. 민족진영의 분화와 민족성 논의

조선에서 집단적 개념인 민족이라는 용어가 사용되기 시작한 것은 20세기 초이다. 박찬승에 따르면 1904년 10월 1일자 『황성신문』에서 민족이라는 용어가 처음 등장했고, 1907년 이후 널리 사용되었다고 한다.[1] 이 시기 최대 유행어 중의 하나였던 문명개화는 곧 민족이라는 신조어의 발견과 집단적 정체성의 자각으로 이어졌다. 1890년대의 문명개화론, 1900년대의 근대자강론은 근대 민족국가에 도달하고자 한 내부적 움직임이었다. 하지만 이러한 주체적 근대화

* 이 글은 2010년 '근대 동아시아의 한국인 인식'이라는 주제로 경희대 비교문화연구소가 개최한 국제학술대회에서 발표한 논문을 수정 보완한 것임.

의 시도는 1910년 한일합병으로 인해 유보된다. 한일합병과 뒤 이은 1919년 3·1운동이라는 역사적 사건은 대타적 자각 속에 민족이라는 허구적 개념을 실체화시킨다. 특히 3·1운동은 식민지 조선의 민족적 정체성을 집단적으로 경험하게 만들었다. 민족적 정체성의 집단적 자각은 각각 분열되었던 민족 구성원을 하나로 결집하도록 만들었다. 일제는 무단통치 방식만으로는 식민지 조선을 효율적으로 통제할 수 없다는 결론 속에 문화통치로 지배 전략을 변경했다. 이러한 상황의 변화 속에 1920년대에 일제와 식민지 조선은 문화를 매개로 식민지 지배와 독립이라는 상반된 목표를 향해 대립과 갈등의 양상을 보인다.

3·1운동은 조선인들에게 민족적 자존심을 확인시켜주었지만, 동시에 비폭력 시위만으로 조선의 독립을 이룰 수 없다는 사실을 깨닫게 했다. 3·1운동은 민족의 희망이자 동시에 절망의 확인이라는 이중적 지점에 놓여 있었던 것이다. 3·1운동의 실패에도 불구하고 민족진영의 인사들은 민족이라는 집단적 공동체를 통해 민족의 독립이 가능하다는 희망을 가졌다. 반면에 사회주의 진영의 인사들은 민족보다는 계급을 통해 조선의 독립이 가능하다고 생각했다. 민족진영은 1920년대 중반에 들어 자치론을 둘러싼 대립 속에 민족 우파와 민족 좌파로 분열한다. 민족 우파(또는 부르주아 민족 우파)는 현 상태에서 독립이 불가능하다는 시기상조론을 내세우며 일제와 타협과 절충을 통해 민족 자치를 확보해야 한다고 주장했다. 민족 우파 진영에는 『동아일보』를 중심으로 천도교 신파·수양동우회·조선농민사 등이 가담했고, 중심인물로 김성수·송진우·최린·이광수·최남선 등이 있었다. 반면에 민족 좌파 (또는 부르주아 민족 좌

파)는 일제와 타협하는 자치를 거부하고 선독립론을 주장했다. 민족 좌파 진영에는 『시대일보』와 『조선일보』를 중심으로 민족진영의 인사와 천도교 구파 등이 모였고, 그 중심인물로 안재홍·홍명희·백남운·이상재·조병옥 등이 있었다. 민족 좌파는 제한된 영역의 자치는 궁극적으로 일제의 식민지 종속을 영속화시켜 조선의 독립을 가로막는 것이 될 것이라고 주장했다. 그래서 민족 좌파는 항일 투쟁을 강조하는 사회주의 세력과 통일전선전술에 의해 연합한다. 그것이 1927년에 탄생한 좌우 합작의 신간회이다. "1926년 말 동아일보계와 천도교신파의 본격적인 자치운동, 조공의 정우회선언 등은 민족주의좌파 세력을 자극, 이들로 하여금 보다 적극적으로 민족협동전선 결성을 촉진케 하여 마침내 신간회 창립을 보게 된 것이다."[2]

조선의 독립을 둘러싼 입장의 차이는 조선의 민족성을 인식하는 데에 있어서도 차별화된 태도로 나타났다. 일제의 식민지배를 받는 상황에서 한민족의 우월성을 주장하는 것은 쉽지 않다. 1920년대 조선의 민족성 담론은 전반적으로 열등성론이 주류를 형성한다. 사회진화론이 대세인 당대의 사상적 지형도에서 조선민족의 열등성론은 패배주의, 허무주의와 연결되었다. 1920년대 초반 문단을 휩쓴 퇴폐적 낭만주의와 감상적 상징주의는 조선 독립의 실패와 조선민족의 열등성론을 반영한 퇴행적 결과물이었다. 민족진영의 인사들은 현재를 기준으로 조선의 민족성이 일본의 민족성보다 뒤지는 것은 사실이지만 과거에 비추어보면 조선의 민족성이 결코 열등하지 않고 우월했다고 주장한다. 그렇다면 열등한 조선의 민족성은 어떻게 해야 할까? 그것은 근대성의 관점에 의해 개조되어야 한다고 생각했다. 1920년대 전반기를 휩쓴 개조의 담론은 조선민족성의 열등성에 기초해 전개된 것이다. 이광수의 「민족개조론」은 이러한 시각 속에 나온 대표적 논의이다. 민족진영의 인사들은 개조의 필요성에는 공감했지만 민족 우파와 민족 좌파는 조선의 민족성을 바라보는 관점에서 미묘한 차이를 드러낸다. 민족 우파는 현재적 시각에서 조선민족의 열등성을 좀 더 강조하였고, 민족 좌파는 과거의 시각에서 민족의 우월성을 좀 더 강조했다. 물론 이 차이는 절대적인 것이 아니라 상대적인 것이었다.

1920년대 민족진영을 민족 좌파와 우파로 분류한 논의들은 1990년대 후반에 유병용, 박찬승, 김명구 등에 의해 이루어졌다. 이들의 논의들은 민족 우파와 민족 좌파의 생성 배경과 입장, 민족 담론을 주로 언급했다. 그렇지만 민족적 특성과 관련한 민족성 연구는 제대로 이루어지지 못했다. 이 글에서는 기존에서 소홀하게 다룬 1920년대 민족 우파와 민족 좌파가 생산한 조선의 민족성 논의를 중심으로 조선민족의 열등성론과 우월성론을 살펴보고자 한다. 이것을 위해 민족 우파의 텍스트로 이광수와 최남선의 민족성론을, 민족 좌파의 텍스트로 안재홍의 민족성론을 분석해 세부적인 차이를 읽어내고자 한다.

2. 이광수의 민족개조론과 최남선의 조선적 정체성

1920년대 문화통치 시기에 일제와 식민지 조선은 근대 문화를 둘러싼 팽팽한 대립과 갈등을 보여준다. 1920년대 초반 식민지 조선의 지식인들을 사로잡은 것은 '문화주의와 개조론'이었다. 일제의 탄압에 의해 무장독립 투쟁이 불가능한 상황에서 문화 분야는 일제와 식민지 조선이 맞잡고 싸울 수 있는 새로운 전쟁터였다. 문화주의와 개조론은 1910년대의 실력양성론을 계승한 것이다. 제1차 세계대전의 종전(1914~1918), 윌슨의 민족자결주의, 국제연맹의 탄생, 3·1운동이라는 연속된 시대적 격변 속에 식민지 조선의 지식인들은 세계의 판세가 피지배 민족의 해방으로 재편될 것이라고 낙관적으로 생각했다. 민족진영의 인사들은 이것에 발맞춰 식민지 조선이 '사회 개조, 세계 개조'를 통해 제국주의 시대를 종식시키고 강자와 약자, 부자와 빈자가 차별 없이 함께 살아가는 세계를 만들어야 한다고 생각했다. 이때 그들은 '세계 개조 = 조선 개조 = 신문화 건설'이라고 생각했다. 『개벽』 주간이었던 이돈화의 「朝鮮人의 民族性을 論하노라」(『개벽』 제5호, 1920.11.1)도 이러한 맥락에서 쓰인 것이다. 이 글에서 이돈화는 금후의 세계가 도덕이 승리하여 도덕이 지배하는 세계가 될 것이라고 확신하면서, 선심주의를 신봉하는 조선이 패자가 아니라 승자가 될 것이라고 주장했다. 『동아일보』 1920년 4월 2일자 논설과 기사인 「世界改造의 劈頭를 當하야 朝鮮의 民族運動을 論하노라」와 김명식의 「大勢와 改造」, 개벽 창간호의 「세계를 알라」도 개조가 시대적 주류 담론이 되었음을 보여준다.

개조가 신문화 건설로 인식되는 상황에서 신문화를 생산하는 주체인 조선인에 대한 관심은 필연적이다. 개조론의 신봉자들은 식민지 조선인들의 대다수가 전근대성에 갇혀 새로운 문화를 창출하는 주역이 되기에 미흡하다고 생각했다. 개조론의 신봉자들은 조선인의 민족성이 열등하다는 인식 속에 개조의 필요성을 언급했다. 이 개조의 담론을 대중적으로 알린 것은 근대문학의 개척자이자 민족 우파인 춘원 이광수(1892~1950)이다. 이광수는 서구의 근대국가와 민족론, 사회진화론 등에 입각해 조선의 민족성을 열등성의 관점으로 바라본다. 그는 민족이 개조하지 않으면 조선 독립이 불가능하고 끝내 조선이 멸망할 것이라고 경고한다. 이러한 이광수의 생각이 처음 등장한 것은 노아자魯啞子라는 필명으로 『개벽』에 연재한 「소년에게」(1921~1922)라는 글이다. 이 글에서 이광수는 조선민족의 경제적, 도덕적, 지식적 파산을 선언하면서 현재의 조선민족에게는 생활의 능력이 없다고 말한다. 이광수가 조선민족을 구할 수 있는 유일한 길로 제시한 것은 민족 개조이다. 이때 민족 개조의 주체로 설정된 것은 소년이다. 이광수는 소년들이 수양동맹修養同盟을 통해 집단적으로 연대하여 낡은 식민지 조선을 점진적으로 바꾸는 것이 유일한 길이라고 제시했다.

이광수의 「민족개조론民族改造論」(1922)은 「소년에게」라는 글을 확장시킨 것이다. 이광수는 「민족개조론」에서 작금의 시대를 개조의 시대라 규정하면서 민족의 개조를 도덕성 개조에서 찾았다. 도덕성의 개조가 필요한 것은 조선민족성이 현재 열등하기 때문이다. 그는 조선의 도덕성 개조를 조선민족성의 개조와 바로 연결시킨다. 이광수는 르봉Gustave Le Bon(1841~1931)의 이론을 활용하여 조선민족의 근본적 성격을 관대, 박애, 예의, 금욕적 염결廉潔, 자존, 무용武勇, 쾌활로 규정한다. 현재 조선의 민족성이 보여주는 허위, 나타懶惰, 비사회성, 경제적 쇠약, 과학의 부진은 근본적 민족성이 제대로 작동하지 못하면서 나타난 부속적 성격의 재앙이라고 주장한다. 이광수는 조선민족성의 부정적 측면이 부속적 성격이기에 무실과 역행의 근본사상으로 개조가 가능하다고 말한다. 그런데 이광수가 조선민족성의 긍정적 측면을 근본적 성격으로, 부정적 측면을 부속적 성격으로 규정하는 기준은 객관적이지 못하고 자의적이다. 만일 조선의 부정적인 민족성이 근본적인 성격으로 분류된다면 르봉의 이론에 따라 조선의 민족성은 어떤 방법을 해도 변화시킬 가능성이 없다. 이광수의 '민족개조론'은 객관적 근거의 미흡과 자의적 기준의 적용 속에 논리적 파탄을 내재하고 있었던 것이다.

> 우에 말한 나의 史論이 만일 正確하다 하면 朝鮮民族 衰退의 根本的 原因이 道德的인 것이 더욱 分明하지 아니합니까. 곳 虛僞, 非社會的利己心, 懶惰, 無信, 怯懦, 社會性의 缺乏—이것이 朝鮮民族으로 하여곰 今日의 衰退에 빠지게 한 原因이 아닙니까.
>
> 英美族의 興旺도 그 民族性이 原因이오, 吾族의 衰退도 그 民族性의 原因이니 民族의 盛衰興亡이 實로 그 民族性에 달린 것이외다. 그럼으로, 一民族을 改造함에는 그 民族性의 根底인 道德에서부터 始作하여야 한다 함이외다.[3]

조선의 민족성이 열등한 상황에서 조선은 약자일 수밖에 없다. 당대에 유행한 사회진화론은 강자가 약자를 지배하는 것이 역사의 순리라는 적자생존의 세계관이다. "서구에서 단지 강자의 권리를 정당화하는 이데올로기로서 기능하였던 사회진화론은 따라서 한국에서는 서구의 사회진화론의 주장과는 달리 약자가 강자가 되기 위한 의식적 행동의 필요성을 설명하는 이론으로 변형"[4]된다. 이광수의 '민족개조론'도 약자를 위한 진화론으로 탈바꿈 하여 이용되었다. 이때 이것은 탈식민주의 전략에 따른 '전유'의 방식이 아니라, 식민주의의 논리를 내재화하는 전단계의 수단에 가까웠다. 이광수는 「민족개조론」에서 조선의 민족성이 열등하지만 계몽적 지도자에 의해 민족이 개조될 수 있다고 주장했다. 하지만 사회진화론의 입장에서 보면 강자는 놀고만 있는 것이 아니라 적자생존 하기 위해 더 높은 수준의 개조로 전진한다. 따라서 강자가 약자로 추락하는 것보다 약자가 계속 약자일 가능성이 더 높다. 이것은 이광수의 민족개조론이 일제의 식민지배를 영구화시키는 식민주의 담론으로 이용될 수 있음을 의미한다.

이광수는 「민족개조론」에서 민족 쇠망의 원인을 지배층과 피지배층, 즉 민족 전부의 책임이라는 식으로 논지를 전개한다. 이러한 논리의 전개 속에 구한말 부패한 지배층의 무능과 부조리는 슬쩍 은폐된다. 이러한 이광수의 논리는 봉건국가에 있어 피지배층인 평민들에게 의무만 있을 뿐 시민적 권리가 충분히 없었다는 역사적 사실을 빠뜨리고 있다. 이광수는 조선민족성의 열등성을 지적하고 있지만 엄밀하게 따지자면 그것은 지배층의 특성이다. 일부 지배층의 특성을 피지배층을 아우르는 민족의 특성이라고 확대 적용하는 것은 동일선상에서 이야기할 수 없는 것을 억지로 함께 논하는 견강부회牽强附會의 주장이다. 역사학자 강만길도 "식민지화 과정에 있어서 지배계급인 자기들의 책임을 모면하기 위한 방편의 하나로 민족의 열등성 따위를 강조하면서 민족개조론 쪽으로 나아가게"[5] 되었다고 비판한 바 있다.

민족이라는 개념은 시민이라는 개별 주체를 기반으로 성립한 근대 개념이다. 근대 시민은 지배층의 종속물이거나 노예가 아니라 권리와 의무의 주체이다. 이광수의 민족개조론은 전근대에서 근대로 전환하는 과정에서 생긴 개념상의 공백을 고려하지 못한 채 일부의 특성을 전체의 특성으로 주장하는 결합의 오류를 범했다. 민족성은 개별적 속성이 아니라, 개별적 속성이 모여 집단화된 전체의 특성이다. 이광수는 귀납적 여론 조사를 통해 조선의 열등한 민족성을 객관적으로 추출했던 것일까. 어디에서도 이광수가 자료 조사를 통해 조선민족성의 특성을 추출했다는 이야기는 없다. 다시 말해 이광수가 조선의 민족성이라고 언급했던 것들은 서구의 오리엔탈리즘, 구한말의 문명개화론, 일제의 식민주의, 이광수 개인의 욕망 등 다양한 담론이 상호 충돌하는 과정에서 만들어진 연역적 담론이다. 이광수는 민족 우파의 네트워크에서 공유되고 있던 생각들을 마치 대다수의 조선인들이 그러한 생각을 가진 것처럼 이야기한 것이다. 이러한 이광수의 연역적 담론은 조선민족성이 열등하다는 대전제에서 기획된 것으로 대전제 자체가 날조된 허구이기에 명제 자체가 참일 수 없다. 이광수의 '민족개조론'은 선의에서 민족을 계몽해 근대화에 빨리 도달하고 싶다는 조급성이 만들어낸 품질 불량의 기획품이었다. 이러한 이광수의 '민족개조론'은 일제 식민주의가 지배담론의 위치에서 작동하는 상황에서 조선민족성의 열등성을 확인시켜주는 대표적 사례로 이용된 자충수였다.

이광수와 같이 근대문학의 개척자이자 민족 우파였던 육당 최남선은 1920년대에 조선의 민족성에 대해 어떤 입장을 취했을까. 최남선은 3·1운동으로 체포되어 1921년에 출소한다. 3·1운동의 실패와 2년 8개월의 감옥 체험 속에 최남선은 일제의 폭력적 위력을 체감한다. 식민지 조선이 근대적으로 자강하기도 전에 근대성을 먼저 성취한 거대 일본 제국의 시스템에 흡수될지 모른다는 절체절명의 불안감은 최남선으로 하여금 조선의 정체성을 지키는 길로 나아가게 한다. 그것은 최남선에게 '조선적 정체성 = 조선심'을 추구하는 '조선학'을 창안하도록 한다. 최남선은 1910년대까지만 해도 '소년과 청년'을 내세워 근대성의 성취를 강조하는 '문명개화'를 강조했다. 하지만 이러한 근대성 강조 전략은 아이러니하게도 근대성을 강조하면 할수록 일제의 식민지배를 정당화, 합리화하는 수순을 밟게 된다는 사실이다. 그래서 최남선은 1920년대에 근대성 강조 전략 대신, 조선의 민족 정체성을 강조하는 방식을 취한다. 조선의 민족 정체성 강조는 근대성보다 전근대성을 강조하는 퇴행적 방식이었다. 이때 최남선은 조선민족성의 우월성을 강조하는 전략보다 일제와 다른 고유한 특성이 한민족에게 있다는 식의 차별화 전략을 좀 더 구사했다.

조선이 일제의 식민지로 전락한 상황에서 한민족의 현재적 우월성을 주장하기는 곤란하다. 최남선은 현재적 입장에서는 조선의 민족성이 일본의 민족성보다 열등하다는 생각에 동의했다. 그래서 최남선은 민족을 이야기하면서 과거의 찬란했던 한민족의 역사와 전통을 강조하는 전략을 취할 수밖에 없었다. 최남선의 불함문화론, 단군신화, 시조부흥운동, 민요운동, 조선 국토 순례와 기행문 연재 등은 과거의 기억을 통해 민족 고유의 정체성을 강조하기 위한 것이다. 이러한 최남선의 민족관은 혈연 공동체를 강조하는 원초적 민족주의와 한민족이 오랜 역사 동안 지속되어 왔다는 영속적 민족주의가 상호 결합한 것이다. 원초적 민족주의는 영속주의와 결합해 민족을 특정 시기에 생성된 결과물이 아니라 고정불변의 초월적 실체로 만든다. 최남선은 신채호처럼 한민족의 기원으로 단군을 강조하면서 단군-고구려-발해로 이어지는 한민족의 웅대한 역사의 기억을 현재에 재현하고자 했다. 최남선은 비록 현재 한민족이 일제에 의해 식민지배를 받고 있지만 찬란한 과거의 유산을 보았을 때 민족성의 우월성을 회복해 머지않아 독립할 수 있다고 생각했다. 최남선은 조선 독립을 위해 한민족 고유의 민족적 정체성을 유지하는 것이 필수적이라고 보았던 것이다. 최남선의 조선적 정체성 강조는 한시적으로 일제의 문화주의가 표방한 동화 정책을 일정 부분 저지하면서 민족의 정체성을 지키는 성과를 낳았다.

과거에 초점을 맞춘 최남선은 현재에 초점을 맞춘 이광수보다 조선의 민족성에 대해 긍정적 태도를 좀 더 많이 피력했다. 최남선은 「조선민시론朝鮮民是論」(1922)[6]에서 찬란한 역사와 전통을 지녔던 한민족이 지금 몰락한 지경에 처한 원인을 지배층의 부패에서 찾는다. 이 부분에서 조선의 멸망 원인을 조선 지배층보다 조선 전체의 민족성에서 찾았던 이광수와 상반된 태도를 보인다. 이러한 양자의 관점 차이는 근대성의 사회 개조보다 전근대성의 조선적인 것에 좀 더 애정을 두었던 최남선의 태도에서 발생한 것이다. 최남선이 조선민족성의 긍정적 측면으로 손꼽은 것은 청렴하고 결백한 것을 뜻하는 '염결廉潔'이었고, 부정적 측면은 불로소득·공국에 대한 노예근성·비사회성이었다.

과거 역사를 통해 조선민족성을 좀 더 긍정적으로 서술했던 최남선의 시각은 1928년에 발표한 「역사를 통하여 본 조선인」에서 이광수처럼 현재를 좀 더 강조하는 모습으로 바뀐다. 이 글에서 최남선은 조선인의 우월성과 조선인의 열등성을 함께 논한다. 최남선은 조선인의 우월성을 네 개의 부분에서 연면성連綿性·지구상持久相·강인력·응화능應化能, 천재 민족, 포괄력·조화력·집성력集成力·통합력, 도덕성이라고 말한다. 또한 최남선은 여덟 개 부분에서 조선인의 열등성을 응집성과 결속력의 부족, 질서성과 조직력의 부족, 천박한 낙천사상, 흡수력·모방성·소화력·융섭력融攝力이 미약, 외면치레의 형식병, 지나 존중의 사대주의, 비실제적·비실용적·비생산적 태도, 운명지상적 미신의 맹신이라고 언급했다.

최남선은 이 글에서 조선민족성의 열등성을 우월성에 비해 2배 정도의 분량으로 기술하고 있다. 최남선은 조선민족성의 열등성을 지적하는 것이 식민지 조선의 현실을 냉철하게 파악하고 자각해서 새로운 운명을 개척하기 위한 것이라고 말한다. 이러한 최남선의 시각은 얼핏 생각하면 온당해 보인다. 문제는 이러한 주장에도 불구하고 이 글의 전체적인 맥락은 조선민족성의 열등성에 초점을 맞추고 있다는 사실이다. 다음 지문에서 보듯 최남선은 조선민족성의 단점을 본질적 결함으로 파악하면서 민격民格의 흠이 있다고 주장한다. 최남선은 근대 국민으로서 조선민족성은 함량 미달이라고 지적했던 것이다.

> 조선인은 그 좋은 말이 있으면서 아직 文法도 組織하지 못한 者며, 오히려 一辭典을 편집하지 못한 者며, 두드러진 문학이 없는 者며, 惠澤을 세계에 입힌 대발명·대창작이 없는 민족이다. 일찍 獨立 自尊의 表象을 만들지 못하

고, 오히려 近代 世界의 喚起에 應從하지 못하고, 항상 自己의 性能에 대한 省察과 時代의 樞機에 대한 觀悟가 다 부족하고, 四方으로 의뢰할 곳이나 찾고, 萬年 過渡의 핑계로써 온갖 過失을 自恕하며, 온갖 책임을 自掩하는, 一言으로 蔽히여 民格 有欠의 者라고 할 것이다. 그것이 본질적 결함에 말미암은 것이어니, 역사적 인연에서 생긴 것이어니, 현실의 조선인은 이러함이 實相이며, 이것은 민족으로의 最大 病痛 又 恥辱이며, 그리하여 萬事의 處理를 이 엄숙한 사실로부터 출발해야 할 것이다.[7]

1920년대 후반에 최남선은 조선민족의 우월성에서 열등성으로 좀 더 기울어지는 모습을 보인다. 이것은 식민지배의 강화와 독립 가능성에 대한 전망 부재의 인식이 상호 작용하면서 나타난 결과이다. 최남선의 역사 인식이 점차 패배주의적 비관주의에 감염되었던 것이다. 「역사를 통하여 본 조선인」이 발표된 1928년에 최남선은 총독부의 조선사편찬위원회의 조선사편수위원이 된다. 총독부에 소속된 조선사편찬위원회는 식민주의에 바탕을 두고 조선사를 편찬하는 연구기관이다. 그는 고대사 연구를 통해 단군조선과 기자조선의 역사적 존재를 확인하여 민족사의 체계를 바로잡고, 일본인들에 의한 역사 왜곡을 방지할 목적으로 조선사편찬위원회에 가담했다는 자기변명을 한다. 하지만 조선사편찬위원회에서 간행된 책에 최남선의 자주적 목소리는 찾아볼 수 없고 식민주의에 입각한 서술만이 존재했다. 이것은 과거를 강조하면서 위대한 조선인의 민족성을 강조했던 최남선의 시도가 한계에 부딪혔음을 의미한다.

전근대성의 조선적 정체성을 강조하는 최남선의 조선학은 일시적으로 효과적이다. 하지만 근대성이 지배하는 세계에서 전근대성의 조선은 열등성의 범주에 포획될 수밖에 없다. 1920년대 최남선의 조선학은 조선적인 것이라는 고유한 정체성을 강조하며 일본의 정체성과 차별화하는데 일정 부분 성공했다. 하지만 최남선의 조선학은 조선민족의 열등성이라는 주류의 담론을 극복하지 못한 채 과거에 고착된 기만적 판타지였을 뿐이다. 결과적으로 1920년대에 최남선의 조선학은 조선인의 열등성론을 극복하지 못한 채 그것을 인정한 상태에서 조선민족의 정체성을 현상 유지하는 수준에 머물렀다. 새로운 출구를 발견할 수 없었던 최남선의 조선적 정체성은 1930년대 후반에 팔굉일우八紘一宇의 대동아공영론을 내세운 친일적 정체성에 흡수된다. 이 시기에 "최남선은 조선문화를 일본의 하부단위 내지는 포함된 문화로 인식"[8]했다. 최남선의 조선학은 일본의 우월성과 조선의 열등성을 전제로 서열화된 식민주의의 범주에 갇혀버렸던 것이다.

3. 안재홍의 비타협적 투쟁성과 용맹성 고취

민세 안재홍은 언론인, 독립운동가, 역사학자, 정치가 등 다양한 역할을 한 민족 좌파의 대표적 인물이다. 안재홍은 3·1운동 때 시위에 참여했고, 대한청년 외교단을 조직해 상해 임시정부와 연락을 취하다가 일경에 붙잡혀 3년간 옥살이를 했다. 이러한 투쟁의 체험을 통해 안재홍은 일제에 대한 적대적 투쟁성을 더욱 강화시켰다.

출감 후, 그는 『시대일보』와 『조선일보』에서 논설을 통해 민족정기를 고취시켜 민족의 독립을 쟁취하려고 했다. 다른 민족 우파와 달리 안재홍은 계급을 중시하는 사회주의 세력과도 민족의 독립을 위해 과감히 연대해야 한다고 생각했다. 안재홍은 좌우파의 합작 단체인 신간회에서 총무로 활동하면서 민족 독립에 매진했다. 안재홍은 현 세계의 상황을 민족 대 민족이 대립하는 적자생존의 구도로 생각했다. 안재홍은 민족 대 민족이 대립하는 세계사적 구도에서 계급을 민족에 비해 부차적인 문제로 간주했다.

그렇다면 안재홍은 조선의 민족성에 대해 어떤 시각을 가지고 있었을까? 민족진영의 인사들은 공통적으로 민족을 강조하고 있다는 점에서 동일하다. 그들은 현재를 기준으로 조선의 민족성이 일본이나 서구의 민족성에 비해 뒤떨어져 있다는 조선민족성의 열등론을 일정 부분 공유하고 있었다. 그러나 민족 우파와 민족 좌파에 따라 온도 차이가 존재했다. 1920년대 중반에 개조론을 앞세운 민족 우파는 조선 독립의 시기상조론을 펼치면서 조선민족의 열등성을 좀 더 많이 강조했다. 민족 우파는 현재 조선민족이 자주독립의 역량이 부족하다면서 일제가 허용하는 범위 안에서 자치론을 수용하자고 주장했던 것이다. 이에 비해 안재홍이 소속된 민족 좌파는 선독립론을 펼치면서 조선민족의 열등성을 조만간 극복할 수 있다는 자신감을 내비쳤다. 이렇게 차별화된 모습은 일제와의 대타적 관계에 있어 민족 우파의 타협성 대 민족 좌파의 투쟁성이라는 상반된 대응 방식으로 나타났다. 우리는 이러한 양상의 전개를 안재홍의 글을 통해 확인한다.

안재홍은 1926년 『조선일보』의 사설에서 "朝鮮人이 個人으로서 또 民族으로서 世界의 推奬과 尊敬과 感佩를 받을만한 많은 자랑거리를 가지지 못한 것도 事實"[9]이라고 언급하면서 조선민족성의 열등성을 인정한다. 이러한 열등성의 인정은 열등성을 강조하기 위한 것이 아니라 개조의 필요성을 말하기 위해서이다. 이 부분에서 안재홍의 입장은 이광수와 유사하다. 하지만 이광수의 '민족개조론'이 민족 자치론을 염두에 둔 것이었다면, 안재홍의 역사 인식은 민족 선독립론을 염두에 둔 것이다. 안재홍은 조선의 민족성이 지닌 열등성을 언급하기 전에 「그러면 조선인아—제군은 기백이 잇느냐?」(『시대일보』, 1924.5.2~5.3)에서 조선의 민족성이 지닌 용맹성, 기백, 투쟁성을 강조한 것도 이러한 이유에서이다. 안재홍은 일제와의 투쟁성 강화를 위해 조선을 동방예의지국이라고 자꾸 강조하는 태도를 비투쟁성과 문약한 소극주의라면서 비판한다. 안재홍은 조선의 민족성에 대해 한민족이 고구려와 발해 이후 한반도로 영역이 축소되면서 나약, 알력, 불관용의 민족성을 지니게 되었다고 주장한다. 이러한 부정적 민족성은 조선의 굴욕적인 한일합방으로 이어지는 원인을 제공했다는 것이다. 그래서 안재홍은 이러한 현실을 타개하기 위해 과거 고구려와 발해에서 보여주었던 강하고 용감한 대기백의 민족성이 필요하다고 주장한다.

> 諸君은 맛당히 殉道者의 熱情으로써 그 主義를 崇奉하고 侵略者와 가튼 猛心으로써 그 所信을 追求하라 千數百年 以來 우리의 先祖들이 그 大陸의 風塵에서 敗退한 以後 苟安과 姑息으로 半島 一角에 跼蹐하는 동안에 成長된 懦弱, 軋轢, 不寬容의 獲得性은 蛇蝎과 가티 버려라 그리고 그 血管 속에 자고 잇는 强勇雄猛한 先民들의 大氣魄을 覺醒하라 今後의 世界라고 決코 그 懦弱閑雅한 白面人의 安樂鄕은 업슬 것이다.[10]

긍정적인 조선의 민족성으로 간주되는 투쟁성을 강조하는 안재홍의 세계관은 「조선민족성의 국제사적 고찰」(『현대평론』 제1권 제4호, 1927.5)이라는 글에서도 등장한다. 안재홍은 이 글에서 "통상으로 조선은 나약 혹은 유약한 민족이라고 생각하는 것 같다. 그러나 그의 천성으로서 조선인은 결코 나약 혹은 유약한 민족이 아닐 뿐 아니라, 가장 강용强勇한, 어느 경우에는 차라리 영맹獰猛한 특성조차 가진 민족이라 할 것"[11]이라고 주장한다. 일제가 조선을 침략하여 지배하는 상황에서 일본의 민족성은 용맹성, 강함의 이미지를 가졌다고 볼 수 있다.

그런데 안재홍은 이 글에서 조선의 민족성이 일본의 민족성만큼, 아니 그 보다 더 강한 용맹성과 강함을 가지고 있다고 주장했던 것이다. 용맹성과 강함을 강조하는 안재홍은 사회진화론의 영향권에 있다는 것을 말해준다. 용맹성과 강함의 강조는 자칫 잘못하면 제국주의적 침략의 정당화와 합리화로 이어질 수 있다. 안재홍의 민족문제 인식은 "국가주의적이고 자강론적이었지만, 사회진화론의 약육강식의 논리에 함몰된 패배주의로 전락하지는 않았다. 그는 사회진화론의 실력주의 논리는 받아들였지만 실력이 박약한 국민의 피지배를 정당화시키는 침략주의의 논리는 거부"[12]했다. 안재홍은 조선의 민족성을 긍정하면서 피압박 민족의 체제 저항을 촉구했던 것이다.

안재홍은 조선의 민족성이 부정적 측면이 많이 생기게 된 원인을 민족 내부만이 아니라 외부적 요소에서도 찾았다. 안재홍은 「그러면 이 일을 어찌하랴—우려할 조선인의 심적 경향」(1924)에서 조선인이 일제의 강점으로 인해 분노와 원한을 품고서도 이것을 제대로 터뜨리지 못하고 억압하면서 실의낙백失意落魄이라는 구렁에 빠져 부자연스러운 병적 심리를 보였다고 말한다.[13] 이광수는 「민족개조론」에서 민족 내부의 요인만을 지적하면서 조선민족성의 열등성을 논하였지만, 안재홍은 이러한 논리를 넘어 근원적인 이유를 제시하면서 조선민족성을 규명한다. 안재홍에 따르면 조선인들은 일제의 침탈 속에 전후를 살필 심리적 여유도 없고, 주변 사람의 처지를 선의로 이해할 아량도 없게 되었다는 것이다. 그 결과 조선인들은 "일체를 冷笑하고 일체를 非議하고 일체를 否認하고 일체를 파괴하려는, 가장 우려할 心理的 危機에"[14] 빠졌다는 것이다. 병의 근원이 일제의 침략이라면 병의 해소는 일제를 이 땅에서 몰아내는 것일 수밖에 없다. 이것에서 보듯 안재홍의 논설은 일제에 대한 순응이 아니라 민족정기를 앞세워 일제에 저항하는 비타협적 투쟁의 노선이었다.

각국의 민족성은 타자라는 거울을 필요로 한다. 안재홍은 「민족성과 그의 반영」(『시대일보』, 1924.6.19~6.20)에서 사람의 얼굴이 각기 다른 것처럼 각 나라의 민족성 내지 국민성도 다르다고 말한다. 안재홍은 여러 나라의 민족성 내지 국민성을 살피어 그 장점과 단점을 잘 따져 반성을 촉구한다. 안재홍은 이 글에서 일체의 종족적, 집단적 차별론을 벗고서 혼연융화하는 인류애의 세계로 나아가야 한다고 주장한다. 이것을 위해 안재홍은 다른 나라의 긍정적 민족성을 돌아보면서 열등한 부분을 개조해 만인이 화합하는 신천지로 나아가야 한다고 역설했다. 안재홍은 최남선처럼 원초적, 영속주의적 민족관을 가지고 있었다. 그에게 한민족은 고정불변의 초월적 실체였다. 하지만 그가 지향한 민족관은 종족, 계급, 성의 차별 없이 모두가 경제적 평등 속에 개인아로서, 사회아로서, 인류아로서 공존공영하는 것이다. 이러한 안재홍의 민족관은 개별 민족성의 우열에 의해 지배하고 지배당하는 '식민 / 피식민의 권력 관계'를 거부하려는 공존의 논리이다. 이것은 그의 민족주의가 배타적 국수주의가 아니라 민족이라는 특수를 기반으로 하여 인류 평화라는 보편성의 세계를 지향하고 있음을 뜻한다.

4. 조선민족성의 우열론과 일제의 식민주의

1920년대에 일제는 조선을 영구히 지배하기 위해서는 무력만이 아니라 정신적으로 조선인을 무장해제시켜야 한다고 생각했다. 이것을 위해 일제는 문화적인 식민주의를 유포시켰다. 일제의 식민주의가 발명해낸 것은 일선동조론, 정체성론, 타율성론, 당파성론 등이다. 일선동조론은 본래 조선과 일본이 공동의 조상을 가졌다는 것이고, 정체성론은 조선이 제대로 발전하지 못해 낙후되어 있다는 것이고, 타율성론은 조선이 주체적으로 자신의 의사를 결정하지 못하고 외세에 의존하는 사대주의자이고, 당파성은 조선인들이 자신의 사적 이익만을 추구하는 당파 싸움에 골몰했다는 것이다. 일제의 식민주의에 따르면 조선은 독립할 능력도 없는 열등한 민족이기에 공동의 조상을 지닌 일본에 기대어 생존하는 것이 역사의 순리라는 식민화의 논리에 귀결된다. 이러한 일제의 식민주의는 한민족의 찬란한 문화유산을 아예 부정하고, 모든 것이 열등했다는 극단적 견해를 생산한다. 조선인의 열등성론을 주장하는 일제의 식민주의는 일본의 배타적 민족주의와 긴밀한 관계를 형성한다.

일본의 민족주의는 발전된 서구를 위계 서열의 정점으로 하고, 다음에 일본을, 일본 밑으로 중국과 조선을 비롯한 아시아를 설정해두었다. 일본은 서구에 대한 동경과 콤플렉스, 서구에 대한 작용과 반작용 속에 아시아멸시관을 가졌다. 재일조선인 학자 윤건차는 근대 이후 일본을 지배하는 민족주의와 민족 정체성을 다음과 같이 설명한다. 일본은 수평적 차원에서 자신과의 비교 대상으로 발전한 서구를 설정했지만, 식민지 조선과 아시아의 종이호랑이로 전락한 중국을 수직적 차원의 비교 대상에서 아예 제외했다. 윤건차에 의하면 일본의 조선멸시관은 아시아멸시관을 구체적으로 실현시킨 첫 번째 실험 대상이자 일본인 우월의 증거물이었다.

> 일본민족 아이덴티티의 근저에는 유럽 자본주의 문명을 정점으로 하고 아시아 후진제국을 밑에 두는 국제적 계층 질서관이 있다. 현실적으로 이러한 관념은 약육강식의 국제상황에서 세계를 문명과 야만의 대립으로 보고 서양숭배의 충동을 고조시키면서 동시에 아시아멸시관을 강화하여 아시아 여러 민족에 대한 일본의 사명감을 강조하고 일본민중을 분발시키는 역할을 수행하였다. 아시아멸시관 중 가장 첨예한 것이 조선멸시관이었는데, 그것은 아시아 침략의 중추였던 조선에 대한 수탈, 침략, 식민지 지배와 밀접한 관계를 지니고 있었음은 두말할 필요도 없다.[15]

구한말의 문명개화론과 실력양성론을 계승한 1920년대 민족진영의 주요 인사들은 문화적 개조를 통해 민족의 도약을 꿈꾸었다. 이러한 식민지 조선의 문화주의는 일제와 무장투쟁을 할 수 없는 기형적 상황에서 문화적 측면에서 개인의 도덕성과 문화적 측면의 개조를 목표로 했다. 이광수를 비롯한 민족 우파들은 '개조의 담론 = 신문화의 건설'이라는 명제 속에 개조를 통해 민족의 등급을 몇 단계 상승시키고자 했다. 그들은 조선의 민족성이 열등한 상황에서 독립은 시기상조라고 생각하면서 독립 국가 대신에 식민지 내에서 문화적 번영과 고유성 유지라는 자치론으로 방향을 설정했다. 이광수가 제시한 민족개조론은 '조선적인 것'으로 대변되는 민족적 특수성의 구현이 아니었다. 그것은 구한말 문명개화론의 연장선에서 추구된 서구적 근대성의 실현이었다. 이광수가 보기에 조선적인 것은 '낡은 것 = 퇴행 = 열등성'이라고 보았다. 이광수는 조선적인 것에서의 탈피가 근대성 내지 조선민족의 우월성으로 가는 지름길로 생각했다. 따라서 '사회 개조 = 조선민족성의 개조'는 '비조선적인 것'이 되어야 했다. 신기욱은 『한국 민족주의의 계보와 정치』[16]에서 1920년대 한국의 문화 민족주의자들이 그들의 전통과 문화를 제대로 평가하거나 존중하지 않고, 서구적 자유주의와 개인주의에 입각해 조선의 민족성을 개조하려고 했다고 언급한다. 일제는 조선보다 먼저 서구에 대한 동경 속에 서구적 근대성을 성취했다. 이런 상황에서 이광수의 '민족개조론'은 조선의 민족성을 근대성의 얼굴로 개조할수록 조선적인 것의 부정과 일본 긍정이라는 딜레마에 봉착했다. 이광수의 '민족개조론'은 「민족적 경륜」(1923)에서 민족의 독립보다 민족의 자치를 주장하는 자치론으로 귀결되면서 파산하고 만다.

1920년대 중반에 민족 우파의 본산이었던 『동아일보』는 연속기사인 「폐습누관부터 개혁하자」(1926.9.11~9.21)를 통해 조선민족성의 부정적 측면을 세세하게 비판한다. 이 글에서 조선의 장발과 백의 착용, 조혼 풍습과 이혼의 유행, 허문번례虛文繁禮로 가득한 상제, 족보열과 양반심, 관존민비의 사조, 황금숭배열, 해외동포의 폐쇄적 지역주의, 도회 중심주의, 문약퇴영文弱退嬰과 노동의 천시, 노년숭배관념, 가족 중시 문화는 조선민족성의 열등성을 드러내는 의미로 표출된다. 이 기사 외에도 조선민족성의 열등성을 언급한 다수의 기사들이 있었다. 민족 우파의 지도자들이 보여준 조선에 대한 부정적 인식은 일제에 의해 식민지배를 정당화시키는 논리적 근거로 활용되었다. 민족 우파는 개조론을 강조하기 위해 조선의 민족성이 열등하다는 것을 강조했다고 말하지만, 일제 식민지배하에서 조선(인)의 열등성론은 일본(인) 우월성과 식민지배를 지지하는 객관적 증거로 악용되었던 것이다. 이것을 예측하지 못했다면 민족 우파는 우둔한 것이고, 예측했음에도 불구하고 조선(인)의 열등성론을 말했다면 민족 우파는 경솔했다는 비판에서 자유로울 수 없다.

1920년대에 이광수가 전래의 조선적인 것을 비판하면서 서구적 근대성으로 나아갔다면, 이와 반대되는 길을 걸었던 사람은 육당 최남선이다. 최남선은 일제의 식민주의적 동화주의가 강력하게 작동하는 상황에서 조선 고유의 정체성인 '조선적인 것'을 찾는 것이 무엇보다 중요하다고 판단했다. 이광수의 '비조선적인 것 = 서구적인 것' 추구가 조선의 민족성을 개조하는 것에 초점을 맞추었던 것에 비해, 최남선은 과거부터 내려온 조선의 전통을 소극적으로 지키는 것에 중점을 둔 것이다. 최남선은 근대성의 패러다임을 통한 경쟁이 식민지 조선의 패배와 독립 가능성의 부재로 귀결될지 모른다고 파악했던 것이다. 김병구에 따르면 '조선적인 것'에 대한 욕망의 발신

자는 근원적으로 식민제국 일본"[17]이다. 1910년대까지만 해도 최남선은 서구적 근대성을 추구하면서 민족적 특수성보다 보편성을 추구했다. 그렇지만 일제의 식민지배가 계속되는 암담한 상황에서 최남선은 서구적 보편성보다 '민족적 특수성 – 조선적인 것'을 추구하는 방향으로 선회했다. 문제는 최남선의 조선학 추구가 궁극적으로 새로운 출구를 찾을 수 없었다는 데에 있다. 장문석은 통일 민족주의나 종족적 민족주의에서 우세한 것이 "항상 위대했던 과거를 떠올리며 이를 옹색한 현재와 극적으로 대비시키고 바람직한 미래의 창조를 위해 하나로 결집할 것을 호소"[18]하는 부흥과 재생의 담론이라고 말한다. 최남선은 단군신화와 불함문화론, 시조와 민요부흥운동을 통해 이러한 부흥과 재생의 담론을 생산했다. 이때 최남선이 주장하는 조선의 우월성은 현재형이 아니라 과거형이었다.

최남선이 복원시킨 과거의 전통 내지 유산은 당대와 상호 대응하면서 존재하는 것이 아니라 최남선의 욕망이 호출해낸 만들어진 허구적 전통과 유산이었다. 에릭 홉스봄Eric Hobsbawm은 『만들어진 전통』(1983)에서 낡은 것처럼 보이는 전통들이 실상 그 기원을 따지면 종종 극히 최근에 발명된 것이라고 예리하게 지적한 바 있다. 최남선도 식민지 시대에 조선적인 것을 언급하면서 조선적 전통을 만들어냈다. 최남선의 욕망이 만들어낸 인위적 조선의 모습은 현재형이 아니라 과거형이었다. 그 과거형의 조선은 근대성의 질서가 지배하는 세계에서 열등성의 지위를 벗어나기 어려웠다. 찬란했던 조선의 과거형이 현재형으로 변신에 성공하지 않는 한 최남선의 주장은 공허한 자기위안의 수사학에 불과했다. 최남선이 만들어낸 조선적인 것은 조선민족성의 열등성을 극복하지 못한 채 1930년대 후반에 일본의 민족 담론에 흡수되고 만다. 조선의 민족성을 그렇게 강조했던 최남선은 민족성과 관련한 담론 전쟁에서 패배한 채 1930년대 후반부터 본격적인 친일의 길을 걷게 된다. 그것은 조선의 민족성이 일본의 민족성에 비해 열등하다는 대전제의 수용을 의미했다.

1920년대에 민족 좌파의 인사들은 조선의 민족성이 열등한 것을 언급하기도 했지만 문화적 장점을 부각시키려고 상대적으로 많은 노력을 기울였다. 「조선민족문화의 정화—'한글'의 문화적 가치」(『조선일보』, 1929.10.30), 「조선민족성의 장단」(『조선일보』, 1928.11.21~11.22), 「朝鮮人이 본 朝鮮의 자랑」(『개벽』 61호, 1925), 「조선의 오대 자랑과 오대 악풍」(『별건곤』 6호, 1927), 「내가 자랑하고 십흔 조선 것」·「外國人이 본 朝鮮의 자랑거리」(『별건곤』 제12·13호, 1928)는 조선의 민족성이 지닌 장점을 논하면서 조선인의 열등성론을 극복하려고 했던 글들이다.

민족 좌파인 안재홍은 개조를 강조하는 이광수의 공시성과 과거 민족의 역사를 강조하는 최남선의 통시성을 균형적으로 함께 고려하는 중도적 입장을 취한다. 안재홍은 이광수처럼 조선적인 것을 부정하고 '서구적인 근대성 = 비조선적인 것'을 오매불망 추구하는 태도를 보이지 않았다. 그렇다고 서구적 근대성을 부정한 것은 아니다. 안재홍은 보편성의 입장에서 조선의 민족성이 개조가 필요하다는 것을 인정하면서도 민족적 특수성이 함께 고려되어야 한다는 변증법적 입장을 취했다. 안재홍은 최남선처럼 조선적인 것을 중요시하는 주체적 태도를 견지한다. 하지만 최남선처럼 과거형의 조선적인 것이 아니라, 안재홍은 현재화할 수 있는 조선적인 것을 강조한다. 안재홍은 과거 조선적인 것에서 투쟁성과 용맹성을 발견하고, 이것을 다시 현재에 집중적으로 계승하여 일제와 대결해야 한다고 주장했다. 안재홍은 과거 조선적인 것의 부정적 속성을 강조하기보다 긍정적 속성을 강조하면서, 이것을 현재화하는 것에 좀 더 주안점을 두었던 것이다. 안재홍이 강조하는 조선적인 것은 통시성과 공시성이 결합된 형태로서 과거형이자 현재형이다. 안재홍은 과거 조선의 긍정적 특성으로 인식되는 투쟁성과 용맹성을 강조하는 방식을 통해 전근대성의 과거를 넘어 새로운 근대성에 도달하고자 했던 것이다. 이때 안재홍이 추구하는 근대성은 식민지적 근대성이 아니라 자주독립의 근대성이었다.

5. 타협과 비타협의 태도가 낳은 차별화

1920년대에 식민지 조선인들은 국내에서 항일무장투쟁을 할 시공간 자체가 없었다. 그들에게 허용된 것은 제한적 형태의 문화적 투쟁밖에 없었다. 일제는 문화통치 기간에 물리력만이 아니라 정신적 측면에서도 조선을 식민화하는 작업에 본격적으로 돌입했다. 그 결과 이 시기에 식민지 조선과 일제는 문화를 매개로 하여 치열한 대결을 벌였다. 서구의 사회진화론에 바탕을 둔 일제의 식민주의는 일본의 근대적 우월성과 조선의 전근대적 열등성을 끊임없이 상호 비교하면서 일제의 침략을 정당화시켰다. 일제의 식민주의는 조선의 열등성을 부각시켜 조선의 주체성을 일본의 주체성으로 교체하려고 했다.

1920년대에 조선의 민족성은 긍정적인 것보다 부정적인 것, 우월한 것보다 열등한 것으로 좀 더 많이 호명되었다. 부정적인 것, 열등한 것이라는 항목은 그것에 대한 개선을 필연적으로 요구한다. 민족 우파인 이광수는 「민족개조론」 등을 통해 사회진화론과 서구적 근대성에 입각해 조선민족성의 개조를 요구했다. '비조선적인 것 = 서구적 근대성'의 추구는 조선의 민족성을 열등한 개조의 대상으로 설정하면서 결과적으로 일제의 식민주의를 합리화, 정당화시키는 자충수의 역할을 했다. 이광수의 시선에 비친 조선의 민족성은 일본의 민족성에 비해 함량 미달의 결핍으로 간주되었던 것이다. 또 다른 민족 우파인 최남선은 이광수와 달리 서구적 근대성을 강조하지 않고 전근대성의 민족적 고유의 정체성을 강조했다. 최남선의 '조선적인 것 = 조선심 = 조선적 정체성'의 부활은 일제의 식민주의에 대항하는 데에 일정 정도 효과를 보았다. 하지만 최남선의 방식은 조선의 민족성을 과거에 고착시켰고, 전근대성의 조선은 근대성에 도달한 일제를 극복할 출구를 찾을 수 없게 만들었다. 결국 최남선이 주장한 조선적 정체성은 1930년대 후반에 친일적 정체성에 흡수되면서 파산하고 만다.

1920년대에 일제와 비타협적 투쟁을 주도했던 민족 좌파인 안재홍은 서구적 근대성과 사회진화론에 입각해 조선의 민족성을 열등성의 단계로 규정하지 않았다. 안재홍은 최남선처럼 과거의 조선적 정체성에 관심을 두었지만 과거형에 머무르지는 않았다. 그는 조선의 민족성이 열등한 점이 있다는 것을 인정하면서도 긍정적 요소로 간주된 용맹성과 투쟁성을 집중 강조하여 일제와 대결했다. 안재홍의 중도적 방식은 서구적 근대성을 추구한 이광수의 민족개조론과 전근대성을 강조한 최남선의 조선적 정체성을 변증법적으로 통합한 것이다. 안재홍은 이광수처럼 식민지 조선을 개조의 대상으로만 보지 않았고, 최남선처럼 찬란했던 과거의 역사로 퇴행하지도 않았다. 중도파 현실주의자인 안재홍은 과거부터 있어왔던 조선민족성의 투쟁성을 강조함으로써 과거와 현재를 이으면서 서구적 근대성을 먼저 성취한 일제의 근대성을 넘어서고자 했다. 그에게 있어 조선의 민족성은 과거형이자 현재형이고, 궁극적으로 미래형이었다. 안재홍은 일제 타도와 조선 독립의 대의 명제를 위해 조선의 민족성을 만들어나갔던 것이다.

이처럼 일제와 타협하려는 민족 우파와 비타협적으로 투쟁하는 민족 좌파는 조선의 민족성을 바라보는 시각에서도 변별되었다. 조선 독립보다 자치론을 지지하는 민족 우파의 입장에서 조선의 민족성은 긍정성보다 부정성이, 우월성보다 열등성이 좀 더 강하게 드러날 수밖에 없었다. 민족 우파에게 있어 식민지 조선은 개조의 대상인 열등한 타자였다. 이에 비해 자치론을 반대하는 민족 좌파의 입장에서는 조선의 민족성이 지닌 열등성 내지 부정성은 축소되었고, 현재의 투쟁적 자세가 좀 더 중요하게 부각되었다. 민족 좌파에게 식민지 조선은 개조의 대상인 타자이면서 동시에 투쟁의 주체였다. 이러한 입장의 차별화 속에 조선의 민족성을 바라보는 시각에서도 차이가 나타났던 것이다.

민족성과 미의식*

이선이李善伊

1. 민족과 예술의 만남

근대에 접어들면서 식민지 근대 혹은 타율적 근대에 직면한 한국인들은 집단적 정체성을 구획하는 새로운 지표인 한민족의 내용을 어떻게 구성할 것인가 하는 문제 앞에서 다양한 모색을 시도하였다. 역사와 신화, 문화와 심성 등이 상호 결합되면서 형성된 이러한 '민족'에 대한 집단적 기억의 공유는 항구적인 존재로서 '민족'을 상정하고, 여기에 본질적 속성으로서 민족성과 미의식을 부여해 나가며 타자와 다른 자기인식을 공고하게 주조하는 방식을 취하며 민족 담론을 형성하였다. 하지만 이 과정에서 우리가 주목할 점은 새로운 전통을 발명하는 차원에서 이러한 작업이 있었다는 단순논리로 해

* 이 글은 『비교문화연구』(제25집, 2011)에 수록된 논문을 수정 보완한 것임.

명되지 않는 복잡한 담론화의 과정이 있었다는 사실이다. 에릭 홉스봄Eric Hobsbawm은 제3세계가 발명된 원초성을 통해 통합된 민족을 만들어나갔다고 주장한 바 있지만, 우리의 근대 만들기는 전통의 발명과 더불어 근대 또한 서구의 그것과는 다른 발명의 대상이었으므로, 근대 초에 '한국적인 것'을 명명하고자 한 논자들 앞에는 전통과 더불어 근대 또한 새롭게 만들어나가야 하는 이중과제가 놓여 있었다. 당시로서는 실감을 갖기 어려웠던 근대 역시 이들에게는 추상적 이해 이상의 것은 아니었기 때문이다. 이러한 우리 근대의 실상을 가장 선명하게 보여주는 담론의 세부細部에 민족의 성격을 규정지으려는 민족성 담론이 위치한다.

민족성이란 문화적으로 구성된 집단정체성과 관련된 모든 사회적, 심리적 현상을 통칭하는 것[1]으로서, 이러한 민족성을 논한 민족성 담론들은 민족에 대한 문화적 구성방식이자 이에 대한 사회적, 심리적 적응과 반응 전체를 언술하고 재현하는 역할을 수행하였다. 지금까지 민족성에 대한 기존 연구들은, 민족성을 지배이데올로기의 하나로 보거나 주관적이고 피상적인 민족 담론의 지류로 치부함으로써 비판의 대상으로 삼아왔을 뿐 실제로 민족성이 생산되고 사회적으로 확산되는 구체적인 방식에 대해서는 학문적 천착을 기피해 왔다. 하지만 민족성 담론은 근대에 접어들면서 타자와 구별되는 자기인식을 정립하는 중요한 담론의 장으로, 한민족이라는 집단정체성 생산을 통해 민족이라는 상징질서를 공고하게 하는 데 중추적 역할을 담당한 중요한 사회 담론의 하나였다.[2] 특히 이러한 민족성 담론이 '조선적인 것'의 내용을 확정하는 데 크게 기여한 조선미의식 담론과 불가분의 관계에 놓여 있다는 점은 눈여겨 볼 대목이 아닐 수 없다. 근대에 접어들어 '민족'이 집단적 주체이자 내부적 결속을 확고하게 하는 강력한 이데올로기로 부각되면서 정서적 차원에서 근대의 내면을 구성하는 담론적 실천에 민족과 예술의 결합태인 '민족예술' 관련 담론이 자리하게 되었기 때문이다.

주지하다시피 담론의 공간 안에서는 담론의 진위보다는 담론의 전략과 배치가 중요하다. 따라서 여기에서는 민족성의 존재유무나 진위여부는 질문의 대상이 아니며 오히려 민족성을 본질화하는 담론의 생산 방식에 대한 주목이 요구된다. 실제로 근대 초에 제기된 조선민족성 담론은 이를 구체화한 조선인의 민족성에 대한 언술들과 이를 가시화하는 표상 담론과 내밀한 연관성을 갖는데, 주로 민족성에 대한 언술이 심리적, 기질적 특성으로 제시된다면, 민족성에 대한 표상 담론은 미술, 문학, 음악 등의 예술 담론으로 구체화되었다. 이 시기에 조선민족성에 대한 인식이 조선미의식에 대한 인식과 밀접한 연관성을 가지면서 '조선적인 것'을 규정하는 중요한 사회 담론이 되었다는 점은, 서양인 최초로 『조선미술사』를 출간한 에카르트Eckardt의 글에서도 확인할 수 있다. 그는 "욕심이 없는 국민성에 따라 나라의 가난함에 순응하여, 조선미술에는 놀라울 만큼의 간결성이 있다"[3]라며 우리 미술의 특징을 민족성으로부터 도출한 바 있다. 이러한 주장은 민족성이 곧바로 미의식으로 표출된다는 인식의 결과이다. 이러한 인식은 한국적인 미의식을 '비애의 미학'으로 명명하고 이를 본질화한 장본인으로 지목되는 야나기 무네요시柳宗悅의 경우에는 더욱 확실하게 드러난다. 이처럼 당시의 논자들에게 민족성이 미의식을 결정한다는 인식은 매우 보편적인 사유방식의 하나였다. 즉 이러한 인식방법은 민족성과 미의식 사이에 분명한 인과성이 있는 것으로 보고, 이를 통해 '조선적인 것'이라는 고유성을 본질화함에 따라 민족을 신앙화한 과정으로 볼 수 있을 것이다. 이처럼 민족성과 그 예술적 표출인 미의식이 민족의 고유성을 규정하는 개념으로 자리 잡으면서, 식민지 조선의 고유성은 '비애미', '소박미', '절제미', '단순미' 등의 미적 특질을 획득해 나갔다.[4] 이러한 조선적인 미의 특징들은 오늘날에 이르기까지 한국적 아름다움의 원형으로 인식되고 있다는 점에서 논리화 과정에 대한 발본적 성찰을 필요로 한다. 왜냐하면 이 시기에 형성된 조선인과 조선미의 특징이 오늘날에 이르기까지 '한국적인 것'의 본질적인 내용이 되었을 뿐만 아니라, 이러한 인식이 한국적 정체성을 형성하는 근대적 준거가 되었기 때문이다. 하지만 기존의 논의는 1930년대를 중심으로 당시 조선학의 형성과정을 통해 한국적 고유성이 어떻게 논의되었는가에 주목하고 있어,[5] 그 이전의 시기에 제기된 우리의 민족성과 미의식 관련 논의를 간과해 왔다고 할 수 있다.

따라서 이 글에서는 1930년대 이전의 조선민족성과 조선미의식 담론의 논리화 방식이 어떠했는가를 알아보기 위해, 식민 본국인 일본과 식민지 조선의 대표적인 두 논자가 제출한 조선미의식 담론의 논의 방식을 비교하고자 한다. 식민지 근대라는 우리 근대의 특수성을 염두에 둘 때, 이 시기 집단적인 고유성의 형성 방식은 제국의 시선과 피식민의 시선, 타자적 인식과 주체적 인식을 이분법적으로 나누기보다는 이 두 시선의 논리적 균열과 봉합 방식을 동시에 비교하는 것이 효과적일 수 있기 때문이다. 이를 위해 여기에서는 근대 초에 '조선적인 것'의 규명을 위해 다수의 글쓰기를 시도했던 자산 안확自山 安廓과 야나기 무네요시의 논의를 비교하고자 한다.

안확의 경우, 『學之光』에 수록한 「조선미술사」(1915), 「조선의 문학」(1915)과 『조선문학사』의 부편에 수록한 「조선인의 민족성」(1922), 『동아일보』에 연재한 「朝鮮歌詩의 條理—歌詩와 民族性」(1930.10.1~2) 등의 글쓰기를 통해 조선의 민족성과 미의식의 특징을 논의하였다. 또한 근대 조선미의 탄생에 산파역할을 담당한 것으로 평가되는 야나기 무네요시의 경우, 「조선인을 생각한다」(1919), 「석불사의 조각에 대하여」(1919), 「조선의 벗에게 보내는 글」(1920), 「조선의 미술」(1922), 「조선 도자기의 특질」(1922) 등[6]의 글쓰기를 통해 조선민족성과 미의식의 관련성을 밝히고 있다. 두 논자의 글을 분석함으로써 여기서는 민족과 예술이라는 집단적 정체성 형성의 두 지층이 어떻게 '조선적인 것'의 고유성을 논리화하는가를 규명하고, 이들 담론의 균열과 착종을 정직하게 주시함으로써 한국적 정체성이 담론화되는 과정에서 우리가 선택했던 길을 비판적으로 인식해 보고자 한다.

2. 안확의 조선민족성과 조선미의식 논의 방식

근대 초에 접어들어 조선민족성에 대한 체계적인 논의를 제출한 대표적인 인물은 자산 안확이었다. 그가 조선민족성을 어떻게 인식해나갔는가를 보여주는 글로는, 일본 유학시절에 동경에서 발행된 조선유학생 학우회의 기관지 『學之光』에 실린 「조선어가치」(1915), 「조선의 미술」(1915), 「조선의 문학」(1915) 등이 있다.[7] 일련의 조선적인 것의 고유성을 규명하고자 한 이 글들을 통해 안확은 한민족의 문화적 고유성을 규명하고자 하였다. 이 시기 그의 글쓰기는 주로 조선미술과 고전문학연구를 통해 민족성과 미의식의 연관성을 규명하는 작업으로 구체화되었다. 「조선의 미술」에서는 미술과 조선민족성을, 「조선의 문학」에서는 한문학과 조선민족성을, 『조선문학사』의 부편에 수록된 「조선인의 민족성」,[8] 「朝鮮歌詩의 苗脈」[9]과 「朝鮮歌詩의 條理」[10]에서는 시가와 조선민족성을 논의하는 등 민족성이 실제로 어떻게 예술에 반영되어 조선적인 미의식으로 표출되는가에 주목하였다.

> 美術은 精神이 物類中에 現한 者라 故로 美術品의 靈妙 與否는 材料의 良否에 關함이 少하고 思想의 表顯에 在하니 思想이 富饒치 안으면 如何한 良材가 有하야도 其 妙技를 能顯치 못함으로 國民의 文化思想을 觀함에는 美術과 如한 者이 無하여[11]

안확은 「조선의 미술」에서 미술을 민족정신 내지는 사상의 표출로 파악하고 있다. 즉 그는 미술의 영묘함은 사상의 표출에 있다고 보고, 국민의 문화사상을 파악하는 것에는 미술만한 것이 없다고 보았다. 이 글에서 안확은 우리의 미술사를 간략하게 언급하며 단군 이래 조선의 미술은 중국식도, 인도식도 아닌 '韓式'이라고 명명하고, 그 예로 삼한三韓 궁실宮室의 유적遺跡이나 부여왕夫餘王의 옥관玉棺, 불국사佛國寺의 대종大鐘 등을 열거한다. 이런 논증과정을 거쳐 안확이 우리 미술의 기원으로 발견한 시공간은 단군시대로, 오천년 전에 발달한 이 시기의 심미사상이 고려 말 이후에 이르러 유교가 본격적으로 흥하게 되면서 '優美崇高한 氣品과 莊嚴雄大한 風格의 賞을 受키 不可'하게 되었다며 유교에 대해 비판의 날을 세운다. 안확이 이처럼 우리의 미술에 대해 관심을 가지게 된 계기는, 이 시기 우리 미술에 대한 관심이 해외에서 부가되면서 조선적인 정체성을 확인할 수 있는 담론의 실천이 미술 방면에서 요청되고, 특히 일본학자들의 우리 미술에 대한 연구가 활발하게 진행되는 현실 때문이라고 이 글의 말미에 밝히고 있다. 즉 타자의 인식에 의해 촉발된 자기인식으로서의 조선민족성은 고유한 사상성의 발견을 통해 담론화되어 나갔음을 알 수 있다. 이러한 고유한 사상이 조선적인 미의식으로 표출된다는 안확의 인식은 이듬해 『學之光』에 실린 「조선의 문학」이라는 글에서도 그대로 나타난다. 안확은 문학을 '人民의 內情을 지배하는' 무엇으로 규정하고 문학사를 간략하게 언급한 뒤, 우리의 문학이 유교에 기댄 한문학으로 인해 백폐가 생겨나 고유의 문학과 신성한 정신을 발휘하지 못하게 되었다고 비판한다. 즉 유교의 영향으로 인해 우리의 민족성이 부정적인 것으로 변질되었다고 파악하고, '保守主義, 物質主義, 文弱, 形式, 自尊 등의 惡影響이 後世 支那로 하야곰 滅因'케 하였다고 비판하며 유교타파를 통해 조선문학은 고유한 사상의 표출로서 우리의 특질을 담아내야 한다고 주장한다. 즉 안확은 우리의 민족성을 곧바로 고유사상과 일치시켜 항구적인 민족성을 설정하는 동시에, 사상의 역사적 변화가 민족성의 변화를 가져왔다고 가정함으로써 불변적인 민족성에 가변적 속성을 더하였다. 그렇다면 안확의 글에서 항구성과 임시성, 불변성과 가변성이라는 상충하는 논리가 민족성의 담론화 과정에서 어떻게 충돌하고 있는지 살펴보자.

안확은 상고문학을 상술하면서, 제천의식을 우리의 고유사상으로 파악하고 조선인이 '民性의 溫雅淳厚함을 이룸은 실로 상대문학의 사상에서 유래한 것'이라고 주장한다. 그는 하늘을 숭배하는 제천의식과 단군의 하강을 동일한 의미로 보고 한민족의 기원으로서 단군을 숭배하는 것은 자연을 숭배하는 것과 같은 의미라고 보았다. 이러한 안확의 논리는 '민족성 = (고유)사상 = 자연미 추구'라는 등식으로 정리해 볼 수 있을 것이다. 그렇다면 실제로 안확이 제시한 조선민족성의 특징을 통해 이러한 등식이 어떻게 구체화되고 있는지 알아보자. 그가 인식한 조선민족성의 특징을 체계적으로 제시한 글이 「조선인의 민족성」이다. 안확은 이 글에서 조선인의 민족성을 크게 일곱 가지로 나누어 제시하였다. ① 조선숭배祖先崇拜 ② 조직적 정신組織的 精神 ③ 예절禮節 ④ 순후다정淳厚多情 ⑤ 평화낙천平和樂天 ⑥ 실제주의實際主義 ⑦ 인도정의人道正義가 그것이다. 이 글에서 안확은 도덕적이고 윤리적 차원에서 볼 때 조선인은 본질적으로 뛰어난 민족성을 지니고 있다고 주장한다. 이러한 주장을 시종일관 견지하면서 안확이 일곱 가지의 민족성 가운데 조선인의 민족성과 미의식을 긴밀하게 연관시켜 논의한 항목은 네 번째 항목인 '순후다정淳厚多情' 편이다.

①朝鮮人은 本性이 粗卑하지도 안코 又한 野薄치도 안하다. 寬大하고 淳厚하야 天眞이 爛熳한 風彩를 帶하얏나니 故로 假飾이 업고 巧妙치도 안코 輕妄과 惡毒의 行色도 업나니라 (…중략…) 衣服은 眞率과 淨潔을 好하다. 비록 襤褸를 닙을지라도 潔白함을 尙하며 奢侈는 大忌오 紋彩는 더욱 不好라. 婦人의 服裝은 其 女性을 짜라 彩緞을 好하나 衣樣에 就하야는 東洋 第一이

오 西洋에도 不讓이니라. 色은 普通 白色과 靑色을 好하니 白色은 古代로부터 純實不雜한 意味로 取한 것이라.

②美術로 말하면 官能的 快感을 取함 보다 純實한 性情을 表한지라. 率居의 黃龍寺 壁畵는 其 寫生的 松形이 實物과 無異하야 鳥雀이 望飛한다 하얏스며 恭愍王의 馬와 鄭圃隱 母氏의 盧鳴과 李霆의 竹가튼 것도 다 實物과 無異하게 描出하니라 (…중략…) 그 淳厚한 天性은 一方으로 智力 運用의 巧妙한 理想이 手技 上에 現하야 奇麗한 美術을 産하고 他 一方으로 美德修養의 純粹한 感覺이 心理 上에 現하야 高尙한 道理를 行하다. 고로 一般 心術이 圓하고 厚하고 溫和하고 善良하야 言語 上에도 모진 말을 厭忌하며 交際 上에도 極히 多情한지라.

인용한 글에서 알 수 있듯이, 안확은 한민족의 성격을 온순함에서 찾고 이것이 순박하고 후덕한 품성으로 표출된다고 보았으며 이러한 성격이 의복의 색, 미술, 음악, 무용 등에서 어떻게 드러나는지를 예증하고자 하였다. 이 글에서 그는 조선적인 아름다움의 본질을 소박미에 초점을 맞추어 논하고 있다. 즉 역동적이고 기운생동한 면보다는 꾸미거나 거짓이 없는 소박미를 한국미의 정수로 파악한다.[12] 특히 그는 우리 의복의 흰색과 청색을 순실무잡純實不雜한 민족성의 표출로 보았는데, 이는 상고시대의 자연숭배 내지는 제천의식에서 비롯한 자연미를 근대적으로 재인식한 결과로 볼 수 있다. 이 자연미 내지는 소박미를 가장 한국적인 것으로 호명해 냄으로써 안확은 이러한 민족성을 불변의 본질적인 요소로 확정해 나갔다. 이러한 인식은 그가 조선적인 예술에서 주목한 '線美'에서도 그대로 나타난다.

> 우리 藝術에는 線美가 있으니 活動도 아니요 沈靜도 아니오 浮動的 이어서 詩歌를 唱하는 음조는 일체로 哀怨聲을 띠는데 이 悲調의 歌聲과 浮動的 藝術美는 처량한 낙망이 아니오 무질서한 산란도 안이라 투철히 평등계에 도달코자 하는 波動상태라[13]

안확이 조선미의 특징으로 애상의 미를 말할 때에도 이것은 단순한 비애미를 의미하지 않는다. 그것은 '浮動的 藝術美'로, 그의 말에 따르면 '평등계에 도달코자 하는 波動상태'인 일종의 초월적인 세계를 향한 희구를 의미한다. 비애는 평등한 세계에 도달하고자 하는 심정적인 갈망을 드러낸다는 이러한 인식은, 소박미와도 결부되는 것으로 '穩秀한 정신'의 표출과 같은 범주에 속한다. 이처럼 안확은 사상성 = 민족성 = 미의식이라는 등식을 통해 소박한 아름다움을 '조선적인 것'의 내용으로 호명해 낸다. 여기에서 민족성과 등가를 이루는 사상성이란 제천의식에서 포착할 수 있는 일종의 자연숭배사상으로서 초월적인 경지를 설정한 관념적 세계인식의 결과로 볼 수 있다. 이러한 관념적인 것으로 조선미의식의 특징을 포착하게 됨에 따라 조선미의식 담론은 '민족'에 종교적인 성격을 덧입히는 주술화 작업을 담론적으로 실천한 것으로 볼 수 있다.

이러한 안확의 논리에는 봉합하기 어려운 선명한 논리적 균열이 내재해 있다. 그가 문학사를 포함하여 예술사를 파악하는 방식은 시대별 사상적 변천을 근간으로 삼고 있다. 그는 불교나 유교의 유입이 어떻게 사상의 변화를 일으켜 새로운 문학의 흥기를 이루고 있는가에 주목한다. 즉 사상의 변천을 곧 민족성의 변화로 보았다. 그의 이러한 논리에 따르자면 한민족 고유의 사상이 새로운 사상의 유입에 의해 어떻게 변천했는지를 입증하는 방식은 중요한 민족성의 형성 방식이 되어야 한다. 그의 전제에 의하면 민족성은 사상적 변화에 따라 달라져야 하기 때문이다. 하지만 안확은 상고시대에 형성된 우리 고유의 민족성은 고유사상과 함께 지속되면서 불변하는 원형을 함유하고 있는 것으로 봄으로써 민족성의 변화 가능성을 논리적으로 봉쇄시켜 버린다. 이 균열은 문학사의 시대구분을 논의할 때에도 그대로 나타난다. 사상의 변화는 정치상의 시대와는 다르다고 주장하면서도 곧바로 그 대세는 정치의 소장消長과 일치한다고 주장하여, 탈역사적인 맥락에 배치시켰던 고유사상을 다시 역사적 맥락에 배치시키는 논리적 충돌을 보인다. 이처럼 안확의 민족성과 미의식 담론이 논리화되는 방식에는 변하지 않는 것으로서의 '조선적인 것'과 그가 비판하고 극복하고자 한 대상인 '조선적인 것'이 상충하고 있다. 여기서 문제는 '민족예술'에 대한 안확의 논리화가 민족성과 미의식 자체를 본질주의화하고 있다는 점이다. 이러한 논리 개발을 위해 안확은 '민족예술'을 철저히 정신주의적 입장에서 파악해나간 것으로 볼 수 있다.

3. 야나기 무네요시의 조선민족성과 조선미의식 논의 방식

야나기 무네요시는 근대 초에 민족성이 예술과 불가분의 관계에 있다는 신념을 가지고 동양예술의 특징을 인식해 나간 대표적인 인물이다.[14] 그는 일본인의 서구숭배를 비판하며 일본의 고유성을 규명할 수 있는 '일본적인 것'에 대한 관심을 주로 한국, 중국, 일본의 미술과 연결시켜 논리화해 나갔다. 이러한 야나기의 입장은 시종일관 민족과 예술, 민족성과 미의식을 동일시하는 태도를 견지한다.

> 예술에는 민족의 마음이 나타나 있다. 어떤 민족이든 그 예술에 있어서만은 자신을 참되게 표현한다. 한 나라의 심리를 이해하려면 예술을 이해하는 것보다 더 빠른 길이 없다. 미술사가는 필연적으로 심리학자이다. 나타난 미에서 심리의 번뜩임을 읽을 때 그는 진정한 미술사가일 수가 있다.[15]

민족성에서 미의식이 도출된다고 본 야나기는 조선민족성의 특징을 조선의 역사와 지리적 특성에서 발견하고자 하였다. 이러한 그의 태도는 이 시기 식민사학자들이 주장한 조선사의 타율성他律性과 정체성停滯性에 근거한 조선인식의 표출로 볼 수 있다. 특히 그는 반도라는 지리적 특징에 주목한 반도사관에 기대어 조선미의 특징을 입증하고자 한다. 이러한 입장은 결국 한중일 삼국의 미적 변별성을 "중국의 예술은 의미의 예술이고 일본의 그것은 정취의 예술이었다. 그 사이에 서서 홀로 비애의 운명을 짊어져야 했던 것이 조선의 예술이었다"[16]라는 삼분법으로 파악하기에 이른다. 이러한 삼분법에 의해 조선의 미는 비애의 미로 명명되는데, 그는 이러한 비애의 미를 '조선적인 것'의 본질로 삼기 위해 삼국의 예술적 특징을 비교하며 구체적으로 비애미의 실제를 분석해 나간다. 미술에 있어서 가장 기준이 되는 형태, 색, 선을 삼국의 미술적 특징에 대입하고자 한 야나기는, 중국은 형태의 미, 일본은 색의 미, 조선은 선의 미라고 규정한 뒤, 이 가운데 조선의 선이 보여주는 아름다움은 곡선의 미이자 동경의 미이며 고독의 미라고 특징짓는다.

이를 입증하기 위해 야나기는 선과 색을 중심으로 조선미의 특징을 상술한다. 그는 조선의 미를 곡선의 미로 규정하고 조선의 집들의 지붕에 나타난 곡선, 호류사 백제관음의 선, 경주 석굴암의 관음상들이 보여주는 선, 봉덕사와 상원사 범종의 선, 고구려 벽화의 선, 도자기의 선 등 조선미술사 전체를 곡선의 미를 보여주는 예증으로 배치시킨다. 즉 야나기는 이처럼 선을 조선예술의 거의 모든 것을 지배하는 특징[17]이라고 말한다. 또한 야나기가 선과 함께 주목하고 있는 것은 색이다. 그가 색을 거의 사용하지 않는 조선적인 특징을 발견하는 대상은 의복과 도자기이다. 조선의 의복과 도자기에는 색채감이 없다는 점을 지적하며 흰옷에서 상복의 이미지를 떠올리는 등 조선을 죽음의 나라로 인식한다. 물론 야나기의 이러한 인식은 일정한 논리적 균열을 보인다. 그는 조선의 흰색에 대해 논의하면서 흰색이 한편으로는 '은근한 색조여서 화려하고 사치스런 것'이 없는 소박미를 보여주지만 또한 동시에 '쓸쓸한 비애의 감정'을 드러낸다는 이중적 인식을 보인다. 기본적으로 국제주의자이며 평화주의자였던 야나기의 이러한 인식상의 균열은 식민사관에 전일적으로 포섭되어 가던 조선의 모든 것에서 예술을 분리해내고 그 속에서 조선예술의 고유성을 규명해 내고자 한 결과로 볼 수 있다.

> 조선민족의 내면적 감정이 고유하고 내면적 역사의 경험이 독특한 것처럼 그 예술 또한 독보적이다. 비평적인 역사는 그 국시國是를 사대주의라고 한다. 그러나 적어도 예술에 있어서는 그렇지 않다.[18]

그는 사대주의에 침윤된 조선의 역사에서 예술의 예외성을 강조한다. 이 예외성을 통해 '미의 나라' 조선이 탄생하게 된다. 조선을 두둔했다는 이유로 감시를 받거나 그의 글이 검열과정에서 삭제되는 등[19] 야나기의 개인사적인 측면만을 두고 보면 그의 이러한 조선미에 대한 인식은 식민지 현실에 대한 깊은 동정심의 발로로 볼 수 있다. 하지만 그가 예외로 인식한 이 조선적인 미는 조선인의 민족성이 표출된 것으로서, 그의 논리를 좇아가면 조선의 예술이 정치로부터 예외적인 것으로 분리되듯이 조선인의 민족성이 정치와는 무관한 비정치적인 것으로 인식되는 결과에 도달하게 된다. 즉 그의 조선미의식에 대한 담론화는 조선을 영원한 비애의 나라로 규정해 버림으로써 식민주의에 대한 저항의 목소리를 봉쇄하는 담론적 실천의 장이 되고 만다.

> 조선의 벗이여, 당신들은 민족의 독립을 언젠가는 변하게 될 정치에서 찾는다. 그러나 조선의 변함없는 독립이 그 예술에서는 이루어지고 있다고 생각하지 않는가. 지금은 영원한 것에 마음을 쏟아야 할 중요한 때가 아닌가[20]

인용문에서 알 수 있듯이, 야나기는 식민지 조선에서 유일무이한 예외성을 가진 예술을 추구하는 것이 현실적으로 민족의 독립에 우선한다고 생각하였다. 이러한 주장으로 인해 그는 전형적인 식민지 사관에 따른 동화주의자[21]라는 비판에서 자유롭지 못하다. 하지만 야나기가 정치나 국가를 넘어서는 종교적인 세계를 상정해 두고 이를 구체적으로 실현할 수 있는 가능성으로서 예술을 인식했던 점을 염두에 둔다면, 그의 입장을 단순히 식민사관의 변형으로만 치부할 것은 아니다. 야나기의 미학이 갖는 전체적인 구도를 염두에 두고 볼 때, 서양예술과의 대결구도 속에서 상상된 동양예술은 탈정치적인 맥락에서만 그 고유성을 획득할 수 있었기 때문이다. 따라서 야나기의 논리를 단순히 일본 식민주의의 시선으로만 보는 것은 식민지 본국으로서의 일본과 식민지로 전락한 조선이라는 대립구도에서만 그의 논리를 파악하는 방식이며, 오히려 이러한 그의 식민주의적 시선은 서양예술에 대한 일본인의 자의식을 조선예술에 투사한 결과로 보는 것이 옳을 것이다. 야나기의 이러한 인식은 타자인식과 자기인식이 투사와 전이의 과정을 통해 하나의 정체성을 형성해나간다는 점을 여실히 보여준다고 하겠다. 따라서 우리가 눈여겨보아야 할 점은 야나기의 논리 속에 있는 내적 균열의 양상과 이것이 실제로 어떤 양상으로 나타나는가에 대한 것이라 할 수 있다.

> 고려에서 볼 수 있었던 섬세하고 우아하며 감정에 예민한 형태와 선은 여기에서 현저한 변화를 받았다. 외형이 단순화되고 형량形量은 확대되어 감정보다도 오히려 의지意志의 아름다움이 그 중심을 이루었다 (…중략…) 원래 직선은 조선의 선이 아니다. 유교가 깊이 침투됨에 따라 이 요소가 점차 부가된 것이다. 곡선 가운데 직선을 섞은 것은 땅 위의 아름다움을 찾고 힘의 아름다움을 원한 결과이다. 갑자기 변화된 조선시대의 형태는 유교의 배경 없이는 생각할 수가 없다. 조선은 이 시대의 도자기 공예에서 전에 없던 위엄의 아름다움을 희구한다. 고려의 작품에 여성미가 있다면 조선시대의 작품에는 남성미가 있다. 감정보다 의지가 아름다움을 지배한 힘이라고 볼 수 있다.[22]

조선시대의 도자기가 갖는 특징을 논하고 있는 인용한 글에 따르면, 조선의 미는 의지와 남성으로 표상되는 힘의 아름다움으로 명명된다. 이러한 논리의 반전은 곡선의 미로 명명했던 '조선적인 것'은 직선적인 것을 보충하지 않고는 설명이 불가능했기 때문으로 보인다. 그렇다면 이러한 균열은 어디에서 기인하는 것일까? 그 이유는 '곡선의 미 = 비애의 미'가 논의된 맥락에서 찾아볼 수 있다. 야나기가 조선의 미를 논한 이유는 일본예술의 독자성을 확립하고자 한 의도에서 비롯되었다. 즉 그에게는 서구문화와의 대면과정에서 서구예술과 다른 동양예술로서의 '일본적인 것'의 고유성을 입증하는 것이 긴급한 과제였다. 하지만 이를 입증하기 위해서는 우선적으로 동양예술 안에서 중국이나 조선과는 다른 '일본적인 것'의 규명이 전제되어야 했다. 이 과제를 해결하는 방식이 조급해질수록 그의 논리는 도식화의 우를 범하게 된다. 삼국의 예술적 특징이 형, 색, 선으로 선명하게 도식화하는 과정에서 조선의 선은 과도하게 단순화되어야 했고 그것이 곡선의 미로 규정되면서 비애미는 서구적 비극미의 조선적 이름으로 호명된다. 하지만 그가 조선예술만을 두고 그 특성을 설명하고자 할 때에는 이러한 하나의 특성만으로 조선의 미를 설명하기는 매우 어려울 수밖에 없었을 것이다. 그가 「석불사의 조각에 대하여」라는 글에서 발견해내는 조선적인 아름다움은 자연과의 조화와 통일과 균제의 미학이다. 이는 앞서 언급한 비애미와는 상충하는 논리로서, 이처럼 거의 일이년의 시차를 두고 발표된 야나기의 글 안에서도 조선에 대한 미의식은 심한 균열상을 보여주고 있다. 이는 특정 집단의 고유성에 대한 인식이 타자와의 차이를 통해 규정될 때, 비교라는 방식이 갖는 논리적 도식화의 한계를 극명하게 보여주는 예가 아닐 수 없다. 또한 조선민족성과 조선미의식에 관한 담론의 유통과정에서 「조선인을 생각한다」나 「조선의 미술」에서 언급한 조선적인 미의 특성이 여타의 구체적인 조선예술 논의들을 압도함으로써 야나기의 논의는 일부가 전체로 확대 해석된 데에서 그 원인을 찾을 수 있다. 그의 이러한 비애론은 민족의 마음을 본질적인 것으로 보고 그것의 표출인 예술을 모든 것의 우위에 두는 미학지상주의가 '민족예술'과 결합된 경우라 할 수 있다.

4. '조선적인 것'의 순환과 충돌 양상

거의 동시기에 제출된 안확과 야나기의 민족성과 미의식에 근거한 '조선적인 것'의 발견은 근대 이후 오늘날에 이르기까지 한국적인 것의 고유성을 파악하는 기원으로서의 담론적 위상을 점유하고 있다. 하지만 이 두 논의 사이에는 한국과 일본 간의 '조선적인 것'에 대한 인식의 순환과 충돌이 존재하고 있다. 두 사람의 논의를 비교해 보는 일은 조선민족성과 조선미의식의 관련 양상을 다층적으로 인식함으로써 근대적 한국 인식이 갖는 의미를 재인식해보는 경험이 될 것이다. 이를 위해 두 논자가 인식한 백색白色, 선線, 유교儒教에 대한 입장을 비교함으로써, '조선적인 것'에 대한 인식이 어떻게 상호 공유되면서 또한 동시에 인식상의 충돌을 일으키고 있는가에 주목해 보고자 한다.

우선 백색에 관한 안확과 야나기의 인식상에 어떠한 균열과 순환이 존재하는지 살펴보자.[23] 안확은 '백색은 고대로부터 純實不雜한 意味'를 가진 것, '白衣를 尙함은 자연적 無特長의 민족성의 표징'이라며 조선인의 흰옷을 조선미의식이 갖는 자연미와 순결미를 나타내는 표징으로 파악하였다. 이러한 백색에 대한 인상은 청색에 대해서도 그대로 반영된다. 이에 반해 야나기는 '고독 속에서 살아온 조선이 과연 일본처럼 빛깔을 사랑할 수 있는 것일까' 라고 반문하며 연한 옥색 유약을 바른 조선의 도자기에서 '말할 수 없는 가련함'을 읽어낸다. 또 그는 '흰옷은 언제나 상복이었다, 고독하고 신중한 마음의 상징'이었다며 즐거움이 없는 민족이었기 때문에 흰옷을 입은 것으로 파악하고 있다. 동일한 색을 두고 안확과 야나기가 파악한 조선미에는 이처럼 현격한 인식차가 존재한다.[24] 하지만 이러한 안확의 논의는 1930년대로 접어들면서 점차 야나기의 논의로 흡수되어 간다.

> 白色의 衣質에는 他色이 汚染되기 容易하며 悲調와 線의 浮動인 心像의 不安定한 情向은 他方에 傾키 容易하니 故로 風聲鶴唳로 無定見하게 雷同하는 行色도 잇고 廓揮乾斷이 업시 因循姑息하는 性味도 多하다. 更言하면 特長又 創作力이 업고 團結心 又 獨立性도 弱하다. 更히 一方으로 觀察하면 白質에 一色이 染하고 浮動體가 一方에 傾하야는 좀처럼 變化치 아니함도 업지 아니하니 佛을 信하야는 佛敎로 止코 말며 儒를 尊하야는 儒敎로 廢코야 止한지라.[25]

인용문에서 알 수 있듯이, 백색을 통해 한국적인 미의식을 순수한 자연미로 명명하였던 안확의 논리도 백색의 오염성과 불안정성을 인정하며 점차 '조선적인 것'을 비애미로 규정한 야나기의 논리 속으로 흡수되어 간다. 적어도 1920년대 초반까지 안확의 조선미 논의에는 백의민족에 대한 미학적 자부심이 비판의 여지없이 확고하게 자리하고 있었다. 하지만 야나기의 논의가 지배담론으로 자리를 잡으면서 안확의 논리는 점차 야나기의 논의에 포섭되어 갔다고 하겠다.

다음으로 선에 대한 안확과 야나기의 인식을 살펴보자. 두 사람은 모두 '조선적인 것'의 특징을 선, 특히 곡선에서 발견하였다. 하지만 둘 사이에는 분명한 차이를 보이는 바, 안확은 조선의 선을 유동하는 특징을 가진 '浮動的'인 것으로, 야나기는 '靜的'인 것으로 보았다. 조선미의식에 대한 이 두 논자의 초점이 공통적으로 곡선미에 맞추어지며 조선적인 아름다움의 특징을 포착한다는 점에서는 동일하다. 또한 이 곡선에서 비애의 미를 읽어내는 것도 유사하다. 그러나 안확은 야나기의 논리를 수용하면서도 곡선에서 포착하는 비애미에 대한 의미화 과정에서는 분명한 차이점을 드러낸다.

> 故로 일반 고미술은 중국인 같이 形美나 일본인처럼 色美도 아니오 오직 線美가 있으니 線이란 것은 一點에서 他點에 向往하는 狀態라 즉 活動도 아니요 沈靜도 아니요 浮動的 이어서 詩歌를 唱하는 음조는 일체로 哀怨聲을 띠는데 이 悲調의 歌聲과 浮動的 藝術美는 처량한 낙망이 아니요 무질서한 산란도 아니라 투철히 평등계에 도달코자 하는 波動상태라[26]

일차적으로 안확은 야나기의 도식인 중국은 형形, 일본은 색色, 조선은 선線이라는 논의를 그대로 수용하고 있다. 하지만 그는 조선의 선에 대한 해석에서 야나기의 해석을 그대로 수용하지 않는다. 그는

‘浮動的 線’을 강조하면서 곡선이든 직선이든 다 강한 힘에 의해 이끌려 불안정한 상태이지만, 조선의 선은 세계의 무상성을 절감하면서 초월적 세계로 나아가려는 일종의 ‘平等界에 도달하고자 하는 波動’이라고 주장하며 야나기의 주장을 반박한다. 이러한 안확의 주장은 야나기가 제출한 조선미의식 담론에 대한 반박문의 성격을 띠고 있다. 안확이 야나기의 논리를 비판하기 위해 차용한 ‘평등계’는 불교적인 초월적 세계에 대한 염원을 표상한 개념으로 일층 종교적인 성격을 갖는다. 즉 주류담론으로 부상하고 있는 야나기의 논리를 반박하는 안확은 ‘조선적인 것’의 논리화를 위해 불교적인 논리를 차용함으로써 조선예술의 미적 특성을 종교적으로 규명해낸다. 이러한 안확의 논리는 전후戰後에 동양미학의 특징을 불교미학에서 발견하고자 한 야나기의 논리 속에서도 그대로 재현된다. 이처럼 안확과 야나기의 조선미의식 관련 담론들은 논리의 순환과 충돌을 반복하면서 사회적으로 확산되어 나갔다고 할 수 있다.

마지막으로 유교에 대한 두 논자의 인식을 비교해 보자. 앞에서 언급했듯이 안확은 상고시대의 제천의식에서 ‘조선적인 것’의 원형을 발견하고 그 훼손의 정도에 따라 고유사상의 변질 정도를 파악하고자 하였다. 따라서 안확에게 ‘공자는 墮落生’이며 조선의 유교는 타문화 숭배를 가장 잘 보여주는 예로서 고유의 심성을 변질시킨 주범이었다. 하지만 안확이 유교를 이처럼 비판의 대상으로만 본 것은 아니었다. 그는 한편으로는 유교가 형식주의로 치닫는 폐단을 보이지만 다른 한편으로는 옛것을 숭상하는 정신을 통해 고대를 공경하는 관념을 낳고 고유한 자연미를 계승하여 ‘조선적인 것’을 발전시켜 나간 자극원이 되었다는 긍정적 평가를 하기도 한다.[27] 한글 창제나 「용비어천가」의 의의를 극찬한 안확의 입장은 이러한 논리적 균열 위에 서 있다. 이처럼 안확의 유교 인식에는 중국의 유교를 무비판적으로 수용한 것에 대한 비판의식과 유교를 운용함에 있어서 옛것을 숭상함으로써 고유한 '조선적인 것'을 발견해낸 점에 대한 긍정이 공존하고 있다. 이러한 유교에 대한 안확의 상반된 인식을 단순히 시기상의 차이로만 볼 수는 없으며, 그가 조선의 고유성을 발견하고 논리화하는 과정에서 발생한 필연적인 논리의 착종현상으로 볼 필요가 있다. 단군시대에서 우리의 고유한 사상을 발견한 안확이 이것을 우리의 고유한 정체성으로 정립하기 위해서는 고유사상의 역사적 계승이 필수적으로 논리화되어야 했음은 추측 가능하다. 따라서 유교로 인해 고유한 사상이 피폐해졌다는 비판만으로는 안확이 '조선적인 것'이라는 고유성의 존재를 강하게 주장하기 어려웠을 것이다. 이러한 논리적 균열을 봉합하기 위해서는 다시 유교에서 고유사상을 계승할 수 있는 논리를 발견하는 것이 필요했음은 당연하다. 이처럼 안확의 유교에 대한 인식에서는 상고시대의 고유사상을 한민족의 고유한 본질로 확정하기 위한 논리화의 과정을 읽어낼 수가 있다.

그렇다면 야나기는 유교를 어떻게 인식했을까? 그는 유교를 조선의 미가 곡선에서 직선으로, 비애미에서 힘의 미학으로의 이동하게 된 사상적 원천으로 파악한다. 조선의 사대주의에 대한 비판의 날을 세웠던 야나기도 유교에 대해서는 이처럼 이중적인 태도를 취하였다. 그렇다면 식민사관의 인식방법에서 크게 벗어나지 못했던 야나기가 사대주의의 원천이 된 유교에 대한 비판의 날이 무디어졌던 이유는 무엇일까? 그 이유는 예술을 정치와 분리된 것으로 파악하고 예술로서 조선의 정체성을 호명하고자 했던 야나기의 미학주의에서 찾을 수 있을 것이다. 조선의 독립이 예술을 통해 성취될 수 있다고 본 야나기에게 '조선적인 것'으로서의 고유한 조선미에 대한 애정은 당시의 주류담론인 식민사학의 관점을 돌파해버리는 지점까지 논리를 전개하는 동력이 되었던 것으로 보인다. 이처럼 안확과 야나기의 논리에서 유학은 상반된 측면에서 '조선적인 것'을 형성하였다. 하지만 이 둘의 논의에서 조선미를 발견하는 곳이 곡선을 두드러지게 만든 고대라는 공간이라는 점은 동일하였다. 하지만 안확에게 유교는 조선의 예술에 비애를 각인시킨 주범이라면 야나기에게는 조선의 예술에 힘의 미학을 회복시킨 미적 원천이라는 점에서 두 사람의 인식에는 유교에 대한 상반된 평가가 충돌하고 있다. 이상에서 살펴본 바와 같이 근대 초의 조선민족성 담론과 조선미의식 담론은 논자의 내적 논리에도 논리적 순환과 충돌이 존재했으며 동일한 대상에 대한 논자 간의 인식에도 순환과 충돌이 분명하게 자리하고 있었음을 알 수 있다.

5. 맺음말

근대에 접어들면서 '민족'을 예술의 유형적 인식의 단위로 상정함으로써 '민족예술'은 민족성의 예술적 표출로 규정되었다. 조선민족성 담론과 조선미의식 담론은 담론의 선후를 따질 수 없을 만큼 내밀한 연관성을 가지며 한국적 고유성의 규명을 위한 담론적 실천을 지속해 나갔다. 하지만 이러한 담론화 과정에서 민족성과 미의식에 대한 논리와 인식의 순환과 충돌은 고유성과 항구성을 특징으로 하는 정체성 담론이 갖는 운명의 여정을 여실히 보여주었다. 안확과 야나기 무네요시의 논의는 이러한 사실을 극명하게 보여주는 예라 할 것이다. 그렇다면 문제의 본질은 근대 초에 제기된 조선민족성 담론과 조선미의식 담론이 무엇을 욕망하였는가에서 찾아야 할 것이다. 이 물음은 결국 이들 담론이 무엇을 배제하고 무엇을 포섭하고자 하였는가라는 질문으로 환치될 수 있을 것이다.

안확과 야나기 무네요시는 모두 '조선적인 것'의 표상으로 조선의 미를 논하면서 철저히 시대적이고 정치적인 것은 그 논리 안에서 휘발시켜 버렸다. 안확은 상고주의로의 귀환을 통해 조선의 미에서 역사성을 소멸시켜 버리고 이후의 정치적 변화에 따른 미적 차이를 상고주의에 대한 강박적 집착으로 인해 간과해 버렸다. 야나기는 예술과 정치를 철저하게 분리시키고 예술을 추상적 무시간의 공간에 배치시키고자 하였다. 이러한 예술과 정치의 분리는 분명히 정치적인 것에 대한 욕망의 배제와 억압을 담론적으로 실천한 것이라 하겠다. 식민지 근대에 던져진 당시의 조선인에게 이들이 보여준 탈정치화의 논리는 식민주의에 무의식적으로 흡수되는 방식이 될 수 있었다. 하지만 여기서 다시 한 번 생각해 보아야 할 점은, 근대 초에 제기된 이러한 '민족예술'론이 비록 예술의 탈정치화를 견인했다고 하더라도 당대의 담론지형 안에서 저항의 의미가 전무했다고 단언할 수는 없다는 사실이다. '민족'을 본질화하며 집단적 기억을 주조해내는 담론화의 방식은 식민주의에 온전히 포섭되지 않는 저항의 주체로서 '민족'을 발견해나간 것도 분명한 사실이다. 정치적인 출구가 봉쇄된 식민지 조선에서 예술 담론이 갖는 정치성은 민족에 대한 망각에 저항하는 일종의 기억술과 관련되기 때문이다. 안확과 야나기 무네요시에 대한 적지 않은 비판에도 불구하고 이들이 여전히 의미 있는 논자로 인식되는 이유도 바로 여기에 있다.

제국의 시선이 포섭한 조선민족성*

송석원宋錫源

1. 제국의 시선, 그 전후사

동아시아의 근대는 서구의 충격 속에 이에 반응하는 형태로 시작되었다. 전통적인 중화질서 속에서의 세계는 정치, 군사, 경제, 문화 등 모든 방면에서 그 중심인 중화제국 중국과 중국과의 계서階序적 관계를 축으로 형성된 주변 국가들이 하나의 독립적인 세계관과 정치관 아래 질서 있게 편성된 국제관계를 특징으로 하고 있다. 그러한 동아시아가 서구의 충격과 함께 근대를 맞이하게 된 것은 매우 시사적이다. 동아시아 국가들이 가진 세계의 지평은 유럽을 포함해 전全지구적으로 확장되었고, 이는 중국 중심 국제질서의 근본적인 파탄을 의미하는 것이기도 했다. 그러나 한편으로, 대부분의 동아시아 국

* 이 글은 『일본연구』(제49집, 2011)에 수록된 논문을 수정 보완한 것임.

가들은 유럽적인 세계질서에 편입되면서, 여전히 유럽의 중심성을 둘러싸고 있는 주변 국가로서의 위상에 머물러 있을 뿐이었다. 급격한 근대화와 서구화는 다수의 동아시아 국가에 대해 중국 제국의 '눈'을 대신하여 유럽 제국의 '눈'으로 세계를 바라보게 했다. 이러한 사실은 결국 자신의 '눈'을 갖지 못하고 타국의 '눈'에 의존할 수밖에 없는 것이었다는 점에서 여전히 주변에 위치한 동아시아 국가들에게는 전근대 시기나 근대 시기 모두가 크게 다르지 않은 것이기도 했다.

근대가 국민국가 형성을 토대로 하는 시기임은 재론을 요하지 않는다. 국민국가는 무엇보다도 자국의 '눈'을 갖는 것을 의미한다. 그러나 여전히 타국의 눈으로 볼 수밖에 없거나, 혹은 타국에 의해 일방적으로 보이는 존재로 전락하는 국가가 존재했다. 국민국가의 자기 팽창의 결과, 다수의 국가들이 제국으로 변모해 가는 가운데 그러한 제국의 주변으로 편입된 식민지국가들이 이에 해당한다. 이때 제국은 식민지국가를 제국의 눈으로 바라보게 된다. 식민지국가를 바라보는 제국의 눈은 때로는 볼록렌즈이기도 하고, 때로는 오목렌즈이기도 하다. 이는 결국 제국이 보고자 하는 측면에서 피사체인 식민지국가를 보기 때문이다. 이 경우 식민지국가의 원상原象은 아무런 의미를 갖지 못한다. 제국에 의해 새롭게 구성된 볼록렌즈나 오목렌즈에 비춰진 일그러진 형상만이 중요할 뿐이다.

근대 일본의 조선민족성 담론에는 불가피하게 '제국의 시선'이 투영되어 있다.[1] '제국의 시선'은 일본(인)과 조선(인)의 위계적 관계 속에 형성되며, 이는 곧 문명 일본의 비문명 조선을 바라보는 인식 구조를 노정할 수밖에 없다. 근대 일본의 대표적인 계몽주의사상가인 후쿠자와 유키치福澤諭吉는 사실 국권확장의 강력한 옹호자였고,

아시아 멸시와 강경 대외정책을 주장하는 다수의 발언을 쏟아내고 있었다.[2] 후쿠자와에게 있어 문명은 국가 목표를 달성하기 위한 레토릭에 지나지 않는 것이기도 했다. 조선과 조선민족성에 대한 근대 일본의 인식이 갖는 특징 가운데 가장 현저한 것은 그것이 있는 그대로의 조선과 조선민족성에 대한 이해라기보다는 그들의 국가 이상에 따라 그들이 보고자 하는 측면을 부각하는 형태로 조선과 조선민족성을 인식하였다는 점이다. 이러한 인식 방법이야말로 '제국의 시선', 바로 그것이라 할 수 있다.

일본(인)이 보고자 한 피사체로서의 조선민족은 구체적으로 어떠한 것이었을까. 근대 일본이 식민지 조선민족을 스스로의 시점으로 재구축하기 위해 도입된 볼록렌즈와 오목렌즈의 도수 조절은 어떠한 것이었을까. 여기서는 조선총독부朝鮮總督府가 젠쇼 에이스케善生永助에게 위탁하여 펴낸 『조선의 취락朝鮮の聚落』(1933) 및 사회학자 스즈키 에이타로鈴木榮太郎의 저서 『조선농촌사회답사기朝鮮農村社會踏査記』(1944)를 토대로, 근대 일본의 조선민족성 인식이 어떠한 배경과 내용, 정치적 함의 속에 이루어졌는지를 분석하고자 한다.

2. 식민지 아카데미즘의 형성과 조선민족성 연구

우리 전통문화가 갖는 특성, 역사적 사상事象에 대한 평가, 현대 한국사회와 한국인상韓國人像에 대한 유럽(인) 인식의 대부분은 근대 일본제국주의의 세례를 받아 확립된 것이라고 할 수 있다. 일본은 서양의 충격을 계기로 문명개화의 국가발전전략을 수립했으며, 추진, 성공하였다. 서양 이외의 지역에서 아주 빠른 시간 내에 서양과 어깨를 견줄 수 있을 정도로 문명화에 성공한 나라는 사실 일본뿐이다. 근대국가 일본은 서양이 처음에 일본에 했던 것과 똑같은 인식, 목표, 방법을 갖고 아시아 국가들을 바라보았다. '제국의 눈'이 그것이다.

'제국의 눈'은 스스로를 문명적 계서 질서의 상위에 위치시키고, 주변 국가들을 하위 문명국가로 범주화하는 시선이다. 후쿠자와가 문명국가 일본은 더 이상 아시아가 아니라고 했을 때, 일본의 '제국의 눈'은 명확하게 아시아 멸시의 렌즈를 장착하게 된다.

> 우리 일본의 국토는 아시아의 동쪽에 있다고는 하나 그 국민의 정신은 이미 아시아의 고루固陋에서 벗어나 서양의 문명으로 옮겼다. (…중략…) (지나와 조선) 이 두 나라가 (…중략…) 고풍구습에 연연하는 마음은 백 천 년 옛날과 다르지 않으며 (…중략…) 도덕마저 땅바닥에 떨어지고 잔혹 몰염치는 극에 달해도 여전히 오만하여 자성의 마음이 없는 자와 같다. (…중략…) 지금부터 수년을 지나지 않아 망국의 길을 걷게 되고 그 국토는 세계 문명 제국의 분할로 귀착될 것임은 한 점의 의심도 없다. (…중략…) 우리나라는 이웃나라의 개명을 기다려 함께 아시아를 일으킬 유예猶豫가 없으며, 오히려 그 대오隊伍에서 벗어나 서양의 문명국과 진퇴를 함께 하고, 지나와 조선을 대하는 방법도 이웃나라라고 특별한 배려를 할 필요가 없으며 바로 **서양인이 이들을 대하는 방식**에 따라 처분해야 할 뿐이다.[3]

일본은 이미 아시아의 고루固陋에서 벗어나 서양의 문명으로 옮겨갔다脫亞入歐고 후쿠자와는 말하고 있다. 문명국가 일본은 여전히 고풍구습에 연연하고 있는 중국이나 한국 등의 이웃나라와 행보를 같이 할 수는 없다. 중국과 한국은 머지않아 망국의 길을 걸을 것이기 때문이다. 따라서 일본은 이웃나라를 배려하거나 할 필요 없이 서양인과 같은 입장에 서서 서양인이 한국과 중국을 대하는 방식에 따라 이들을 처분해야 한다. 일본이 '제국의 눈'으로 중국이나 조선을 바라보는 것은 일본이 서양의 문명국과 진퇴를 함께 하기 위해 필요하고도 불가결한 일이다.

후쿠자와 역시 '제국의 눈'으로 조선을 바라보고 있다. 후쿠자와의 수많은 언설을 분류해보면, 중기(1877~1894)에 접어들면서 아시아에 대한 멸시・편견・부정적 평가의 빈도수가 급증하였고 이와 더불어 조선에 대해 상당히 많은 발언을 하고 있음을 알 수 있다. 이것은 조선의 유동적인 정국과 관련하여 조선의 정체停滯를 민족성에서 찾으려는 내용이 증가하였기 때문이다. 후쿠자와의 조선민족성에 대한 인식은 매우 부정적인 것으로 시종일관하고 있다. 조선인은 하나같이 "완고하고 사리에 어두우며 거만"(「朝鮮新約の實行」, 『전집 8』, 330쪽)하고 정부 역시 무능, 무책임해서 "조선국은 나라이면서 나라도 아니고 정부이면서 정부도 아니다"(「土地は併呑す可らず國事は改革す可し」, 慶應義塾 編, 『전집 14』, 438쪽)라고 단언하기도 했다. 더욱이 "부패한 유학자의 소굴로, 위로는 호방하고 과단성 있는 선비가 없고, 국민은 단지 노예의 처지"(「破壞は建築の手始めなり」, 『전집 14』, 645쪽)에 놓여 있을 뿐이다. 후쿠자와는 "조선 정부에 인물이 없다. 조선 조정의 관리는 한 사람도 믿을 만한 사람이 없다"(「改革の目的を達すること容易なら

ず」, 『전집 14』, 446쪽)면서 조선(인)에 대한 불신을 노골적으로 표출하는 것을 주저하지 않았다. "지나(중국) 숭배의 미몽"(「支那朝鮮兩國に向て直に戰を開く可し」, 『전집 14』, 479쪽)에서 아직도 헤어나지 못하고 있는 조선은 "붕우로서 의지할 만한 사람"이 못되며(「井上伯の渡韓を送る」, 『전집 14』, 602쪽), "문명의 관점에서 사지가 마비되어 스스로 움직이는 능력이 없는 병자와 같을"(「朝鮮問題」, 『전집 15』, 189쪽) 뿐이어서, 일본이 조선에 간섭하는 것은 불가피하다고까지 주장하고 있다.

이와 같이 '제국의 눈'을 '서양인이 이들을 대하는 방식'이라고 했을 때, 이는 또한 서양 중심적 오리엔탈리즘의 일본적 재구축이라고도 할 수 있다. 사실, 일본적 오리엔탈리즘 역시 '추악한 신조어ugly neologism'[4]로서의 지역연구area studies를 통해 구축되어 갔는데, 일본의 식민지 지역연구는 제국의 정치권력과 아카데미즘 권위의 유기적 연계 속에 수행되어갔다. 사실, 지역연구가 추악한 신조어인 것은 그 출발 자체가 '제국의 눈'에 의해 이루어졌기 때문이다. '제국의 눈'이 보고자 하는 것을 그들이 보고 싶은 대로 볼 수 있게 하는 데에서 지역연구가 출발하고 있다는 점은 재론의 여지가 없을 것이다.

지역연구가 그러했던 것처럼, 근대 일본의 학지學知[5] 역시 국가정치권력과 아카데미즘 권위의 결합 속에 창출되었다. 특히, 조선총독부의 존재는 근대 일본의 조선민족성 인식에 결정적인 역할을 하였다. 조선총독부는 식민지 조선의 통치기관이었으나, 바로 그 통치의 목적을 위해 조선의 다양한 측면에 대한 조사연구를 조직, 후원, 장려하였다. 조선총독부는 약 35년간의 통치기간 동안 약 28,000여 책의 공문서[6]를 남겼을 뿐만 아니라 특히 경성제국대학을 중심으로 한 조선사회 조사연구를 적극적으로 지원하였다.

조선총독부는 촉탁囑託 등을 두어 연구 과제를 의뢰하기도 했는데, 예컨대 젠쇼 에이스케의 『조선의 취락朝鮮の聚落』(1933), 『조선의 시장경제朝鮮の市場經濟』(1929), 『조선의 계朝鮮の契』(1926), 『조선의 인구현상朝鮮の人口現象』(1927), 『조선의 범죄와 환경朝鮮の犯罪と環境』(1928), 무라야마 치준村山智順의 『조선의 귀신朝鮮の鬼神』(1929), 『조선의 풍수朝鮮の風水』(1931), 『조선의 복장朝鮮の服裝』(1927), 『조선의 무격朝鮮の巫覡』(1932)을 비롯한 일련의 연구[7]가 그것이다. 교토京都대학 도서관에 소장된 문헌 가운데 조선총독부편으로 발간된 조사자료집은 총 130여 책에 이르고 있다.[8] 뿐만 아니라, 조선총독부는 식민권력을 활용하여 조선사회에 대한 학자들의 현지조사에 다양한 편의를 제공하였다. 이러한 사실은 예컨대 스즈키 에이타로가 조선사회의 실상을 현지조사한 「조선농촌사회답사기朝鮮農村社會踏査記」의 앞부분에서 "여행 중에 도처에서 지방관청의 원조와 협력을 얻었다"[9]거나 "출발에 앞서 대학으로부터 조사지역의 도지사 및 군수 앞으로 공문의 의뢰서를 보내놓았기 때문에 조사지에서는 군청과 면사무소 등의 도움을 받는 일이 많았다"[10]라는 등의 발언을 통해서도 알 수 있다.

이와 같이 조선총독부는 조선통치의 목적으로 다양한 주제의 조사자료집을 위탁하여 양산하였다. 앞에서 지적한 젠쇼 에이스케, 무라야마 치준, 스즈키 에이타로와 함께 마쓰다 고松田甲를 비롯한 다수의 학자가 조사자료집 발간에 관여하였다. 조선총독부는 왜 이러한 조사연구를 진행하였는가. 그것은 반복해서 지적하고 있는 바와 같이, 식민지배의 목적 달성을 위해서라고 할 수 있다. 식민지배를 위해 조선의 사회와 문화 등에 대한 실상 파악은 불가결한 과제일 수밖에 없다. 환언하면, 조선사회가 무엇을 기초로 어떻게 형성되었으며, 어떠한 작동원리를 갖는지를 파악하는 일은 식민지배의 안정적 구축에 필요한 일이었다. 조선사회와 문화의 각각의 단면을 조사하거나 조선인의 사고의 축을 형성하고 있는 종교, 무속 등에 대한 집요한 조사연구가 이루어진 것은 바로 이러한 이유 때문이었다고 할 수 있다.

조선인의 사회와 문화를 규명하고자 하는 과제는 필연적으로 조선인론, 조선민족성론을 포함하지 않을 수 없었다. 실제로, 조선총독부는 1927년에 『조선인의 사상과 성격朝鮮人の思想と性格』을 발간하였는데, 이는 '조선인 개관', '조선인의 성격', '조선의 사회적 경향', '정치 및 경제사상', '신앙사상', '문화사상', '문예사상' 등에 대해 다루고 있어, 제목이 나타내고 있는 바와 같이, 일본인의 입장에서 본 조선인의 성격, 곧 조선민족성을 다루고 있다. 이밖에도 앞에서 든 바와 같은 계契, 무속, 종교, 귀신, 취락 등에 대한 조사자료는 하나같이 조선인론, 조선민족성론을 포함하고 있음을 알 수 있다. 그런데 제국 일본의 식민지배가 지속하는 한, 식민권력의 중심인 조선총독부는 보다 더 많은 대상들에 대한 조사연구를 수행할 것이었다. 그러나 그러한 조사연구 자체가 제국의 권력을 바탕으로 하고 있는 한, '제국의 눈'에 의한 일본형 오리엔탈리즘의 한계를 넘어설 수 없는 것이기도 할 터였다. 조선총독부가 주도한 조사연구는 식민지 조선에 대해 제국 일본이 수행한 지역연구라는 '추악한' 단면을 그대로 노정하고 있다. 그러면서도 식민권력 조선총독부의 조사연구는 제국 일본에서 형성되고 있는 '제국의 학지'와 결합됨으로써 이른바 '식민지 아카데미즘'을 형성하게 된다.

제국의 학지는 일본의 제국대학을 중심으로 형성되었다. 제국 일본의 국가이상 구현을 위한 학문보국의 입장에서 형성된 제국의 학지는 식민지에 건설된 제국대학으로 전이되어 식민지 아카데미즘을 형성해 갔다. 이는 철저하게 제국 일본의 국가이상에 기여하는 학문으로서의 자기 위상 위에 성립・강화되었다. 식민지 교육이 식민통치를 원활하게 수행하기 위해 식민지 인민을 천황의 백성, 곧 황민皇民으로 새롭게 탄생시키는 과정이었다. 식민지에 이전된 제국의 학지는 그 아카데미즘의 권위를 빌려 식민지를 분류・구획해 갔다. 그리고 종종 식민지 지역연구 과정에서 식민권력과 밀접하게 결합되었다.

식민지 소재 제국대학은 식민권력의 지원 아래 조선을 조사했는데, 역사적인 문헌의 조사연구를 진행하는 한편, 그동안 전통 조선사회에서는 부분적으로밖에는 의미를 지니고 있지 않았던 현장조사를 활발하게 수행하였다. 식민지 아카데미즘의 권위는 선진적인 구미의 학문방법론을 수용하고 있었는데, 현장조사연구도 그 가운데 하나였다. 그러나 한편으로 현장조사는 기록문헌의 해석보다 '제국의 눈'이 명백하게 투시되는 영역이기도 했다. 기록문헌이 해석의 여지를 좁게 하고 있는 것에 반해, 현장조사는 파악하고자 하는 필요 요목要目을 근간으로 보고자 하는 부분만을 볼 수 있고, 그 해석을 함에 있어서도 충분히 자의적인 척도가 개입될 수 있었기 때문이다.

귀신, 풍수, 취락 등에 대한 조선총독부 주도의 조사자료가 그러한 것처럼, 제국의 식민지 아카데미즘이 식민지 지역에 산재해 있던 다양한 문제영역을 종합하고 세계화하는 데에 기여하고 있는 듯이 보이지만, 그 이면에 내재되어 있는 제국 일본의 식민지 아카데미즘의 자장磁場으로서의 '제국의 눈'을 가능하게 한 '제국의 학지'의 본 모습에 주목하지 않으면 안 된다. 그것은 현장실태보고 그 자체가 보고자 하는 자의, 보고자 하는 대상에 대한 시선으로 고정되었기 때문이다.

3. 『조선의 취락』의 경우

제국의 시선이 무엇을 어떠한 각도에서 응시했으며, 구체적으로 어떠한 논리로 정당화되었는가를 살펴보는 데 있어, 젠쇼 에이스케의 『조선의 취락』과 스즈키 에이타로의 『조선농촌사회답사기』는 많은 시사점을 던져주고 있다. 모두 조선총독부의 지원에 의해 이루어진 것으로 조선민족을 보는 제국의 시선이 잘 드러나고 있다. 먼저 젠쇼 에이스케의 『조선의 취락』에 대해 살펴보자.

『조선의 취락』은 전편, 중편, 후편 등 3편으로 구성되어 1933년에 발행되었다. 조선총독부의 조선생활실태조사 제38집, 제39집, 제41집이 이에 각각 해당된다. 전편은 조선의 취락에 관한 총괄적 조사와 연구 결과를, 중편에서는 조선의 부락 가운데 비교적 특색 있는 이민부락 · 모범부락 · 특수부락 · 신흥부락 · 온천부락 · 광산부락에 대해, 마지막 후편에서는 조선의 사회조직과 경제기구 가운데 가장 특색 있는 동족부락을 역사 · 지리 · 경제 · 문화 · 사회 등의 각 방면에서 고찰한 것을 각각 수록한 것이다. 그런데 각 편의 서序에는 각각 조선총독 관방문서과장 명의의 간단한 소개의 글이 실려 있는데, 여기서는 각각의 편이 조선총독부와 그 지방관청의 집무에 훌륭한 반려가 될 것이라는 점을 강조하고 있다.[11]

『조선의 취락』에서 조선민족성과 관련한 내용이 나타나는 것은 후편이다. 물론 일본사회에도 동족부락은 존재한다. 일본의 동족부락에 대해서는 이미 아루가 기자에몬有賀喜左衛門,[12] 오이가와 히로시及川宏[13] 등에 의해 활발하게 논의되고 있었다. 특히 아루가 기자에몬의 경우, 일본의 동족은 이에家라는 제도를 매개로 하여 계보적으로 형성된 인간관계를 가리키는 것이었다. 즉, 동족은 경제조직인 동시에 노동조직이며 나아가 무엇보다도 생활조직이었다(「日本の家」, 『저작집 VII』, 268쪽). 『조선의 취락』 후편은 바로 이러한 일본 내에서 동족조직을 둘러싼 논의가 한창일 때, 조선사회의 동족부락에 주목한 결과이다. 생활조직으로서의 동족부락은 그것이 생활조직이기 때문에 당연히 갖게 되는 생활의식이 가장 명확하게 표출되는 집단적 공간이기도 하다. 특히 동족조직은 그에 상응하는 독특한 구성원리에 입각하고 있다는 점에서 있는 그대로의 민족성이 표출되는 지표가 된다. 『조선의 취락』 후편이 동족부락에 주목한 것은 이를 통해 조선민족성의 한 면모를 구축하려는 의도가 있었던 것으로 보인다. 그것은 일본 동족조직과의 대조를 저변에 깔고 진행된 것으로 보인다. 식민권력 기구를 총동원하는 형태로 의문사항에 대해 추가적인 조회를 하고 있는데, 그 주된 내용이 같은 사정에 대해 일본과 조선과의 동일과 차이를 명확히 하고자 하는 것으로 되어 있기 때문이다. 따라서 조회의 내역은 그대로 그들이 알고자 하는 조선인, 조선사회, 조선문화에 대한 내용의 진폭을 반영하고 있는 것으로 볼 수 있을 것이다.

우선, 『조선의 취락』에 나타난 조선민족성의 특징으로는 혈연적 유대가 강력하기는 하지만, 그 결합의 계기가 일상생활의 공동 혹은 연계에 있는 것이 아니라 전적으로 제사에 있다는 점이다. 이것은 조선의 동족조직이 제사조직이기 때문인데, 생활조직으로서의 동족조직을 갖는 일본인의 입장에서는 다른 무엇보다도 현저한 조선민족성의 주요 특징으로 간주된 것이기도 하다. 이해를 돕기 위해 일본의 동족론에 대해 간단히 정리해두고자 한다.

일본의 동족, 이에는 그 성원의 생활보장을 최대의 목적으로 하고 있으나, 그것은 간단하게 이루어지는 것이 아니었다. 여기서 이에는 몇 가지의 방책을 강구했다. 첫째로 생각된 것은 이에의 성원을 적계嫡系성원과 방계傍系성원으로 구분하여 이에의 영속을 도모하는 것이었다. 이점과 관련하여 아루가 기자에몬은 "고대・중세・근세로 내려옴에 따라 이에의 상속관습은 각 시대의 정치적, 경제적 조건의 차이에 의해 변화하였음에도 불구하고, 이에의 계보의 사고방식에는 공통성이 컸다. 즉, 이에의 연속에 대한 희구라는 면에서는 조금의 차이도 없었다는 점은 주의하지 않으면 안 된다"라고 지적하고 있다(「村落共同體と家」, 『有賀喜左衛門著作集 X』, 131쪽).

여기서 적계성원과 방계성원의 구별은 혈연, 친족관계를 기준으로 하는 것이 아니라, 이에라는 집단의 존속을 담당할 역할의 구별을 기준으로 하였다. 아루가 기자에몬에 따르면, 적계성원은 주역을 맡아 직접적으로 이에의 존속에 기여하는 사람들이며, 중심이 되는 가장은 이에의 기업과 소비를 관리하고, 조상 제사의 사제자로서 이에 생활의 최고책임자임을 드러내며, 이에의 존속을 위해 전 성원을 통제한다. 이와는 달리 방계성원은 언젠가는 이 이에로부터 다른 곳

으로 나갈 조건에 놓여 있을 뿐만 아니라 이에의 기업, 소비, 제사 등에 있어서 가장의 지휘 및 관리 하에 주어진 일을 분담하는 자로서, 가장의 근친이건 비친족이건 이에 내부에서의 역할이 중요하지 않은 것은 아니지만, 관리직인 역할을 갖지 못했기 때문에 그들의 지위는 낮고 약한 권한밖에 주어지지 않았다(「家族と家」, 『저작집 IX』, 42쪽). 그리고 이에 내부에서의 역할이나 지위의 경중은 외부로부터도 인정되어, 이에의 외부에서의 그들의 개개인의 사회적 지위를 정하는 중요한 근거가 되기도 하였다. 이에의 존속을 담당하는 역할에 기초하여 이에 성원을 적계와 방계로 구별하였기 때문에 이에 성원 간, 즉 적계와 방계의 사이에는 일종의 주종관계, 곧 계보관계가 형성되었다.

이에 성원의 생활보장을 효과적으로 담보하기 위한 둘째 방책으로는 이에 생활의 필요에 따라 다른 이에와의 사이에 여러 가지의 이에관계를 맺는 것이었다. 이러한 조직을 이에연합家聯合이라고 하며, 이에연합의 한 유형으로 동족단이 있다. 아루가 기자에몬은 동족을 "일본에서의 동족단은 반드시 혈연관계, 곧 친족관계에 있는 것이 아니며, 동일한 씨신(동족신) 제사를 중심으로 하는 부계를 거슬러 올라가는 계보적 관계의 이에 집단으로, 인척이나 혈연의 근친관계를 근거로 하는 친족관계와 합치하는 것만은 아니다. 따라서 일정한 지역 내, 곧 동일한 촌락 내부에 집단 거주하는 것을 요건으로 하고, 이에의 본말의 계보관계에 따른 생활의 공동 내지 연관을 밀접히 갖는 지연관계이므로 혈연관계가 그 기준이 되는 것이 아니라, 혈연과도 비非혈연과도 맺어질 수 있는"(「日本家族制度と小作制度」, 『저작집 I』, 110~111쪽) 것으로 정의하고 있다. 이와 같이, 일본의 동족은 지연地緣적 동일성과 비非혈연자를 포함하고 있는 것이 주목된다.

아루가 기자에몬에 의하면 동족이 근친혈연의 위에 성립할지, 비혈연의 위에 성립할지, 또는 양자를 혼합하여 성립할지는 그 중심이 되는 본가本家의 경영을 규정하는 생활조건에 따라 결정된다고 한다. 예컨대 "이에의 생활을 유지하기 위해 필요하다면, 외부에서 사람을 받아들여 이에의 성원으로 포섭하지 않으면 안 된다. 이것을 가족으로 인정할 것인가, 아닌가를 법률이나 관습으로 규정하는 것이 많으나, 사회학적으로는 현실의 이에 생활을 구성하는 집단으로 파악해야만 한다"(「日本の家」, 『有賀喜左衛門著作集 VII』, 266~267쪽)는 아루가 기자에몬의 지적은 바로 이것을 의미하는 것이라고 할 수 있다. 다시 말해서 아루가 기자에몬에게 있어 동족조직은 다름 아닌 사람들의 일상적인 생활이 영위되고 있는 생활조직, 바로 그것이었다.

이와는 대조적으로 『조선의 취락』 후편에서 묘사되고 있는 조선의 동족조직은 동일한 지역에 국한되지 않은 채 전국 곳곳에 동족부락의 형태로 산재하고 있으며, 무엇보다도 혈연적인 동일성을 가장 기본적인 형성기반으로 하고 있다. 조선의 동족조직은 전국적으로 산재되어 있기 때문에 일본과 같은 생활조직으로의 의미를 원칙적으로 가질 수 없다. 실제로 조선의 동족부락 내에서의 생활을 보더라도 상당한 정도의 경제적 분리·독립이 이루어져 있다. 이것은 경제적 의존관계를 토대로 계보적으로 형성된 일본의 동족과는 달리 조선의 동족은 단지 제사조직으로서의 의미만을 갖기 때문이다. 『조선의 취락』 후편이 조선의 동족부락을 언급하며 그것이 제사의 범위를 기본으로 한 몇 가지 기능집단으로 매우 정치精緻하게 분리되어 있으며, 동족집단 내에서의 서열이 제사 주재자를 중심으로 편성된다는 점을 반복해서 강조하고 있는 점에서 이러한 인식을 엿볼 수 있다.

동족부락의 기능이 제사에 있다는 점은 동족부락의 사업목적별 분류에서도 잘 나타나고 있다. 예컨대 『조선의 취락』 후편은 1930년 현재의 저명 동족부락의 사업목적별 표를 적시하고 있는데, 조사대상 1,685 부락 가운데, 동족 구조救助가 232부락, 조상제사가 809부락, 권농勸農이 57부락, 납세기한엄수가 13부락, 풍습개선이 26부락, 교육장려 34부락, 기타[14] 등으로 되어 있어 제사를 목적으로 한 동족의 수가 압도적으로 다수를 점하고 있음을 보여주고 있다. 더욱이 『조선의 취락』 후편에는 동족부락의 본질과 기능 등에 대해 수집한 자료를 보완하는 형태, 예컨대 문장門長의 인격, 종중宗中의 대표자, 종중 또는 문중의 대표자 또는 그 재산 관리인, 종약소宗約所, 가묘와 사원 등과 같은 사항에 관해 조회照會하고 그에 대한 회답을 함께 싣고 있다.[15]

이와 같이 제사를 중심으로 결합된 조선의 동족조직에서 알 수 있는 것은 실질적인 생활과는 괴리된 삶의 양태이다. 제사를 중시하는 조선의 동족부락은 현실과는 동떨어진 허위의식에 사로잡혀 있는 조선민족상을 표상하는 것으로 여겨졌다. 그것은 이미 앞에서도 살펴본 바와 같은 후쿠자와 유키치의 조선민족성 이해, 즉 미개, 게으름, 부패, 고루, 완고 등의 키워드로 연결되는 것이었다. 조선의 사회와 문화가 정체, 퇴폐, 낙후, 퇴영되어 있다는 제국 일본의 조선(인) 인식은 『조선의 취락』에도 여실히 나타나고 있다. 『조선의 취락』이 원래 조선민족성을 논하기 위한 기초자료로 마련된 것은 아니지만, 여기서 묘사되는 조선의 동족부락 서술은 조선민족의 사회구성 원리와 성격을 그대로 드러내는 결과가 됨으로써 조선민족성론의 일부를 담당하게 되었다.

근대 일본은 조선사회가 제사를 중시하는 이유에 대해 기본적으로 유교원리주의에 의해 작동하는 사회이기 때문이라는 인식을 갖게 되었다. 이것은 상속이나 양자 관행에서의 원리주의적 입장에서 잘 표출되고 있다. 예컨대 장자가 금치산자라 할지라도 장자인 이상 상속자가 될 수밖에 없고, 양자관계를 맺는 데서도 항렬行列을 고려한 다양한, 그러나 차양자次養子, 백골양자白骨養子처럼 다소는 특이한 양자제도가 발생한 것 등이 그것이다. 조선민족이 고집불통이라는 이미지는 주로 이들의 삶이 유교적 원리주의에 사로잡혀 있기 때문이며, 이는 곧 『조선의 취락』에서 드러나는 근대 일본의 조선민족성 인식의 가장 큰 특징 가운데 하나이다.

4. 『조선농촌사회답사기』의 경우

스즈키 에이타로는 경성제국대학 교수로서 조선의 농촌사회를 주로 연구하였다. 스즈키 에이타로는 "조선사회가 나의 연구대상이다. 조선사회 연구 가운데서도 가장 기초적인 것은 조선의 기본적 사회구조의 규명이다. 그리하여 조선의 기본적인 사회구조 가운데 주로 혈연에 기초해서 결합해 있는 가족과 동족단체 및 주로 지연에 기초하여 결합해 있는 촌락은 조선인 생활 가운데 가장 중요한 골격을 이루는 것"이며 "전념해서 조선의 사실을 연구하는 것은 학문보국學問報國의 성심을 가장 잘 나타내는 것"[16]이라며 자신의 학문관에 대해서 밝힌 바 있다. 이에 그는 도처에 있는 지방관청의 원조와 협력을 얻어 조선농촌을 답사한 후 『조선농촌사회답사기』를 저술했던 것이다.

스즈키 에이타로가 답사한 조선농촌은 강원도 원주군 원주읍과 같은 군 지정면 양현리, 충청북도 제천군 제천읍과 같은 군 금성면 구룡리, 경상북도 영주군 영주읍과 같은 군 순흥면 동호리, 경상북도 상주군 상주읍 등이다. 『조선의 취락』이 문헌연구를 중심으로 부족한 부분에 대해 조회하여 보완하는 방식으로 조사한 것인데 반해, 『조선농촌사회답사기』는 문헌에 전혀 의존하지 않은 채 농촌사회의 실상을 직접 방문하여 조사한 것이다. 전자가 조회 등에서 조선총독부로 대표되는 제국 일본의 권력으로부터 원조를 받았다면, 후자는 대학의 후원, 조선총독부의 지원이라는 방식으로 수행된 현지조사이다.

『조선농촌사회답사기』에서도 조선 유림의 생활이나 제사 등과 관련된 기능적 동족집단에 대해 언급하고 있다. 그러나 무엇보다 현지조사라는 특성을 잘 보여주고 있는 것은 도처에서 만난 조선인, 조선문화에 대한 저자 스즈키 에이타로의 발언이다. 스즈키 에이타로는 조선의 취락이 아주 빈곤해 보인다며, 그 이유에 대해 민가 등의 색채가 주위의 자연 색채와 확연히 구별되는 인위적인 측면이 조금도 없다는 점(예컨대 지붕의 지푸라기 색, 흙담의 적토 색 등이 모두 주변의 자연의 색 그대로이다), 형태의 면에서도 주위의 자연에 우뚝 솟은 것이 섞어 예각적인 예리한 신이 하나도 없다는 점, 큰 나무가 없다는 점 등 때문이라고 지적하고 있다.[17] 조선의 촌락이 자연친화적이라는 것인데, 스즈키 에이타로는 그것을 활력이 없다며 부정적인 시선으로 바라보고 있다. 일본 촌락은 큰 나무와 함께 이루어져 있는데, 큰 나무는 촌락의 풍요로움의 상징인 바, 그러한 큰 나무를 갖지 못한 조선의 촌락은 빈곤하기 그지없다는 것이다.

더욱이 스즈키 에이타로는 『조선농촌사회답사기』에서 조선민족의 정체성과 퇴영성에 대해 언급하고 있다. 먼저 정체성에 대해 살펴보면, 강원도 원주군 양현리를 방문했을 때, 스즈키 에이타로는 촌락에 젊은이들이 모여 있는 숙소가 없는 것에 대해 의아하게 여기면서, "우리는 와카모노야도若者宿가 조선에 없다는 사실에 의해서도 조선인 가족이 대단히 부권적이라는 점을 깨닫게 된다. 일본 농촌에서 남자아이는 14, 15세가 되어 세상물정을 알게 될 때 가정교육은 계속되면서도 마을의 사회교육 기관에 수용되었다. 마을의 사회교육기관이란 와카모노야도의 제도로 여기서의 사회교육은 대개 결혼할 때까지 지속되었다"[18]라고 지적하고 있다. 마을에 있는 와카모노야도에서 사회교육을 받는 일본의 젊은 세대와는 달리 조선에서는 대개 가정에서 유교적 윤리교육을 받게 된다. 유교윤리 이외의 인간적 자아의 확립・확장이 결여되어 있는 조선사회는 정체상태를 답보하고 있을 뿐인데, 그것은 다름 아닌 스스로의 사고가 정체적이기 때문이라는 것이 스즈키 에이타로의 조선민족성 인식의 골격을 이루고 있다. 오로지 유교윤리만이 강조된 조선사회에는 조선의 미래를 이끌어 갈 젊은 세대를 위한 사회적 공공장소는 존재하지 않는다는 것이다. 그 대신에 오로지 제사를 위한 기능집단이 존재하고 있는 바, 제사라는 행위 자체가 산 자와 죽은 자의 결합의식이라는 점에서 조선은 마치 "죽은 조상과 산 노인이 중요시"(「朝鮮の年中行事(草稿)」, 380쪽)되고 있는 사회 같다고 인식한다.

한편 결혼 전의 남녀가 묵는 네야도寢宿는 일본에서의 부락내혼의 주요한 계기로 작용한 것인데, 이러한 제도가 조선에서는 발견되지 않는다고 스즈키 에이타로는 지적한다. 네야도 제도의 윤리적 문제는 별개로 치더라도, 아무리 쓸쓸한 농촌의 청년들도 네야도에 출입하는 동안은 청춘의 왁자지껄한 꿈 많은 생활을 보내며, 거기서 장래 남편 혹은 아내가 되기까지 사회적 훈련을 거치는 것은 한 개인의 생애 혹은 촌락의 활력이라는 점에서 생각해도 결코 무의미한 일은 아니다. 비록 조혼이 널리 행해져 이러한 네야도 제도를 갖지 못한 조선인들은 "미혼시대 청춘의 꿈도 없고 반성도 없으며 집을 갖기 전에 충분히 사회적 훈련을 거치지도 않는다"는 점에서 "조선인 한 사람 한 사람의 퇴영성과 사회 일반의 우울이 조장된 듯한 느낌이 든다"[19]라고 스즈키 에이타로는 밝히고 있다.

이와 같이 혈연적 배타성이 강한 조선의 동족조직은 궁극적으로 제도에 얽매이지 않을 뿐 아니라 제도를 매개로 하지도 않는 인간관계를 대표하고 있다. 일본의 동족조직은 그 자체가 하나의 제도로 기능했지만, 조선의 그것은 제도와는 무관한 형태로 존재하는 것이었다. 이 점은 제도에 매개된 인간관계가 무엇보다도 동족조직에 잘 반영되어 있는 일본과 대조적이다. 제도에 매개되지 않는 인간관계는 곧 정서적情緒的 유대를 축으로 인간관계가 형성되는 것을 의미하는 것이며, 강한 혈연적 결합은 자기방어의 보루로서의 집家門이라는 혈연공동체에의 집착을 야기하게 되는데, 이것은 생활공동체로서의 일본의 동족조직과는 달리 퇴영적이고 정체적인 민족성 형성의 기원이 될 뿐이다.

5. 맺음말

『소년세계少年世界』(博文館)의 1897년 2월 임시증간호(『기원절紀元節』)에 수록된 「만세일계萬世一系」에서 주인공 '일본역사日本歷史'의 타자로서의 '외국사총대外國史總代'가 보이는 나약한 모습은 근대 일본의 조선민족성 인식에서도 그대로 계승되고 있다.[20] 정체성, 퇴영성, 미개, 고집불통, 부패, 고루, 완고, 더러움 등은 근대 일본(인)이 조선(인)을 인식하는 데 있어서 가장 많이 사용된 키워드였다. 이 점은 일본의 근대 지식인 후쿠자와 유키치에게서도 두드러지게 발견되는 인식상의 특성이기도 하다. 이러한 인식이 실제 아카데믹한 지식 형성에 어떻게 반영되었는가를 살피기 위해 조선총독부가 젠쇼 에이스케에 위탁하여 펴낸 『조선의 취락』 및 사회학자 스즈키 에이타로의 저서 『조선농촌사회답사기』를 분석해 보았다.

특히, 이들 저서를 통해 알 수 있는 것은 근대 일본의 조선연구가 일본형 오리엔탈리즘, 즉 '제국의 시선'으로 시종일관하고 있다는 점이다. 제국의 식민지 권력기관인 조선총독부가 원활한 통치를 목표로 제국대학의 아카데미즘의 권위를 활용하고 있고, 대학과 연구자 역시 문헌연구는 물론 현지조사연구에 즈음해서 식민 통치기구로부터 많은 원조와 협력을 얻어내고 있다. 이러한 연구과정의 특성은 연구결과에도 상당한 영향을 미친 것으로 보인다. 그것은 '제국의 시선'이 시종 유지되고 있기 때문이다.

1920년대 일본에서 전개된 조선민족성 논의의 지형*

손지연孫知延

1. 글을 시작하며

해방 이후, 식민성 또는 식민지 근대성의 문제가 한국사회의 중요한 과제로 제기되었다. 아직까지 잔존해 있는 식민지 유산의 극복이라는 관점에서 보면, 일본에 의해 규정 (혹은 날조)된 조선인의 민족성, 미의식, 생활양식, 규범에 이르기까지 이른바 '조선적인 것'의 가치 체계를 규명하는 일은 결코 간과할 수 없는 중요한 사회적 과제라고 할 수 있다. 이 가운데 특히 민족성에 대한 규정은 담론의 위력을 보여준 대표적 예이다. 따라서 이 글에서는 조선인의 민족성, 특히 1920년대 일본에서 생산되고 유통된 조선민족성 담론의 지형을 살펴보고자 한다. 조선인의 민족성을 누가 어떠한 의도로 유형화하

---

* 이 글은 『일본문화연구』(제39집, 2011)에 수록된 논문을 수정 보완한 것임.

고 본질화하고자 했으며, 그 과정에서 조선민족성 담론은 제국의 논리에 어떻게 배치되고 이용되었을까?

1920년대는 조선을 포함한 아시아 국가에 대한 일본제국주의의 침략적 팽창주의가 심화되어 가는 한편, 식민지 지배 방식의 모순 또한 표면화되었던 시기라고 할 수 있다. 특히 1919년 3·1운동 이후 언론의 관심이 '조선 문제'에 집중되고 식민통치에 대한 반성 내지는 변화의 필요성이 제기되는 가운데 조선민족성 논의는 이전 시기와는 다른 양상으로 나타나게 된다. 이 시기 조선민족성 논의의 흐름은 크게 두 가지로 대별되는데, 하나는 일본국민(민족)성 논의가 내셔널리즘과 강하게 결탁하는 과정에서 불거진 담론들이었고, 다른 하나는 3·1운동 이후 식민주의의 정당성을 확보하고 원활한 식민통치를 위해 조선민족성을 도구화하는 과정에서 이루어진 논의들이었다.

3·1운동 이후 불거진 '식민지' 조선을 어떻게 '통치'할 것인가에 대한 고민은 곧 '식민지인' 조선인을 어떻게 '파악(규정)'할 것인가 하는 문제와 긴밀하게 맞닿아 있다. 특히 1920년대 조선민족성 담론은 일본제국주의를 관철하기 위한 파견기관이자 식민지 정책을 직접 수행하는 주체인 조선총독부 측과 이에 적극 동조하는 지식인들의 긴밀한 공조 속에서 전개되었다. 조선총독부가 조선인의 '사상'과 '성격'을 한 곳에 묶어 비밀조사자료집을 출간한 것이나, 호소이 하지메細井肇가 '조선 문제'에 천착할 것을 결심하고 사이토 마코토齋藤實 총독의 브레인 역할을 자처하며 내선융화운동을 전개해나간 것 등은 이러한 사정을 뒷받침해 준다.

호소이 하지메의 경우, 1919년 3·1운동이 발발하자 '조선 문제' 해결의 근본책을 제시하겠다며 1920년 자유토구사自由討究社를 창설하고 그 첫 작업으로 『선만의 경영鮮滿の経營』(1921)을 저술하였다. 이 자유토구사는 명예고문으로 동양척식주식회사東洋拓植株式會社 총재를, 고문으로 총독부 법무국장 및 귀족원 의원 등을 내세웠던 단체이다. 조선총독부 등 식민지 지배에 직접적으로 관여한 고위관리들의 지원 하에 이루어진 어용적 성격이 강한 단체인 것이다. 이 책의 발문이나 휘호를 써준 사람들 가운데 사이토 마코토 총독이 포함되어 있는 것에서도 알 수 있듯이 그의 '조선 문제'에 대한 저작물들은 당시 총독부 정책에 참고가 되었거나 직접 반영되었을 가능성이 농후하다.

이 글에서는 근대 일본이 자명한 것으로 구축하고 유통시켜 온 차별적인 조선상像이 실은 일본인이 조선이라는 기호에 스스로의 심성을 투영시킨 일본인 자신들의 자화상이라는 사실을 1920년대의 폭넓은 자료를 통해 규명하고자 한다. 구체적으로는 근대 일본에서 생산되고 유통된 조선민족성 논의를 동시대 일본국민(민족)성 논의와 대비하여 살펴보고자 한다. 또한 3・1운동으로 위기에 봉착한 식민주체의 지배 논리가 더욱 교묘한 형태로 개입되면서 조선민족성 논의가 어떻게 변용되고 굴절되었는지를 함께 살펴보고자 한다.

2. 식민지 지배 논리가 만들어낸 조선인의 '사상'과 '성격'

메이지 유신과 함께 새롭게 펼쳐진 근대 일본을 풍미하기 시작한 핵심 화두는 '문명개화'와 '부국강병'이었다. 특히 '문명개화'라는 말

은 물밀듯 밀려오던 서구열강이 지닌 힘의 정체를 밝히고 근대 일본이 나아갈 방향을 모색하는 문제와도 결부되어 있었기 때문에 후쿠자와 유키치福澤諭吉를 비롯한 계몽사상가들에게는 초미의 관심사였다. 이들은 일본이 서양과 같은 문명국이 되기 위해서는 어떤 것들을 취하고 어떤 것들을 버려야 하는지 다양한 관점에서 의견을 제시하였다. 이러한 사회 분위기에 가장 큰 영향을 받으며 등장한 것은 '일본인이란 누구인가'를 묻는 '일본인론'이었다. 후쿠자와 유키치는 일본이 서양 제국諸國의 부강함에 미치지 못함을 지적하고 "우리 일본인도 지금부터 학문에 뜻을 두고, 기력氣力을 단련하여 우선 일신一身의 독립을 도모"할 것을 역설하였고(「國は同等なる事」, 1873), 무쓰 무네미쓰陸奥宗光는 일본인이 공과 사가 구분이 안 되며 겁이 많고 지조도 기력도 없음을 비판하였다(「日本人」, 1874). 니시 아마네西周 역시 모방과 답습에 능하고 명분이나 친분으로 이루어지는 비합리적인 인간관계를 서양과 다른 일본국민성의 특질로 규정하였다(「洋字ヲ以テ國語ヲ書スルノ論」, 1874). 이때 서양의 문물, 제도, 사고방식은 일본이 배워야 할 모범적 사례로 부상하고 일본의 그것은 봉건적인 것, 열등한 것으로 전락하게 된다. 이와 같이 문명화의 정도를 기준 삼아 일본인과 서양인의 우열을 논하는 방식은 메이지 유신 이래 1880년대까지의 일본국민성 논의의 주된 흐름이었다고 할 수 있다.

그런데 문명개화의 '실험장'이 된 지 20여 년이 지난 1880년대 이후, 일본국민성 논의의 지형에는 큰 변동이 생긴다. 그 배경으로는 1889년 헌법이 공포되고 이듬해에는 국회 개설, 교육칙어 발표 등이 이어지면서 근대 국민국가로서의 위상이 높아진 점을 들 수 있다. 또 1880년대 이전까지 군사대국도 경제대국도 아닌 약소국이었던 일본이 청일전쟁과 러일전쟁에서 잇달아 승리하고 조약개정도 완수하여 강대국으로서의 자신감을 획득하게 된 점이 크게 작용했다. 물론 여기에는 일본의 롤모델이었던 서구 열강의 식민지 확장에 따른 위기감과 내셔널리즘의 기운이 팽배했던 당시 일본 국내 사정의 영향도 있었다.

아시아의 맹주였던 청과의 전쟁에서 승리하고 뒤이어 대국 러시아까지 물리치면서 아시아의 '일등국'을 자처하게 된 일본은 서양과 다른 일본, 즉 문명화된 서양인과는 다른 비문명화된 일본인이라는 인식을 가졌던 메이지 초기의 논의와는 선을 긋게 되었다. 그리고 서양의 모방으로 치달았던 시류, 즉 구화만능 세태에 대한 고민과 반성적 시점에서 자국민의 국민성을 새롭게 규정하고자 하였다. 이를테면 무분별한 서양숭배로 인해 일본적 가치가 평가절하되는 세태를 비판하고 일본인으로서의 자부심과 애국심을 일깨울 것을 주장하거나(櫻井熊太郎,「ハイカラー亡國論」), 일본인은 본래 선천적으로 쾌활하고 낙천적이며 진보적인 성격이기 때문에 전쟁이나 경쟁을 좋아하는 것(笹川潔,「日本文明論」)이라 주장하였다. 또한 이와 반대로 약한 자를 불쌍히 여기고 빈곤을 구하며 적조차도 사랑하는 평화로운 성향이 일본인의 장점이라고 언급하기도 하였다(小山正武,「日本國民の特性一其健全的發達の必要」). 이 가운데 일본국민성의 장점을 열 가지 관점에서 분석한 하가 야이치芳賀矢一의 『국민성십론國民性十論』(富山房, 1907)은 그동안 산발적으로 제출되어온 '일본인 우수설'을 학문적 관점에서 체계화하여 제시하였다는 점에서 주목할 만하다.

실제로 조선인이나 중국인의 열등성을 강조한 담론이 등장하기 시작하는 것도 바로 일본 내셔널리즘이 고조되는 청일전쟁(1894~1895)

무렵이다. 종합잡지 『태양太陽』을 중심으로 일본과 다른 아시아, 혹은 문명화된 일본인과 다른 비문명화된 아시아인을 철저하게 구별하는 사설이나 논설이 빈번히 게재되었는데, 이는 '탈아입구脫亞入歐'를 주장하며 아시아 주변국과의 차이와 경계를 나타내었던 메이지 초기의 문명론을 더욱 강화하는 양상을 띠었다. 조선, 조선인에 관한 논의도 예외는 아니다. 이와모토 요시하루巖本善治는 「조선국 교육대방침의 의의朝鮮國敎育大方針の議」(『太陽』, 1895.4)라는 제목의 글에서 조선인의 특징으로 독립심이 없고 무武의 정신이 없으며, 경박하고 무기력하며, 문약한 점 등 열 가지 항목을 들어 비판하였다. 그가 거론하고 있는 조선인의 부정적 요소는 가와사키 사부로川崎三郞의 「조선문제」(『太陽』, 1895.7)에서도 동일하게 반복된다. 이를테면 국가가 속방屬邦의 역사이며 독립의 역사를 갖지 못한 점, 국민이 놀기 좋아하고 나태하여 근면의 덕이 없으며, 문약文弱하여 상무尙武의 기상이 없는 점, 국민이 경박하여 염치가 없으며, 비열하여 절의가 없는 점, 정치가가 붕당을 결성하여 늘 서로 알력을 다투며, 국가적 정신이 전무한 점 등이 열거되고 있다.

여기서 중요한 것은 이와모토나 가와사키의 관심이 애초부터 조선에 놓여 있었던 것이 아니라는 점이다. 가와사키가 「조선문제」에서 거론했던 조선인의 독립정신의 부재와 국가정신의 결여라는 부정적인 측면을 거꾸로 뒤집어 자국의 독립정신과 근면성, 풍부한 상무尙武 기상과 염치의 정신 등 일본인의 장점으로 승화시킨 예는, 문명국에 배치되는 반反문명국의 전형을 비교대상으로 확보함으로써 근대 국민국가상像을 창출하고자 하는 욕망을 노골적으로 드러낸 것이라고 할 수 있다. 이것은 다시 말하면 19세기 이후 서구의 물질적, 정신적 유산을 모방·수용함으로써 근대 세계로 진입할 수 있었지만 정작 스스로를 비춰볼 수 있는 '거울'을 갖지 못했던 일본인들에게 자기 정체성 내지는 민족적 정체성을 형성하는 데 필요한 '타자적' 인식의 대상이 비로소 확보되었음을 의미한다. 왜냐하면 서구 열강은 그들이 따라가야 할 모델이자 목표였지 자기 정체성을 형성하는데 필요한 '타자적' 인식의 대상은 아니었기 때문이다.

근대 일본이 생산하고 유통시킨 조선민족성 담론은 문명·문화를 절대화하는 논리 속에서 그 정당성을 확보하게 되고 일본국민성 논의가 내셔널리즘과 강하게 결탁하는 과정 속에서 출현하였으며, 조선인의 열등성을 부각시켜 민족 간의 차별을 공고히 하는 역할로 귀결되었다고 할 수 있다. 그리고 다카하시 도루高橋亨와 같은 조선 연구가들이 조선과 조선인을 차별하는 논리를 생산하는 데에 앞장서며 식민사학자로 성장해 가는 중요한 사상적 토대가 되었다.

조선연구가로 널리 알려진 다카하시 도루는 도쿄제국대학을 졸업하고 1903년 조선에 건너온 이래 조선과 관련된 수많은 저서를 남긴 인물이다. 그의 연구 대상과 범위는 도서조사 촉탁으로 조선의 고문서와 규장각 도서를 정리하는 일에서부터 종교, 사상, 어문, 금석金石, 서지書誌, 민속 등에 이르기까지 매우 광범위하고 다채로웠다. 조선에 관한 다방면의 연구 가운데 일본인을 대상으로 한 조선어 교본 『한어문전韓語文典』(1909)과 구관제도조사 사업에 참여하며 편찬한 『조선도서해제朝鮮圖書解題』(1911), 유교 관련 연구서 『조선유학대관朝鮮儒學大觀』(1912)을 비롯하여 조선사회에 뿌리내린 민간전승과 속담을 연구한 『조선 민담집 부록 속담朝鮮の物語集 附俚言』(1910), 『조선 속담집 부록 민담朝鮮の俚諺集 附物語』(1914) 등은 훗날 조선민족성 연구에 중요한 토대가 되었다. 특히 조선 각지에 있는 속담을 채록한 『조선 속담집 부록 민담』의 서문에서 언급하고 있는 조선사회의 특성은 그의 조선(인) 인식을 엿볼 수 있는 좋은 자료이다.

> 조선의 사회 연구는 여러 방면의 연구를 종합하여 이뤄져야 할 성질의 것이지만 우선 내가 지금까지 연구해 온 조선의 사상 및 신앙 즉 철학 및 종교의 측면에서 보면 조선사회 내면에 넘치는 특성으로 대략 여섯 가지 항목을 헤아릴 수 있을 것이다. 첫째 사상의 고착성, 둘째 사상의 무창견無創見, 셋째 무사태평暢氣, 넷째 문약文弱, 다섯째 당파심, 여섯째 형식주의가 그것이다.[1]

여기서 "조선사회 내면에 넘치는 특성"으로 제시하고 있는 여섯 가지 항목은 이후 조선의 민족성을 규명하기 위한 중요한 요소로 반복적으로 거론된다. 1917년 『일본사회학원연보日本社會學院年譜』 4권(4·5합병호)에 발표한 「조선인」이라는 제목의 논문은 여기에 네 개의 항목을 덧붙이고 이에 대한 설명을 구체화한 것이다. 그로부터 4년 후인 1921년에는 기존의 논문 내용에 새로운 장을 첨가하여 동일한 제목으로 조선총독부에 의해 간행된다. 이렇게 하여 완성된 것이 다음의 열 가지 특성이다.

> ① 사상의 고착, ② 사상의 종속, ③ 형식주의, ④ 당파심, ⑤ 문약, ⑥ 심미審美관념의 결핍, ⑦ 공사의 혼동, ⑧ 관옹寬雍과 응양鷹揚, ⑨ 순종, ⑩ 낙천성

이것은 지금까지 산발적으로 제출되어온 조선민족성을 항목화하여 제시하고 이에 대한 구체적인 사례를 역사와 문화, 종교, 철학,

풍속 등에서 찾으며, 그 저변에서 '일본인 우수설'을 지탱하고 있는 점에서 하가 야이치의 『국민성십론』의 계보를 잇는다고 하겠다. 실제로 『국민성십론』과 「조선인」은 형식이나 논리 전개의 면에서 상당 부분 유사성을 띠고 있다. 결과적으로 다카하시는 조선인의 민족성 가운데 결여 내지는 결핍의 요소를 부각시키는 것으로 일본인의 자기긍정의 논리를 더욱 견고하게 뒷받침하고 있다고 할 수 있다. 이를테면 하가 야이치가 일본국민성의 장점으로 들고 있는 충군애국, 현세적이고 실제적임, 초목을 사랑하고 자연을 즐김, 온화하고 관용적이라는 민족적 특질은 다카하시가 일관되게 조선인의 결점으로 비판한 사상의 고착, 사상의 종속, 심미관념의 결핍, 관용과 응양 등의 요소와 좋은 대비를 이루고 있다.

다음은 조선인의 특성 가운데 두 번째 요소로 들고 있는 '사상의 종속'에 대한 내용이다.

> 조선인은 일본인과 마찬가지로 중국인의 이른바 동이東夷에 속하지만, 그 고유 문명은 매우 저급했다. 다만 일본보다 일찍이 중국 문명을 접촉해 적극적으로 이를 수용하였다. (…중략…) 그러나 조선의 경우, 지리적 특성과 민족의 중심 사상이 없었기 때문에 중국 문명을 수입한 이후의 국가 정세는 일본과 판이했다. 전적으로 자신을 버리고 상대를 모방했기 때문에 사상적인 측면에 있어서는 조선의 특색을 잃었고 마침내 두 번 다시 이를 되살릴 수 없게 되었다.[2]

다카하시는 조선의 고유 문명 자체가 이미 저급하다고 전제한 후, 조선이나 일본 모두 중국의 문명을 수입하였지만 조선과 일본은 전혀 다른 결과를 낳게 되었다고 주장한다. 이어지는 글에서도 '조선의 경우 언어, 문학, 제도(특히 科擧制度), 종교儒教의 면에서 중국에 대한 무분별한 사대주의와 모방의 결과로 그 특색을 잃게 되었으나, 일본은 중국의 영향을 받았으면서도 주체성을 잃지 않고 자기 식으로 소화하여 훌륭한 문화를 이룰 수 있었다'라고 자부한다. 더 나아가 이처럼 조선이 중국의 "모방"으로 치달았다면 일본의 경우는 이를 "일본화"하지 않으면 그 존재를 인정하지 않을 만큼 강한 "구심점"이 있었음을 강조한다.

> 일본은 중국의 화법을 배워 마침내 일본화를 대성시켰는데, 조선은 중국화로 입문해 중국화로 끝을 맺는다. 조선시대에 이르러서는 서풍이 타락해 차마 눈뜨고 볼 수 없을 정도다. (…중략…) 일본은 특이한 국체를 갖기 때문에 일본민족에게는 사상 상의 흔들림 없는 구심점이 있어 오랜 기간 외래 사상에 예속되는 것을 용납하지 않으며 반드시 이를 일본화하지 않으면 그 존재를 인정하지 않았다. 반면 조선은 국체도 중국과 동일하며, 민족적 중심이 되는 사상이 없어 그릇에 따라 물의 형태가 바뀌듯 외래의 것을 자기 것으로 만들지 못하고 자신을 그것에 맞춰버린다.[3]

여기서 구심점이란 '국체'에서 비롯된 것으로 "민족적 중심이 되는 사상" 즉, 국가관념을 의미한다. 그는 일관되게 국가관념의 유무를 일본인과 조선인을 구분하는 중요한 잣대로 삼아왔다. 「조선인 국가관념의 변천朝鮮人國家觀念の変遷」(『太陽』, 1920.4)이라는 제목의 글에서도 조선인은 신라 이래 스스로가 완전한 독립국이라는 국가관념이 존재했던 적이 없으며 조선의 사대주의는 당을 섬긴 이래로 지속되어온 전통적 국책이었다고 주장한 바 있다. 이처럼 조선이 독립국으로서의 역사를 갖지 못한 중국의 '속국'이라는 인식은 앞서 가와사키 논의에서도 제일의 요소로 언급되었듯이 청일전쟁 무렵부터 이미 형성된 것이었다. 이러한 양상은 중국의 경우도 마찬가지여서 중국인의 국가관념의 부재를 줄곧 일본의 '충군애국' 정신과 대조하며 비판의 대상으로 삼아왔다.

중국과 조선을 역사적, 문화적 종속관계로 강조하는 한편, 자신들을 과거 중국의 영향으로부터 거리를 두고자 하는 움직임은 『조선인』이라는 책의 곳곳에서 포착할 수 있다. 이 과정에서 중국의 단점이 도출되며 이를 그대로 모방한 조선의 단점은 곧 일본의 장점을 더욱 강화하는 논거로 작용한다. 조선인의 형식주의를 비판하면서 그 원인을 형식주의에 침윤되어 유교의 본질과 멀어진 중국의 유교사상에서 찾고, 이를 다시 일본인의 자기긍정의 논리로 해석하고 있는 다음 인용문이 여기에 해당한다.

> 조선은 유교의 이익과 폐단을 그대로 중국에서 받아들였기 때문에 예의의 형식을 중요하게 여겼고 사람의 마음 속 깊은 곳에 도의의 근본이 존재한다는 사실을 놓치고 있다. (…중략…) 조선인은 고삭희양告朔餼羊이라 함을 형식과 사물에 있어서 도덕만이 커다란 가치가 있는 것으로 판단하고 형식만 따르는 일에 심혈을 기울였기 때문에 오히려 순수한 도의심의 발로를 막는다는 것을 알지 못했다. (…중략…) 우리 일본인의 사상으로 말하면 모름지기 가옥을 웅장하게 하고 기구를 청정하게 하며 시역을 삼엄하게 함으로써 이곳에 들어가는 자들로 하여금 경건한 마음이 들도록 했는데 조선의 경우는 그렇지 않았다. (…중략…) 단청은 칠이 벗겨진 채로 내버려져 있으며, 제기는

형태만 갖추었을 뿐 조잡하여 볼품이 없다. 대문의 반은 무너져 있고 향교를 지키는 자가 머무는 방은 불결하기 그지없으며 세탁한 허름한 포의는 염치없이 대성전 여기저기에 널어 두었다.[4]

그는 조선의 유교가 형식에만 치우친 나머지 실생활 면에서 수많은 결점을 노출하고 있음을 일본과의 대비를 통해 강조하고 있다. 이것은 하가 야이치가 일본국민성의 장점으로 언급했던 '현세적이고 실제적'이라는 항목과도 대비를 이룬다. 또한 일본을 "무武의 나라"로, 조선과 중국은 "문文을 숭상하는 나라"로 규정하고 "문을 숭상하고 무를 천시하는 것은 유교의 가장 큰 결점"이라고 비판한다. 이 "문약文弱하여 상무尙武의 기상이 없는 점" 역시 청일전쟁 이래 조선을 재단하는 주된 요소였는데, 다카하시의 경우 중국에서 유래한 유교에서 그 원인을 찾고 이를 확대 재생산해 가는 방식을 취하고 있다. 오로지 중국의 학설에 기대어 유교를 과도하게 신봉한 것에서 비롯된 부작용이라는 비판은 여기에 그치지 않는다. 조선인의 심미관념의 결핍 역시 유교의 폐단에서 찾고 있으며 조선시대 이전 불교의 융성으로 발달했던 조선의 예술도 성리학으로 인해 퇴보했다고 주장한다.

이상의 예들에서 보는 바와 같이 다카하시가 거론하고 있는 열 가지 항목 대부분은 '조선은 퇴행적이고 비문명적이어서 정체될 수밖에 없으며 나아가 동양적 전통윤리의 폐해에 침윤되어 있기는 조선이나 중국이나 마찬가지'라는 논리구조를 보이고 있다. 예컨대 「내가 본 청국인我か觀たる清國人」(『太陽』, 1907.10)이라는 제목의 글에는 중국인의 열 가지 특성으로, ① 중국인은 개인 본위의 민民임 ② 단

결력이 강고함 ③ 조직적 능력이 부족함 ④ 자존심이 강함 ⑤ 이욕利慾만 강함 ⑥ 시간과 노력의 가치를 모름 ⑦ 고루하고 보수적이어서 쉽게 바뀌기 어려움 ⑧ 현재주의現在主義 ⑨ 경제적 견지에서 볼 때 강한 인민임, ⑩ 잡건雜件 등을 들고 있다.

그런데 한중일이 공유해온 근대 이전의 중국의 역사나 사상 및 문화가 한편으로는 근대 문명화에 실패한 중국과 조선을 반추하는 거울이기도 하지만, 다른 한편으로는 근대 이전의 자신들의 모습을 투영하는 거울이기도 했다는 점에서 비판의 잣대가 동일할 수만은 없었던 듯하다.

> 실로 공과 사를 구분하는 관념이 희박한 것은 우리 동양인의 공통된 폐단이라고 할 수 있다. 이를 종합적으로 판단해 보면 국가와 사회의 발달 정도가 낮은 것이 주된 요인이라고 볼 수 있다.[5]

다카하시는 조선인의 특성 가운데 '공사혼동公私混淆' 즉, 공과 사의 구분이 명확하지 않은 것을 "우리 동양인들의 공통된 폐단"이라고 지적한다. 일본의 경우 관공리들의 독직, 역사를 거슬러 고대의 관직 및 가업의 세습과 도쿠가와 막부의 '47인의 사무라이'를 예로 들어 설명하고, 이러한 폐단은 중국의 경우는 말할 것도 없으며, 조선은 "중국에서 들여온 제도의 결함을 그대로 답습"[6]했기 때문에 마찬가지라고 말한다. 그러나 일본은 근래 이를 자각하고 벗어났으나, 중국이나 조선의 경우는 "백성들의 정치적 지식과 사회의식이 향상되고 훈련되어야 비로소 이러한 동양풍의 관습에서 벗어날 수 있을 것"[7]이라며 비관적 전망을 제시한다. 이는 앞서 언급한 조선의 형식주의가 유교의 폐단에서 비롯된 것임을 비판하며 일본만이 "유교의 진수"를 실현한 유일한 국가라고 단언했던 문맥과도 상통한다고 볼 수 있다. 중국의 역사와 문화를 근대 이전과 이후로 분리하고, 근대 이전의 요소만 장점으로 평가하여 일본만이 발전・계승하여 간다는 논리를 생산해냄으로써 중화주의로부터 근대 민족주의로 이행해 가는 데 필요한 사상적 자원을 확보하게 된다.

이와 함께 서구에 대응할 만한 일본(동양)의 사상적 자원을 획득하려는 의도, 즉 서구의 물질문명에 대항하는 일본(동양)의 정신문명의 중요성을 부각시키는 논리가 동원되었다. 이를테면 '충忠'과 '의義' 등의 전통윤리가 그것인데, 이들 개념은 조선이나 중국의 경우 식민지 지배를 정당화하는 부정의 논거로 사용된 반면, 서구에 대해서는 '동양'을 특권화하기 위한 긍정의 논리로 전환되고 있다. 리우지엔후이劉建輝가 지적하고 있는 바와 같이, 청일전쟁 이후 제출된 일본인론에서 '충'과 '의' 등의 전통윤리를 강조하는 주장은 어렵지 않게 발견할 수 있다. 이들 논의는 중국이나 한국을 재단하는 국민국가의 논리와 모순되는 척도로, 실은 일본을 특권화하고 구미제국을 재단하기 위해 준비된 것이었다. 아울러 '물질 = 구미', '정신 = 일본'이라는 이항대립 구도의 조작이 러일전쟁을 거쳐 제2차 세계대전 종전까지 일관되게 추진되었던 점 또한 그 대표적인 예라고 할 수 있다[8]. 물론 여기서 '동양'이라 함은 조선과 중국을 배제한 일본의 경우에만 해당한다. 이러한 예들은 근대 일본이 고정불변한 것처럼 확산, 전파시켜온 일본과 조선의 민족(국민)성 담론이 실은 모호성과 자의성을 기반으로 하여 다분히 의도적으로 '구축된' 것이라는 사실을 일본인 스스로가 노정한 것이라고 할 수 있다. 흥미로운 것은 일본이 서구를 넘어서고자 내세웠던 일본(동양)적 가치가 조선에 이르러서는 '물질 = 서구 = 일본'에 대응하는 '정신 = 동양 = 조선'이라는 저항담론으로 활용됨으로써 일본의 동양담론을 넘어서고자 하는 양상으로 변용되어 나타나기도 한다는 점이다.[9] 여기서 차용되고 있는 '동양'이라는 개념은, 야마무로 신이치山室信一가 지적하듯 서양에 대하여(조선의 경우는 일본에 대하여) 독자적인 의미를 담아 대항적 자기라고 부를 만한 상像을 대치시키려 한 것이며,[10] 쑨거孫歌의 말을 빌자면 서구라는 '타자'를 거울삼아 조립된 "상상의 정치 공동체"[11]의 일면을 보여주는 사례라고 할 수 있다.

1920년대 조선민족성 논의의 특징으로는 무엇보다 조선인이 내포하고 있는 다양한 성향이나 특징을 취사선택하여 이를 학술적으로 체계화하고 고정불변의 관념으로 구축하려는 움직임을 들 수 있다. 이 과정에서 조선인의 민족적 성향은 동시대의 일본국민성 논의와 대조를 이루며 근대 일본의 국민국가상像을 부조해내기 위한 수단으로 동원되었다. 이미 논문으로 발표된 바 있는 다카하시의 논의를 수정 보완하여 조선총독부가 굳이 단행본으로 간행한 것은 그의 조선민족성 논의에 거는 식민지 지배계층의 기대가 그만큼 컸음을 시사한다.

3・1운동 이후 언론의 관심이 '조선 문제'에 집중되고 식민통치에 대한 반성 내지는 변화의 필요성이 제기되면서 조선민족성 논의는 근대 일본의 국민국가상을 부조해 내는 것만으로는 충분하지 않게 되었다. 그것은 다카하시가 기존의 논의에 수정과 보완을 가할 수밖에 없었던 이유이기도 하다.

> 조선의 특성에 대한 나의 연구는 4년 전의 원고로 거슬러 올라간다. 이후 조선의 자연 현상에 대해서는 특별한 변화를 볼 수 없으나, 조선인의 심리현상에 대해서는 현저한 변화를 볼 수 있다. (…중략…) 그래서 나는 당시의 설정과 이후의 사태(3 · 1운동—인용자)를 깊이 살펴보고 본론의 결론을 크게 바꾸어야 할 필요가 있다고 보았다.[12]

다카하시로 하여금 "본론의 결론을 크게 바꾸어야 할 필요"를 느끼게 한 것은 다름 아닌 3 · 1운동의 영향에 기인한다. 그리고 그렇게 하여 '수정된 결론' 덕분에 『조선인』은 1927년에 간행된 조선총독부 비밀조사자료집 『조선인의 사상과 성격朝鮮人の思想と性格』에 다시 한 번 등장하게 된다.

3. 식민지 지배의 사상과 방법, 그리고 조선민족성론

세계적인 식민지 분할 경쟁과 약육강식의 논리가 지배하던 시대에서 3 · 1운동 이후의 시대상황의 변화, 즉 인도주의와 민족자결주의가 힘을 발휘하는 시대로 이행하게 되면서 식민주체들은 어떻게 하면 이러한 세계 대세의 흐름에 뒤쳐지지 않으면서 식민지체제를 유지할 수 있을 것인가에 대해 고민하지 않을 수 없게 되었다. 1920년대 조선민족성 논의를 관통하는 문제의식도 바로 여기에 놓여 있다.

이 시기의 조선민족성 논의가 식민정책을 수행하기 위한 전략적 도구였음을 가장 집약적으로 보여주는 것은 무라야마 치준村山智順이 엮고 1927년 조선총독부 관방문서과官房文書課가 편찬한 『조선인의 사상과 성격』이다. 자료집의 세부 목차는, 제1편 조선인 개관, 제2편 조선인의 성격性情, 제3편 조선의 사회적 경향, 제4편 정치 및 경제사상, 제5편 신앙사상, 제6편 조선의 문화사상, 조선의 문예사상 등 총 7편으로 구성되어 있다. 그 서문에는 "조선인을 이해하는 데 도움이 될 것"이라는 출간취지를 밝히고 있으나 대외 비밀자료調査資料20輯로 분류된 것으로 보아 조선인을 순수하게 이해하기 위한 목적보다 식민통치를 효과적으로 수행하기 위한 목적이 컸다고 할 수 있다.

> 조선을 이해하기 위해서는 조선인의 사상과 성격을 살펴보는 것이 가장 우선으로 필요한 조건이다. 하지만 그 사상과 성격의 진상을 충분히 묘사하기란 쉬운 일이 아니다. 왜냐하면 사상은 계속해서 동요하고 성격은 잠재된 채 보이지 않는 것이 일반적이기 때문이다. 그러므로 이를 포착하여 설명하는 데 사상 및 성격 그 자체를 직접 취급하다가는 헛수고가 되기 십상이다. 따라서 이들을 육성시킨 문화나 이들을 발견할 수 있는 사회현상에 의거하여 간접적으로 관찰하여야 한다. 본 자료는 주로 조선인의 사상과 그 성격을 조사연구할 자료로 삼을 생각으로 각종 방면에서 본 조선인의 사상과 성격관을 잡다하게 수집한 것에 지나지 않는다.[13]

발간 취지에서 밝히고 있듯 "동요"하고 "잠재된 채 보이지 않는" 조선인의 "사상"과 "성격"을 조선총독부는 과연 어떠한 기준으로 취사선택하였으며 어떠한 요소를 조선인의 민족적 특질로 규정하였을까. 우선 조선인의 「일반적 성격」으로, ① 방종・사치・낭비・사행 ② 표면적이고 형식적인 것을 좋아함 ③ 부화뇌동 ④ 모방성 ⑤ 무기력 ⑥ 겁이 많고 나약함, 회색, 보신술 ⑦ 이기적 판단 ⑧ 진지함이 없음 ⑨ 감격성이 없음 ⑩ 의뢰심이 많고 은의恩義감이 없음 ⑪ 독립심이 없음 ⑫ 감각이 둔함 ⑬ 불평이 많음 ⑭ 자살을 경시하는 경향 등을 제시하였다. 이것은 그동안 조선인의 특질로 거론되어 왔던 여타 논의들과 별다른 차이가 없어 보인다. 문제는 다음에 이어지는 「조선인의 성격관」을 다룬 장이다. 그 중에서도 조선인의 특성을 설명하기 위해 동원된 다카하시의 변화된 논조는 매우 시사적이라고 할 수 있다.

> 조선인에게는 독창적인 능력이 없으므로 일본인이 새로운 사상을 부여해주어야 한다. (…중략…) 형식주의, 비非심미적, 문약, 당파심, 공사 혼동의 다섯 가지 특성은 일본이 통치하는 햇수가 쌓이면서 점차 해소시켜 가야 할 것이다. (…중략…) 관용과 응양, 순종, 낙천의 세 가지 요소는 조선인의 미덕이라고 할 수 있다. 조선인의 결함과 단점을 깨끗이 씻어내고 이러한 미덕을 보존하도록 권장해야 할 것이다.[14]

조선인의 민족성을 시종 부정적 시선으로 일관하던 다카하시가 기존의 틀을 깨고 조선인의 '미덕'을 논하고 열등하고 부정적인 민족성 가운데 몇몇은 일본의 통치로 바뀔 수도 있다는 민족성 '개조'의 가능성을 열어 놓고 있는 점이 흥미롭다. 즉 근대 문명화에 실패한 조선인의 고정불변한 민족적 특질로 거론되어 왔던 "형식주의, 비非심미적, 문약, 당파심, 공사 혼동" 등 다섯 가지 항목이 1920년대에 이르러서는 일본인의 통치 여하에 따라 바뀔 수도 있다는 논리로 탈바꿈하고 있는 것이다. 이와 함께 일본인과는 다른 조선인의 보편적 특성으로 언급했던 "관용과 응양, 순종, 낙천" 등 세 가지 항목은 오히려 일본인이 갖추고 있지 못한 "보존"해야 할 "미덕"으로 칭송되고 있다.

주지하는 바와 같이 1920년을 전후한 시기는 조선을 포함한 아시아 국가에 대한 일본제국주의의 침략적 팽창주의와 식민지 지배 방식 사이의 모순이 표면화되는 시기이다. 특히 3·1운동의 발발로 인해 기존의 식민지 정책에 대한 재검토는 물론 조선인식에 대해서도 반성과 변화의 필요성을 제기하는 논의가 급증하였다. 다카하시가 기존의 논문 내용을 일부 보완하여 내놓은 『조선인』은 바로 이러한 시대적 변화의 요청을 반영한 것이라고 할 수 있다. 그는 3·1운동 이후 "조선인의 특성 가운데 '순종' 항목은 사정이 달라졌다고 비난"[15]하는 일본 내 여론을 의식한 듯 3·1운동 발발의 원인을 미국에 대한 사대주의적 성향으로 돌림으로써 자신이 제시한 조선인의 성향 가운데 사상의 종속적 측면이 여전히 건재함을 실증하였다. 그러면서 "조선에 거주하는 일본인은 종래의 악정惡政의 결과 양성되어진 조선인의 어두운 성질을 선정善政과 우수한 민족적 감화를 통해 깨끗이 씻어냄으로써 일본인에게 동화시키는 동시에 민족적 향상도 도모할 의무를 자각"[16]해야 한다며 재조선 일본인의 협조를 촉구한다. 특히 관리와 언론인들의 의무와 책임을 강조하고 이를 "식민지 경영 능력"으로 간주하였다. 이것은 다카하시가 총독부의 입장을 대변하여 내선일체內鮮一體를 선도해 간 것이라고 볼 수 있다.

지금까지 가와사키 사부로의 「조선문제」를 비롯한 1920년대 이전의 조선민족성 논의가 대부분 일본과의 '차이'를 강조하는 방식이었다고 한다면, 1920년대에 들어서는 일본과 조선을 '동화'해 가려는 방식을 취하고 있음을 엿볼 수 있다. 이러한 현상은 3・1운동 이후 거세진 식민지의 반발을 최소화하면서 식민통치를 더욱 공고히 하려는 일제의 동화정책이 더욱 포괄적이고 적극적으로 시행된 데에 따른 것이다. 1919년 8월 새로 부임한 사이토 미노루齋藤實 총독은 우선 식민지 조선에 대한 통치 방식을 일부 개선하고자 하였다. 이른바 '문화정치'가 시작되었는데, 식민지 지배의 기본정책에는 변화가 없었다. 오히려 차이와 동일화의 모순을 내재한 '일시동인日視同仁'이나 '내선융화內鮮融化'와 같은 이데올로기적 명분이 강화되고 더욱 교묘한 형태로 선전되었다고 할 수 있다. 다카하시가 「조선의 문화정치와 사상문제」(『太陽』, 1923.5)라는 제목의 글에서, 문화정치를 실현함에 있어서 "쓸 만한 다수의 조선인과 그들에 비해 특별히 우월한 일본인의 협력"을 당부하고 여기에 조선인의 사대주의 혹은 순종적 성향 즉, "자신들보다 뛰어난 학식, 기술, 의견을 지닌 이에 대해서는 쉽게 감복하는 아름다운 자질"을 적극 활용할 것을 주장한 것은 그 좋은 예라고 할 수 있다.

3・1운동을 계기로 '조선 문제'에 더욱 천착한 것은 다카하시 도루뿐만이 아니다. 조선연구가와 평론가로 널리 알려진 호소이 하지메細井肇에게 있어서도 3・1운동은 생애의 큰 전환점이 되었다. 이를 계기로 그는 자신의 일생을 '조선 문제'에 투신할 것을 결의하고 사이토 총독의 식민정책입안의 브레인 역할을 충실히 수행해 나가게 된다. 『선만의 경영－조선문제의 근본해결鮮滿の經營－朝鮮問題の根本解決』(1921), 『조선통치심리의 근본적 변경에 관한 의견서朝鮮統治心理の根本的変更に關する意見書』(1924), 『조선 문제의 귀추朝鮮問題の歸趨』(1925) 등은 그러한 과정에서 얻어진 결과물들이라고 할 수 있다.

이 가운데 『선만의 경영』에는 식민정책을 위한 제언을 포함하여 조선의 역사, 문화, 심성에 이르기까지 방대한 내용이 피력되어 있는데, 조선이 "망국"의 역사와 문화를 갖게 된 데에는 "조선인의 심성"이 중요하게 작용하였음을 특히 강조하였다. "나라의 흥망이 본래 하루에 이루어진 것이 아니듯 일본민족의 오늘날의 번영 또한 결코 하루아침에 쌓아올린 것이 아니"[17]라고 전제한 후, 한때 일본에 문명을 전수해 줄 정도로 번영을 구가했던 조선이 '쇠망'할 수밖에 없는 이유를 설명한다. 그에 따르면 일본의 경우 "가마쿠라鎌倉 시대, 무로마치室町 시대를 거쳐 도쿠가와德川 시대의 문화를 만들어내고 마침내 유신으로 근세 국가다운 활력"[18]을 지닌 반면, 조선은 왕조시대에서 봉건시대로 나아가지 못하고 "인접한 대륙에 사대 복속하여 모방 외에 아무런 독창적인 발명 없이 조정의 신하들은 그저 고전을 인용하고 낡은 관습의 천착에 몰두할 뿐"[19]이라고 비판하였다. 또한 일본인이 도저히 이해하기 어려운 조선인의 심성으로 군君보다 부父를 중시하는 경향을 들며, "유교 정치의 요체要諦"라고 할 수 있는 "은恩"을 실현하는 일은 조선인은 물론 유교가 만들어진 중국인에게서도 기대할 수 없다고 단언하였다.[20]

조선사 연구에 주력하여 수많은 저서를 남긴 아오야기 쓰나타로青柳綱太郎의 조선민족성 논의도 이와 크게 다르지 않다. 그는 『조선통치론朝鮮統治論』에서 일본인의 민족성이 "왕성한 탄력"으로 가득하며 "건국흥가建國興家의 정신"과 "의용봉공義勇奉公의 정신"으로 충만하다면, 조선인의 민족성은 "탄력이 없고 피폐하며, 의리와 남자다운 용감함"이 발현되지 못하여 서로 동화하기 힘든 상반된 속성을 지녔다고 말한다.[21] 나아가 조선인의 "소요와 혁명심의 유래"는 유림儒林

과 사림士林의 오랜 당쟁에 기인한 것으로 수백 년간 학정虐政에 시달려 조선민족의 울적된 분노가 소요심騷擾心이나 선동에 휩쓸리기 쉬운 "비굴한 성향卑屈心"으로 굴절되어 나타난 것으로 보았다.[22] 그가 조선인의 민족성 가운데 특히 강조하고 있는 것은 바로 사대주의다. "사대주의의 성쇠는 조선의 흥망사"라고 단언하고, 조선은 이미 3백 년 전 명나라의 은의를 잊고 흉노匈奴인 청나라에 절조節操를 파는 것으로 국민적, 민족적 도덕의 타락을 면치 못하였으며, 3·1운동 역시 이러한 사대주의의 오랜 역사에 근거하여 발발한 것으로 미국에 대한 사대사상과 일본에 대한 "망은忘恩의 민족성"을 거론하며 강하게 비판하고 있다.[23] 이러한 조선인의 민족적 특징은 "의리와 용기, 사무라이 정신"으로 무장한 일본민족성과의 대비를 통해 더욱 부정적인 요소로 전락하게 된다. 이 밖에도 일본민족은 청결하며 공명정대公明正大하고, 나아가 공명功名에 산다며 정신적인 측면을 중시하는 반면에, 조선민족은 청결하지 못하고 더러우며不潔汚穢, 공명정대하지 못하고 실리實利에 살며 물질을 밝히는 것은 물론, 삶과 죽음에 있어서도 일본인은 벚꽃처럼 깨끗하게 산화하지만 조선인은 뱀처럼 집착이 강하다며 언어, 풍속, 인정, 습관 등 모든 면에서 우월한 일본인과 열등한 조선인을 대비하여 제시하고 있다.[24]

다카하시 도루, 호소이 하지메, 아오야기 쓰나타로의 조선민족성 논의는 3·1운동 발생의 원인을 사대주의와 당파주의, 부패한 정치 탓으로 돌리고 조선에 대한 일본의 역사와 정치적 우위성을 강조하는 공통된 양상을 보이고 있다. 다만 다카하시의 경우 동화이데올로기를 전경화하며 식민지제국 일본에 내재하는 위계화의 욕망을 다소 완곡하게 표현하고 있다면, 호소이나 아오야기는 이보다 직설적이고 노골적인 형태로 표출한 것이라고 볼 수 있다. 이를테면 "조선인이 일본인에게 동화하여 일본인의 장점을 취하기 전에 우선 결점과 단점을 본받아 가장 낮은 등급의 일본인이 될까 매우 우려"[25]된다는 다카하시의 발언은 "수천 년간 양성되어온 약소국의 비굴한 사대사상과 배은망덕한 추한 속성을 조선민족으로부터 몰아내지 못하면 의리와 용기, 사무라이 정신이 왕성한 야마토大和 민족은 결단코 조선인과 동화해서는 안 될 것"[26]이라는 조선인에 대한 상대적 우월감과 지배계급의 시선을 그대로 노출했던 아오야기의 발언을 순화하여 우회적으로 표현한 것에 불과하다.

이들뿐만 아니라 당시 많은 논자들은 망국적 현실을 초래한 조선의 역사와 문화, 특히 일반 민중들의 가렴주구苛斂誅求를 초래한 지배계층의 도덕적 타락을 강하게 비판하고, 조선인이 충실히 배우고 따라야 할 모델로 일본의 역사와 문화를 제시하였다. 이는 피지배국의 사회와 문화를 끊임없이 타자화함으로써 식민지 지배를 정당화해 갔던 제국주의 논리를 그대로 추인하는 것이었음은 말할 것도 없을 것이다. 그런데 여기서 주의해야 할 것은 이 시기의 조선민족성 논의가 3·1운동으로 위기에 봉착한 식민주체의 지배 논리를 보강, 강화하는 역할에만 머문 것이 아니라는 점이다. 즉, 피식민지의 친일인사들에게까지 상당한 명분을 안겨주었다. 피지배 측의 엘리트가 거꾸로 자국의 민족성을 열등한 것으로 규정함으로써 식민지 지배담론에 수렴되어 간 이광수의 「민족개조론」은 그 대표적인 사례라고 할 수 있다. 이와 반대로 피지배 측 엘리트에 의한 조선민족성 논의를 지배자 측이 전용하여 식민지 정책에 이용하기도 하였다. 이러한 측면은 앞서 언급한 조선총독부 자료집 『조선인의 사상과 성격』에서 찾아 볼 수 있다.

자료집 안에는 『개벽』 5주년 기념호(61호, 1925.7)에서 발췌한 8편의 글이 수록되어 있다. 우선 그 출처가 이광수의 친일논설 「민족개조론」(23호, 1922.5)에서 사회주의자 김기전의 「먼저 유식 유산자 측으로부터 반성하라」(24호, 1922.6)에 이르기까지 민족 우파와 좌파, 사회주의 계열을 망라하며 1920년대 사회 담론을 주도해 간 잡지 『개벽』이라는 점이 이채롭다. 왜냐하면 이 잡지는 3·1운동 이듬해에 창간되어 1926년 강제 폐간되기까지 부조리와 모순이 지배하는 식민지적 상황에 맞서 "조선의 현실을 짚어내고 민족과 계급적 질곡을 타파하는데 논리적 토대를 제공한 독특한 역사적 위상을 갖는 잡지"[27]였기 때문이다. 『개벽』의 주요 필자 중의 한 사람이었던 김기전은 단군신화를 거론하며 조선민족의 강점으로 "활줄"과 같이 올곧은 "선심善心"을 꼽았다. 또한 "오늘날 조선朝鮮 사람의 민성民性이 일본민성日本民性같이 천단淺短, 잔인殘忍하지 않고, 또 중국민성中國民性같이 질둔質鈍, 음침陰沈하지 않고, 거의 그와는 정반대로 이지理知에 밝고, 평화성平和性에 부富하고, 그러면서도 상당相當한 심원성深遠性"(『개벽』 61호, 1925.7 : 6)을 갖춘 우수한 민족이라는 점을 강조하였다. 사학자로 잘 알려진 이병도는 "금일今日 원기심쇠元氣沈衰한 조선인朝鮮人"(『개벽』 61호, 1925.7 : 17)은 고구려인의 원대한 기상과 노력에 자극과 감흥을 받아야 할 필요가 있음을 역설하였다. 이외에도 이상재, 홍명희, 김미리사 등 각계 주요 인사들의 입을 빌어 조선인의 도덕적이고 윤리적인 성향, 여성의 정조관념, 훈민정음의 우수성, 순량한 민족성, 육체적 건강미, 자연미, 예술성 등이 피력되어 있다. 그러나 『조선인의 사상과 성격』에 수록된 것은 순량, 순후, 선량, 비폭력,

평화적 성향을 강조한 내용에 한정되고 있다.

이들 논의 안에서는 제1차 세계대전의 참혹한 결과를 목도하면서 전 인류적으로 고조된 침략주의에 대한 비판 의식을 엿볼 수 있기도 하지만, 그보다는 제1차 세계대전 이후 약육강식과 강자의 권리만이 인정되는 국제사회 속에서 약자의 입장에 있는 조선의 현실에 대한 비관적 인식이 더 크게 자리하고 있다. 조선인 스스로가 장점이라고 언급한 면면들이 '지금'이 아닌 '미래'의 이상적인 세계가 도래한 후에나 그 가치를 인정받게 될 것이라는 논조는 바로 이러한 비관적인 시대인식에서 비롯된 것이라고 할 수 있다. 문제는 이러한 열패감이 식민지 지배담론에 포섭되어 전혀 의도하지 않은 양상으로 전개되어 간다는 점이다. "남처럼 강強하지 못하고 문명文明치도 못"하고 "남이 때리면 그저 맞고 욕辱하면 그대로 먹고 심지어甚至於 남이 무엇을 빼앗아도 그대로 빼앗기"(이상재, 「淳良性이 第一자랑」, 『개벽』 61호, 1925.7 : 35)는 지나치리만큼 순량하고 순종적인 면은, "쉽게 감복하는 아름다운 자질"을 상찬하고 '순종'을 몇 안 되는 조선인의 미덕으로 꼽았던 다카하시 도루의 논의에 포섭된다. 그리고 조선인의 민족성 가운데 근대적 요소를 소거하고 오로지 도덕과 윤리성, 정신적 측면만을 강조하며 다분히 의도적인 '편집(조작)'을 수행하였던 제국정부 및 관료들에게 식민지 지배를 계속 유지하는 데에 필요한 사상적 기반을 제공했던 것만은 틀림없어 보인다.

4. 나가며

식민지 시대에 생산되고 유통된 모든 담론 안에 당대 지식인들의 사상의 균열이 각인되어 있다고 한다면, 조선인의 민족성 담론을 둘러싸고 생긴 균열은 다름 아닌 '지배－피지배', '제국－식민지'라는 철저히 위계화된 권력질서에 기인할 것이다. 지금까지 살펴본 1920년대 조선민족성 논의의 지형 안에는 이러한 위계질서는 물론이고 그것만으로는 수렴되지 않는 위계질서의 포위망을 벗어난 복합적 측면도 함께 포착되었다.

우선 1920년대 조선민족성 논의는 문명국에 배치되는 반反문명국의 전형으로 삼아왔던 기존의 논의를 학술적으로 체계화하는 형태로 전개되었다. 다카하시는 조선인이 내포하고 있는 다양한 성향이나 특징을 열 가지 항목으로 제시하였는데, 이러한 요소는 동시대 일본국민성 논의와 대비를 이루며 근대 일본의 국민국가상像을 부조해내는 데에 일조하였다. 그 과정에서 서구를 의식한 '대항적' 자기인식과 조선이나 중국을 상대로 한 '타자적' 자기인식이 서로 모순 없이 공존하고 있어 근대 민족성 담론이 갖는 모호성과 자의성을 드러내고 있다.

둘째, 3·1운동 이후 언론의 관심은 '조선 문제'에 집중되었다. 식민통치에 대한 반성과 변화의 필요성이 제기되는 가운데에서 조선인의 민족성이 논의된 것이다. 특히 식민정책을 수행하기 위한 전략적 도구로서의 성향이 이전 시기보다 노골적인 형태로 드러나고 있다. 다카하시, 아오야기, 호소이의 조선민족성 논의에서는 일본 제국주의의 확대라는 보다 큰 기획 속에서 조선(인)을 포섭同化해 가고자 하면서, 동시에 조선(인)을 그로부터 배제異化해가려는 이중성을 발견할 수 있었다.

셋째, 피지배 측 엘리트가 거꾸로 자국의 민족성을 열등한 것으로 규정함으로써 식민지 지배이데올로기의 명분을 강화시키거나, 이와 반대로 피지배 측 엘리트에 의한 조선민족성 논의를 지배자 측이 자신들의 편의에 맞게 재구성하여 식민지 정책에 이용하기도 하였다. 이것은 '식민지-제국'이라는 위계적 관계만으로 설명할 수 없는 조선민족성 담론이 갖는 복합적 측면을 노정한 것이라 하겠다.

실제로 이들이 산출한 조선민족성 담론은 조선에 체류하고 있거나 여행, 시찰, 이주 등의 다양한 목적으로 조선을 찾게 되는 일본인들에게 상당한 힘을 발휘했던 것으로 보인다. 이를테면 조선을 방문한 일본인이 '제국' 일본의 풍경과 다른 '식민지' 조선의 풍경을 조선인의 민족성에 빗대어 표현한 경우가 적지 않은데, 이러한 여행자의 시선은 조선의 지리적 위치, 풍토에 의해 민족성이 결정되었다는 동시대 지배담론에 이미 나포된 것이라고 볼 수 있다. 이러한 소소한 여행자들의 감상에서부터 '제국-식민지'적 현실이 치열하게 충돌하는 '생활의 장場'에 이르기까지 조선민족성 담론은 다양한 형태로 개입되어 간다. 본질화 내지 내면화는 이런 내면 동경의 인상적 고백까지 가능하게 했던 것이다.

근대 중국의 조선(인) 인식*

량치차오와 황옌페이를 중심으로

이선이李宣昵

1. 머리말

2010년 4월부터 7월 사이 국립춘천박물관에서는 "프랑스인의 눈에 담긴 아시아 사람"이라는 주제로 폴 자클레의 판화 작품을 전시한 바 있다. 폴 자클레Paul Jacoulet는 1899년 세 살 때 일본으로 건너와 평생을 그곳에서 한국·일본·중국·몽골·미크로네시아 섬 등 아시아인의 모습을 다색판화로 작품화하였다. 이 전시된 작품들에서 자클레의 '지배적이고 착취적인 응시'를 마주하며 '근대를 지배하는 감각'인 시각의 폭력(권력)이 아시아를 '전시회로 정리하여' 세계구도 속에 서열화하고자 한 욕망을 읽었다면 지나친 것일까?

근대 유럽의 사진가나 작가들에게 중요한 것은 "자신과 세계 사이

* 이 글은 『중국사연구』(제66집, 2010)에 수록된 논문을 수정 보완한 것임.

에 거리를 창조하고 세계를 전시의 대상, 즉 무언가 그림 같은 것으로 구성하는 일"이었다. 보는 것은 권력의 한 형식이며 보여지는 것은 권력 없음의 한 형식이라는 시각성에 관한 사고방식이 지나치게 문제를 단순화할 위험이 있다고 해도, 이것은 반오리엔탈리즘 비평의 기초가 된다. 게다가 폴 자클레는 줄곧 일본에서 생활하며 일본화, 우키요에浮世繪 계통의 육필화로 자기를 형성하여 '독특한 예술 색채'를 구성해 내었는데, 이는 아시아를 바라보는 프레임이 '일본'이었음을 말해준다. 이는 그가 형상화한 아시아가 이중적으로 지知의 권력구조에 편입되어 있었음을 의미한다. 그렇게 대상화된 작품은 서구인 폴 자클레가 일본의 예술 방식으로 구성한, 즉 양자에 의해서 제약받는 아시아인들의 '이미지'일뿐 그 너머의 아시아인(조선, 중국 등)의 '삶'이라고 할 수는 없다. '삶'이란 아마도 누구도 미처 알 수 없는 것이었을지도 모르겠다. 하지만 조선(아시아)의 지식인들은 폴 자클레의 작품 혹은 그 외 유사한 담론들을 통해서 "조선(아시아)을 마치 낯선 타자들로 가득 찬 외국문화처럼 새로운 눈으로 보게"[1] 되며 그처럼 시각화된 것 혹은 조선(아시아)을 둘러싼 담론에의 종속화를 통해 자기를 형성한다.

이 글의 주요 관심사는 근대 동아시아 지역 내 조선인 담론, 특히 중국에서의 조선인 담론이다. 동아시아 지역은 자본주의 세계 경제 체제에 편입되면서 서구의 아시아인식(=오리엔탈리즘)에 종속됨으로써 주체화의 과정을 겪었다. 게다가 동아시아 지역에서는 가장 먼저 근대화를 이룩하여 제국의 길로 나아간 일본이 식민지배를 구상했던 '식민정책학'으로 대표되는 '일본의 오리엔탈리즘'이 지역 내에 유포되면서 아시아인식에 상당한 영향을 미쳤다. 일본은 조선을 포함한 아시아라는 공간을 정치적, 지적으로 지배하고자 하면서 식민 정책학이라는 새로운 디시프린discipline을 만들어 내고 이를 통해 조선 및 아시아의 "공간을 구획하고 그 내부를 인식하는" 일에 적극적으로 나섰다. 이렇게 만들어진 지적 결과물들은 아시아 각국으로 유포되어 담론의 장을 지배하였는데, 그것을 동아시아 내 조선인인식만큼 확연하고 명확하게 보여주는 것은 없을 것이다.

그런데 근대 중국지식인들의 대對조선인식에 관한 지금까지의 연구들을 살펴보면 아래와 같은 몇 가지 특징을 발견할 수 있다. 중국에서 한국 혹은 한국인론은 최근에 한국 경제 발전의 요인 분석의 일환으로 다루어지는 연구들이 주류를 이루고 있는 듯하며,[2] 근대 중국인의 조선인식에 대한 연구는 중국에서는 별로 행해지지 않았다. 우선 주로 한국의 학자들 혹은 중국학자가 한국의 연구비 지원을 통해 실상이 어떠했는가를 규명한 연구들이 있다.[3] 그리고 중국이 "근대 세계 시스템, 즉 주권국가로 구성된 국가 시스템이 정치적 틀로 되어 있는 자본주의 세계경제체제"로 편입되면서 전통적 동아시아 세계질서의 사상적 근간을 이루고 있다고 믿었던 중화사상의 변용에 직면하는데, 이 변용 속에서 종번宗藩관계에 있던 조선에 대한 이해가 어떻게 변화되었는가 고찰하고자 하는 시도가 있다.[4] 또한 조선에 대한 인식을 중화사상의 변용과의 연관 속에서 '근대성' 관련 담론으로 이해하고자 한 연구[5]와 량치차오梁啓超와 황옌페이黃炎培 등 당시 중국사회에 영향력 있는 인물의 조선(인)인식에 대한 연구가 있다.[6]

이 글은 선행연구로부터 받은 풍부한 시사를 토대로 당시 중국지식인들이 조선에 대해서 논하는 것이 지닌 의도와 이를 통해 무엇을 강화시키고, 무엇을 드러내 보이고자 한 것이었을까 하는 의문들에 좀 더 다가가고자 한다. 당시 중국지식인들이 조선(인)에 대해 논한 내용들을 살펴보면 다음과 같은 특징을 엿볼 수 있다. 우선 중국의 근대사회(자본주의 세계경제체제)에의 편입과정 속에서 조선(인)을 논하고 있다. 무엇보다도 중요하게 인식되었던 민족의식(국민의식) 형성의 필요성 속에서 조선(인)이 다루어지고 있으며, 중화사상의 변용의 한 양태로써 조선(인)론이 있는 듯하다. 다음으로 사회진화론의 강한 영향 속에서 반면교사로서 조선(인)이 논해지고 있다. 마지막으로 일본의 식민정책학이 창안해 낸 오리엔탈리즘의 유포를 보여주는 조선인론이다. 이러한 특징을 통해 당시 대조선인식의 함의를 살펴볼 수 있을 것 같다.

두아라Duara는 서구 철학이 '역사'를 통해 세계 지배의 정당화와 그것의 '보편화'를 통해 '타자'를 전유하고 하위 지식체계로 만드는 지식을 생산해 내었다고 하였다. 그런데 이를 내면화하여 아시아에 대한 식민을 추진했던 일본은 '동양사'를 만들어내어 '스스로를 표상 = 대표할 수 없는 "동양인"'을 대신하여 동양에 대한 지식을 생산해내었다. 그렇게 생산된 지식체계는 동아시아 지역 내에서 강력한 힘을 발휘한 듯 보인다.[7]

2. 중화사상의 변용과 조선

19세기말 20세기 초는 중국의 격변기로 정치구조와 사회구조에 중요한 변동이 일어난 시기이다. 이 시기 중국을 뒤흔든 변동의 근간에는 무엇보다도 "국민국가를 단위로 한 세계경제체제"로의 반강제적 편입이 있다. 다민족, 다문화를 포함하는 세계 제국이었던 청조는 판도版圖에 대한 지배 양식을 변질시켜야만 하는 상황에 놓이게 되었다.

'세계체제'로 편입되기 전 중국은 고도의 문명을 자랑하는 '중화'와 그 문명을 추앙하는 '이적'과의 사이에 세워진 조공관계를 토대로 한 '(동아시아) 세계질서 = 중화세계'를 기반으로 대외관계를 맺고 있었다. 청조의 경우 중국 역사상 최대의 판도를 그 지배 아래 두었지만, 근대 '국민국가'의 영토처럼 절대적 경계선(국경)으로 구획된 영역 내부를 예외 없이 균질적으로 지배한 것은 아니었다. 청조는 명확한 국경의식 없이 중앙과 지방의 개념이 지배적이었다. 몽골, 티베트西藏, 신장新疆에는 번藩(일종의 자치구)을 설치하고, 소수민족의 거주지에는 토사土司를 두어 간접적으로 통치한 것이다. 게다가 조선, 류큐, 샴 등 조공국에 이르기까지 주변으로 느슨하게 확산되는 지배구조를 이루고 있었다. 조공국에는 영국도 포함되어 있어 청조의 지배는 표면상으로는 전 세계에 미치고 있었다. 따라서 청조의 경우 국내와 국외의 경계선은 존재하지 않았고, 우수한 문명을 지닌 중화와 아직 문명이 미치지 않은 오랑캐의 구별만 있었으며, 화이의 구별조차도 명확한 경계선 없이 시대적 상황에 따라 개방성과 배타성을 동시에 지니고

있었을 뿐이다.[8]

19세기 말 청조는 이와 같은 화이관을 바탕으로 한 일원적 세계관(=중화사상)을 변용시키지 않으면 안 되는 상황에 놓이게 되었고, 변강판도 지배를 중앙의 권력이 예외 없이 균질적으로 침투해 가는 근대국가의 영토지배 방식으로 재편하고자 하였다. 또한 중국-비중국의 이원적 구조를 '중국'이라는 틀 아래로 일원화하고자 했는데, 이때 "중국으로 어디를 유지할 것인가?" 하는 문제가 '해방-새방海防-塞防논쟁'으로 나타났다. 범위 선정은 일본 등 제국주의와의 길항관계와 중국관료(지식인)들의 실질적 능력에 따라 영향을 받을 수밖에 없는 유동적 상황이었다고 할 수 있다. 여기에서 살펴보고자 하는 당시 중국지식인들의 대조선인식은 내외적 상황에 지대한 영향을 받으며 변용되는 중화사상의 양태를 드러내 보여주는 결절結節이라고 할 수 있다.

주지하는 바와 같이 만주를 발상지로 한 청조는 건국 초기부터 이른바 용흥지지龍興之地의 안전과 방위를 위한 조선반도의 전략적 중요성에 대해 매우 예민하였다. 근대에 이르러 조선반도에 대한 서방・러・일의 위협이 증대됨에 따라 조선에 대한 청조의 관심은 주로 북양대신北洋大臣 이홍장李鴻章이 피력하였다. 대만출병 등 일본의 침략적 팽창주의가 노골화됨에 따라 이홍장은 일본의 다음 목표가 한국이라고 예측하고 총리아문에 보낸 서함에서 일본이 조선 "침략을 강화하면 동삼성의 근본중지根本重地가 울타리를 잃는 것으로 순망치한의 우려가 있어 그 후환은 이루 다 말로 할 수 없다"라고 하였다. 이홍장은 또 러시아의 동진東進・남진南進정책에 의해 조선이 침략당할 경우에도 비슷한 상황에 놓일 것으로 보아, 러시아가 만약

"조선을 합병한다면 곧 우리 동삼성東三省의 등을 때리는 것으로 중국을 불안하게 할 것"이라고도 하였다. 이는 조청관계 = 순치상의脣齒相依로 보아 조선의 안전을 동삼성의 안전, 나아가서는 중국 전체의 안전과 직결해서 생각하고 있었음을 보여주는 것이라 할 수 있다.

이러한 문제의식은 당시 언론의 사설에서도 적지 않게 보이고 있다. 다음은 1894년 7월 4일자 『申報』에 실린 사설의 내용이다.

> 고려의 영토는 비록 작으나 형세를 말하자면, 실로 중국의 울타리 이면서, 일본의 울타리가 된다. 저들은 옆에서 호시탐탐 오랫동안 기회를 노렸고, 이미 별의별 궁리를 짜내 목적을 이루기를 희망하였다. 중일 양국은 서로 밀접한 관계, 순망치한의 관계를 마땅히 고려해야 하고, 아무런 일이 없을 때에는 서로 국교를 공고히 하여 상대에 대한 속임이 없어야 하며, 유사시에는 함께 협력하여 외국의 침략과 압박에 항거해야 한다. 이와 같은 후에야 고려가 안정되고, 고려가 안정되어야 동방의 전체 정세가 보장될 수 있다.

이홍장은 이러한 순망치한적 상황의 유지를 통한 자국의 안전을 꾀하기 위해 조선에 대해 서방열국입약권도책西方列國立約權導策을 채택한다. 이는 근대국제법질서(조약체제)에 조선을 편입시켜 서방제국의 경제적 이권을 조선 안에 조성하게 하고, 일본과 러시아의 일방적 침투를 막아 조선에서의 세력균형을 이루자는 구상이다. 이는 중국의 전통적 대외정책인 이이제이以夷制夷책략과도 부합하는 것으로, 그는 조선이 '친親중국, 결結일본, 연聯미국'하여 자강을 도모해야 한다고 강조하였다. 이러한 상황에서 황준센黃遵憲의 『조선책략朝鮮策略』이 씌어졌으며, 이로부터 강한 영향을 받은 고종은

1882년 5월 '조미수호통상조약朝美修好通商條約'을 체결하였다. 조미조약이 조인된 후 1개월여 내에 영국·독일과도 조약을 체결하였고 또한 그해 10월 '조청상민수륙무역장정朝淸商民水陸貿易章程'을 성립시켜 일련의 조약체결로 서방에 문호를 개방하고 비로소 근대 국제사회의 일원으로 등장하게 되었다. 그런데 전통적인 조·청관계라면 보장되었을 내정·외교의 자주권이 무시되고 이홍장에 의해서 조약체결협상이 주도되었던 것은 '(동아시아) 세계질서 = 중화세계'의 붕괴와 근대세계로의 반강제적 편입 과정에서의 청조의 대응이라고 할 수 있다. 이에 대해 박명희는 "사대이례 자소이덕事大以禮, 字小以德"이라는 유교적 도덕에 입각했던 청조의 대조선 정책은 적자생존으로 표현되는 사회적 다원주의 가치관에 자리를 내어주어 외교적·전략적·경제적 특권과 이익을 추구하는 제국주의적 성격을 띠게 되었다고 하였다.[9]

그런데 1894년 청일전쟁에서의 청의 패배는 중화질서의 붕괴는 물론, 유지되고 있던 주변 조공국이 열강의 식민지로 전락하게 되는 단초를 연 일대 사건이라고 할 수 있다. 이는 또한 청이 조선에 대해 새롭게 구축하고자 했던 '근대적 속국화 정책'의 좌절을 의미하는 것이다. 이 시기는 조선에 대한 관심이 증폭되어 조선(인) 담론이 비교적 많이 보인 시기이기도 하다. 이 글에서는 이러한 중화세계 질서의 재편 과정 속 중국지식인의 조선(인)인식을 량치차오를 통해서 살펴보고자 한다. 왜냐하면 주변 약소민족이나 국가에 대한 인식은 중화주의로부터 근대민족주의로 이행하는 과도 시기의 중요한 사상적 자원이 되었고 학술적 가치가 있는 한국에 관한 저술은 근대 시기의 량치차오 등이 조선망국의 원인을 연구하면서부터 시작되었다[10]고 할 수 있기 때문이다.

당시 언론 매체 등에서 중국지식인들은 조선의 운명에 대해 비분강개하곤 했는데, 이는 식민–피식민의 세계 질서에 대한 분노라기보다는 속방의 상실, 즉 '순망치한脣亡齒寒'적 상황을 초래할 수밖에 없는 청조의 '무능'에 대한 분노이며, 중화제국 질서의 결정적 붕괴를 지켜봐야 하는 통한에 지나지 않는다.

량치차오는 『조선망국사략朝鮮亡國史略』(1904)에서 "이제 조선은 다했다. 지금으로부터 세계상에 조선의 역사는 다시는 없을 것이며, 오로지 일본의 한藩에 소속된 일부분으로서의 역사만 남을 것이다"[11]라고 탄식하였다. 량치차오는 이어서 이홍장의 외교 서한에서 느낀 상국上國의 위엄이 사라져 버린 안타까움에 대해 다음과 같이 언급하는데, 이는 그의 통한이 식민–피식민의 국제 정세에 대한 비판으로 연결되거나 이웃나라의 망국에 대한 동정이 아니라 중국의 속국 상실에 대한 비통함임을 엿볼 수 있다.

> 나는 오늘 수치스러움으로 말하고자 한다. 그리고 이에 대한 언급을 더 이상 참을 수 없다. 나는 오늘이 바로 중국이 조선을 보호할 자격의 위탁을 잃게 된 시점이라고 본다. 즉 광서 11년(1885) 중국과 일본이 텐진조약天津條約을 맺은 게 그 시점이다. (…중략…) 중국은 국제법상 속국에 대한 권리에 밝지 못하여 조선이 외국과 조약을 체결할 권리를 허용하고 일본에게 구실을 주었으며, 중일전쟁에서 일본은 대대적으로 열강들의 동정을 얻었다. 이른바 선 중국의 일대 착오이다.[12]

이어지는 글에서도 조선이 독립자주국임을 인정함으로써 일본의 영향력이 증대된 것에 대해 우려를 드러내 보이고 있다. 그가 이 글을 썼던 시점은 아직 '대한제국'이라는 국가가 엄연히 존재하고 있던 1904년임에도 불구하고 조선의 '망국'을 기정사실로 다루고 있다는 점이 흥미로운데, 이는 량치차오에게 조선의 '망국'이란 독립된 국가의 주권상실이라기 보다는 중국의 '속방屬邦'이며 '하국下國'인 조선의 상실이라는 의미였음을 명확히 보여준다.[13]

또한 그는 일본이 조선을 어떻게 쟁취하였는가와 중국이 조선을 빼앗기게 된 실책에 대해서 각각 『일본병탄조선기日本併呑朝鮮記』(1910)와 『조선대어아국관계지변천朝鮮對於我國關係之變遷』(1911)에서 아주 자세하게 묘사하고 있다. 그는 중국의 외교미숙이 속국 상실을 불러왔으며, 명성황후시해사건을 일으키는 등 목적을 위해서 수단과 방법을 가리지 않는 일본의 집요함이 일본의 조선 획득을 가능하게 한 요인 중 하나라고 말한다.

이러한 대조선인식의 근저에는 량치차오의 조선에 대한 역사관이 있는데, 그는 『일본병탄조선기』에서 조선은 "옛 부터 우리에게 속해있었으나, 한漢 나라만이 군현을 두었고 이후에는 기미羈縻정책" 안에 머무르고 있었다고 본다. 그는 조선의 역사를 "중국에 속했던 시기, 독립기, 일본에 속했던 시기, 일본에 합병된 시기"로 나눔으로써 조선 역사의 자주적 측면을 부정하였고, 나아가 중국과 일본 양국이 조선을 두고 다툰 기원이 임진왜란이라며 다음과 같이 이야기 한다.

> 명明나라 신종神宗 만력萬曆 시기 일본에 도요토미 히데요시豊臣秀吉란 자가 있었는데 웅대한 지략이 그들 역사에서 드물게 보이는 바였다. 그가 일찍

이 크게 들고 일어나 조선을 정벌하고 거의 멸망시킬 뻔했으나, 우리의 원조로 겨우 피할 수 있었다. 일본이 우리와 조선을 두고 다툰 것은 실로 이로부터 시작이었다. 아직 우리 조정이 흥기할 때 조선은 공순하여 가장 앞서 신하로서 복종하였으며 (…중략…) 일본은 도쿠가와德川가 정권을 잡고 문교文教에 전념하여 밖의 일에 관여하지 않자 조선은 문을 닫고 즐거워 한 지가 삼백년이 되어 풍속은 날이 갈수록 각박해지고 정치는 날이 갈수록 문란해져서 그 형세가 스스로 존립할 수 없게 되었다.[14]

량치차오는 사회진화론의 영향을 강하게 받아 역사가 단선론적으로 발전한다고 파악했다. 즉 "가장家長주의 시대 →추장酋長주의시대 → 제국주의시대→ 민족주의시대→ 민족제국주의시대→ 만국대동주의시대"로 발전한다고 파악한 것이다. 현재의 서구는 민족주의에서 민족제국주의시대로, 아시아는 제국주의에서 민족주의시대로 이행되고 있다고 하였다. 그는 '멸만흥한滅滿興漢'의 기치 아래 청조타도를 외쳤던 혁명파의 주장을 '소민족주의'라고 비판하면서 중국이 서구와 같이 민족제국주의로 나아가기 위해서는 한족을 포함해 '대민족주의'로 나아가야 한다고 주장하였다.[15] 즉 량치차오는 서구와 일본을 포함한 제국주의 열강의 식민주의를 중국이 나아가야할 방향으로 보고 있었던 것이다. 그런데 국민국가를 단위로 한 세계경제체제로의 편입과정에서 그의 '민족 제국주의'라는 관념은 전통적인 중화사상에 근거한 '천하관'을 계승하고 있는 것처럼 보인다. 이때 그의 조선(인)인식은 민족제국주의 단계로 나아가지 못하고 제국주의시대에서 민족의 시대로 나아가는 단계를 보여주는 예증으로써 논해지고 있다. 다시 말하면 근대 중국에서 조선(인) 인식은 열등 종족에 대한 전통적인 중국적 개념(= 중화주의)에 종족 및 민족의 상하 위계에 관한 새로운 국제 질서 개념을 접목시킨 예라고 볼 수 있다.

3. 사회진화론과 조선인 담론

중국인들의 일원적인 중화사상은 19세기 이후 서구 열강의 침략과 일본과의 전쟁 등으로 인해 서서히 변화하기 시작했다. 즉 '중국'은 더 이상 세계의 중심으로 위치하고 있는 것이 아니라 많은 나라 중의 하나에 불과하며 세계는 서로 다른 문화를 가진 각국이 서로 경합하는 다원적인 공간이라고 여기게 된 것이다. 그런데 당시 중국 지식인들은 각국이 서로 경합하는 다원적 공간을 '우승열패優勝劣敗의 공리公理' 즉 사회진화론이 작동하고 있는 '장'으로 인식하고 있었기 때문에, 그 속에서 도태할 수도 있다는 위기의식이 강하게 지배하고 있었다. 사회진화론은 한 인종의 민족이 되기 위한 정당성이 '역사'적 진보에 부합하느냐의 여부에 온통 달려 있는, '역사'와 민족과 인종에 관한 폐쇄적이고 상호규정적인 담론이다. 사회진화론의 문화적 혹은 인종적 전형화(후에는 피식민지인들 스스로 국민성의 문제로 제기)는 외부로부터 계몽의 필요를 만들어 내는 경향[16]이 있다. 조선인(혹은 중국인)의 성질에 대한 논의의 많은 부분이 중국인이 직접 제기한 것이 아니며, 그 내용은 물론이고 주요 개념어 역시 일본문장의 번역을 통해 소개된 것이라는 사실이 이를 잘 뒷받침해준다.

18세기 후반 블루멘바흐J. F. Blumenbach의 5분류법(코카서스 = 백색 / 몽골 = 황색 / 에티오피아 = 흑색 / 아메리카 = 적색 / 마레 = 황갈색) 이래 인류를 인종분류로 이해하고자 하였고 이것이 열강에 의한 식민지주의, 제국주의 침략의 요청으로부터 사회진화론적 사고로 서열화한 인종분류관이 되었다. 19세기 후반에는 서열화한 인종분류관이 유럽에 보급되고, 개국으로 향하고 있던 일본에도 전해졌다. 중국에서도 그러한 인종분류관을 받아들임으로써 '백이白夷'와 '흑이黑夷'를 동등하게 보지 않고 서열화, 차별화하기 시작했다.[17]

19세기 말 20세기 사회변혁의 시대에, 중국에서도 변화를 진보로 이해하는 이론이 요구되면서 모든 진화론이 도입되기 시작했다고 할 수 있다. 특히 1895년 청일전쟁에서의 패배는 연해 도시부의 지식인들에게 커다란 불안을 안겨줬다. 이때부터 우승열패, 스펜서가 말하는 '적자생존'에 의한 사회진화론이 급속히 수용되어갔다. 사카모토板本는 탄쓰통譚嗣同이 특정 인종을 낙오자로 소외시켜 '백종'을 의식하였다고 하면서 '황종'은 황종일 수 있는 자기인식의 양태를 드러냈다고 하였다. 아시아에서는 유럽의 노예가 되는 것을 피하기 위해 황종 중에서도 우열을 경쟁하여 열등자를 만들어 내면서 자기를 형성해나가는 경향이 있었다.

이 글에서 살펴볼 량치차오는 소멸하는 민족에 대한 동정심을 표시하면서도 우승열패의 진화론을 숙명으로 받아들였다. 당시 중국의 지식인은 황종 중에서의 우열을 겨루면서 특정 민족(조선)을 낙오자로 소외시켜 '일본'을 의식하였는데, 이는 '중국인'이 중국인일 수 있는 자기인식의 양태였다고 할 수 있다. 량치차오는 사회진화론적 세계 속에서 국민을 창출한다는 점에서 돌출적으로 의식적이었다고 하겠는데, 그가 「논불변법지해論不變法之害」(1896)를 쓴 이후부터 사회진화론적 세계를 인식함에 있어 타국, 타민족을 정면 내지 반면교사로 삼는 내셔널 아이덴티티 형성이 진행되고 있었음을 알 수 있다.[18]

그가 논한 조선에 대한 글들을 살펴보면 조선멸망의 원인 등을 분석하여 조선을 반면교사로 논해 중국의 귀감으로 삼고자 하였음을 알 수 있다. 예를 들면, 량치차오는 『조선망국사략』에서 "저자가 본 논문을 서술하면서 원래 최근 2개월 동안 조선에서 일본의 거동에 대한 감상을 상세히 기록하여 우리나라의 귀감으로 삼고자 하였다"[19]라고 말하였다. 또한 정반양면 교사로 삼아야할 타국, 타민족의 추세로부터 량치차오가 배운 것은 '우승열패優勝劣敗의 공리公理'였다. "우승열패의 공리에 의해서 열종劣種은 우종優種에게 침략 병탄되고 매일 침식되어 멸망에 이르렀다. 이렇게 세계로부터 그러한 종족은 점차 자취를 감추었다"[20]는 말은 그것을 입증한다.

이처럼 생존경쟁설이 흥성하면서 인종의 흥망성쇠는 더욱 명확해졌으며, 나아가 당시의 중국에서 사회진화론적 수사를 진화의 시대를 헤쳐 나가는 동력으로 전환시키기 위해서는 하나의 주체, 즉 구체적인 '역사'의 주체를 설정할 필요가 있었다. 당시의 세계 질서 하에서는 그것이 바로 국민국가일 수밖에 없었다. 따라서 정치적 무대에서는 서로 반대편에 있던 개혁파 량치차오와 혁명파 이론가 왕징웨이王精衛도 사회진화론과 관련된 국제적 담론에서 얻은 재료로 새로운 민족적 주체를 세워나갔다.

사회진화론의 중국 유입이 국내에서의 민족적 주체를 세우고자 하는 노력으로 이어지고, 이는 또한 타국, 타민족에 대해서는 '문화적·인종적 전형화'로 이어진다. 이것이 두아라Duara의 이야기처럼 피식민지 사회에서는 '국민성'의 문제로 제기된다. 게다가 인종의 차이뿐 아니라 '황종黃種' 내의 우열의 차이로 자신의 보전을 꾀하기 위해 중국의 지식인들이 받아들인 사회진화론은 조선, 베트남, 인도 등의 국민성의 열등성을 제시하는 기제가 된다. 그럼으로써 이들 국가의 도태를 당연시하게 되기 때문에 조선은 중국의 내셔널 아이덴티티 형성을 위한 '살아있는' 교훈이 된다. 따라서 량치차오가 분석한 조선 멸망의 주요 원인은 바로 조선의 국민성 이야기가 된다. 그 예를 들어보면 다음과 같다.

> 일본 메이지 신정부가 건립된 날은 바로 조선에서는 대원군이 전제정치를 하던 시기이다. 대원군 이하응李昰應은 조선왕 이희李熙의 생부이다. 왕이 어린 까닭에 왕을 대신해 섭정을 하였다. 그 사람됨이 간교한 술책에 능란하고, 일을 벌이는 것을 좋아하고 일정한 계획이 없다. 성정이 잔혹하고 교만하며, 마음이 유약하고 의심이 많은 것이 진실로 조선민족의 대표적인 성질을 지니고 있으며 (조선을) 어지럽게 하여 망하게 한 장본인이다.[21]

이 글은 조선 멸망의 원인으로 위정자 이하응의 정치적 책임을 묻는 것이 아니라 그의 성정이 지니고 있는 문제점을 제기하고 있다. 다음의 글에서도 이와 유사한 특징을 발견할 수 있다.

> 이른바 '양반'이라는 자들이 있어, 나라 속의 정치, 사회, 생계상의 세력으로 모두 농단하는 바이나. 양반이 아니면 관리가 될 수 없고, 양반이 아니면 학업에 종사할 수 없으며, 양반이 아니면 사유재산을 안정적으로 가질 수도 없다. 이에 대해서 질의를 하니 조선이라는 나라 안에서 자유의지가 있고 독립

된 인격을 지닌 자는 오로지 양반뿐이다. 그런데 양반이야말로 만악萬惡의 집합체이다. (…중략…) 인민은 금수와 같아 인민의 생명과 재산은 터럭만큼도 법의 보호를 받지 못한다. (…중략…) 따라서 조선에서 관리가 되는 것은 가장 유리한 영업이 되고 (…중략…) 관리가 되고자 하는 자의 수가 관리 수를 넘어서니 (…중략…) 조선은 붕당이 많고 음모를 좋아한다.[22]

위의 조선 멸망을 초래한 대원군의 성질은 조선민족의 특성(민족성)를 보여주는 대표적 사례가 되고, 조선에서 유일하게 '자유의지'와 '독립적 인격체'를 지닌 양반의 특질 역시 조선민족성으로 치환된다. 그리고 바로 그러한 특성을 조선 멸망의 중요한 원인으로 꼽는다. 조선민족성의 전형적 모델로 대원군과 양반이 선택되었다고 할 수 있다.

그는 이어서 외국에서 유학한 한국의 지식인들이 국가와 민족을 위한 노력보다 자신의 입신출세를 위한 행위에 심혈을 기울인다는 비판을 한 후 다음과 같이 조선민족의 특징에 대해 논하고 있다.

무릇 전 세계에서 개인주의가 가장 발달한 나라로 조선이 그 으뜸이다. 조선인은 말하기를 가장 좋아하여 2~3인이 서로 만나면 온종일 끊임없이 떠들어 댄다. 조선인의 성격을 약간 아는 외국인은 그들이 말하는 것 속에 진심은 결코 하나도 없다고 말한다. 조선인은 쉬이 화를 내고 일을 벌이는 것을 좋아하고 한번 모욕을 당하면 팔을 걷어붙이고 분기하지만, 그 화는 한 나절도 안 가 가라앉는다. 일단 가라앉으면 이미 죽어 뻣뻣해진 뱀처럼 조용한 채 건드려도 꼼짝하지 않는다. 조선인은 장래에 대한 관념이 박약하여, 백성들은 일단 배만 부르면 서로 삼삼오오 모여 차를 끓이고 나무 그늘에서 쉬면서 하루 종일 담소를 나눈다. 내일은 어떻게 먹을 것을 얻을 것인가 계획하지 않으며, 유유자적함이 마치 태고적 사람처럼 편안하다. 관직에 있는 자들도 그와 같아서 단지 오늘 관직에 있어 권세가 있으면 내일 나라가 망해도 알 바가 아니다. 그러므로 일본이 통감을 설치한 이후에 사람들은 모두 조선의 운명이 조석에 달렸다는 것을 알고 있지만 조선인은 정작 아는지 모르는지 나는 감히 말하지 못하겠다. (…중략…) 이번 합병조약 발표에도 주변국 사람들은 그들을 위한 눈물을 주체할 수가 없는데, 조선인들은 스스로 얻는 것을 기뻐하며 고위관리들은 날마다 운동하며 새로운 조정의 영광스런 작위를 얻고자 분주하고 기뻐하며 즐거워한다.[23]

이와 같이 조선민족성에 대한 비판적 서술 후에 량치차오는 민족성과 국민성의 개조 없이 민족의 생존은 불가능하다는, 즉 계몽의 필요성을 말하고자 한다.

미산 소씨가 말하기를 육국六國을 멸한 자는 육국이며 진秦이 아니며 진을 멸족시킨 것은 진이지 천하가 아니라고 했다. 일본이 비록 남의 나라를 꾀하고자 하는 모의를 마음에 켜켜이 쌓아 두고 있었을 지라도, 또한 일본이 비록 정기를 키우고 기세를 갈고 닦아서 다른 나라를 망하게 할 만한 실력을 키웠다고 할지라도 어째서 다른 나라를 꾀하지 않고 오로지 조선을 꾀했는가. 다른 나라는 망하지 않고 오로지 조선만 망하였는가. 조선이 망하는 길을 취하지 않았더라면 그들이 어찌할 수 있었겠는가. (…중략…) 따라서 조선을 망하게 한 것은 조선이다.[24]

이렇게 생존경쟁, 우승열패의 진화론의 응용으로 만들어지는 민족주의는 각 민족(인종)에 대한 순위, 차별을 만들어 내었으며, 열등민족(조선)이 우등민족(일본)에게 침략 병탄되는 국제정세는 어떤 의미에서 아주 당연시되었다고 할 수 있다. 즉 량치차오에게 있어 조선(인)론은 우승열패의 공리가 지배하고 있는 국제사회에서 사라져가는 열국劣國의 특성을 보여주는 예로서 거론된 것이라고 할 수 있다. 그는 하나의 유기체로서 생존경쟁의 단위로서의 '군 = 중국'이라는 주체를 형성코자 하였다. 그리하여 단결하여 생존경쟁에 이기기 위해서 중국국민이 지녀서는 안 되는 특성 즉 개조해야할 '국민성'의 표본으로 조선(인)을 다루고 있다고 할 수 있다.

4. 일본 오리엔탈리즘과 조선(인) 인식

동아시아의 근대적 재편과정에서 모델로 떠오른 일본을 모방, 학습하는 과정에서 일본의 오리엔탈리즘이 당시 중국지식인의 조선인식에 어떤 식으로 반영되는지에 관해서는 황옌페이黃炎培[25]의 『조선朝鮮』을 통해 확인해 볼 수 있다.

야마무로 신이치山室信一는 일본의 국민국가 형성은 '서구의 충격'과 그에 대한 대응으로 파악할 수 있지만, 국민국가가 주권국가이고 영역국가라는 본질적인 성격으로 인해 중국이나 조선에 국민국가 형성을 촉진하여 근대 동아시아 세계 질서를 출현시킨 것은 바로 '일본의 충격'이었다고 말한다. 왜냐하면 근대 이전까지 그 범위도 막연하고 영속성을 띠기도 했던 경계영역을 하나의 선을 그어 귀속을 명시하는 국경으로 구분함으로써 주권국가가 성립하는 이상, 그것은 필연적으로 인접한 정치 사회 권역들이 서로 대립하고 경합할 때 가장 강하게 의식되기 때문이다. 그리고 또한 지역 내에서 달성된 국민국가 형성(일본)의 우위성과 필연성이 증명되기만 하면 위험성을 감수하지 않아도 되고 비교적 비용이 덜 드는 모델로서 다른 국가들의 주목을 받아 지역 내에서 막강한 영향력을 발휘하기 때문이다.[26]

그런데 중화제국과의 상호관계로 존재해 온 동아시아 지역질서를 붕괴시키고 동아시아 세계를 재편해야 했던 일본은 지역 내에서 헤게모니적 힘을 행사하기 위해서 상당히 고심하지 않을 수 없었다. 즉 일본은 트라우마가 되어버린 서구의 지리적 폭력에서 벗어나면서 동시에 아시아 각국에 대해 오리엔탈리즘의 헤게모니적 힘을 행사해야만 했다. 아시아와의 권력관계, 지배관계, 그리고 다양한 헤게모니 관계는 19세기 이래 서구 제국주의에서는 볼 수 없었던 전방위에 걸친 집약적인 방사형 식민지제국의 구조로 변화해 갔다. 이 과정에서 아시아의 지정학적인 지식은 학술적, 경제학적, 사회학적, 역사적, 민족학적, 문헌학적인 텍스트로 배분되어 학문적 발견이나 문헌학적 재구성, 심리학적 분석이나 지지地誌, 사회지의 기술 등을 매개로 정치화精緻化해 갔다. 특히 타이완과 조선이 식민지화된 이래 아시아와 관계된 제 현상은 이데올로기적으로도 하나의 양태를 지닌 언설로서 다양한 제도, 어휘, 학식, 형상, 신조, 나아가 식민지 관료제와 콜로니얼 스타일에 지탱되면서 '생산적'인 지知와 권력의 편성형태를 만들어 왔다. 그 중에서도 식민정책학과 같은 디시프린은 '객관적이고 중립적인' 학술, 즉 전문적인 언설 체계로서 식민지

지배의 제도와 실천에 깊이 관련되면서 침투성 있는 권위를 지속적으로 유지해 왔다.[27]

'일본적' 오리엔탈리즘의 지知적 지배는 아시아를 자국 본위의 '규율 = 훈련 질서의 분류체계' 속으로 봉합하고자 한 시도로 상당부분 성공적이었다고 말할 수 있으며, 근대 이후 2차 세계대전을 거쳐 지금까지도 학문적 인용 속에서 지속성을 유지하고 있다. 황옌페이의 『조선』은 당시 일본의 지적 지배가 어떻게 이루어지고 있었는가를 잘 보여주는 실질적인 예가 된다.

황옌페이는 '농촌교육과 경제 고찰' 그리고 '제국주의의 통치를 받고 있는' '약소민족'의 '실상을 깊이 있게 살펴보기' 위해 1918년 7월에 중국 동북3성과 조선을 처음으로 돌아보았으며, 1927년 10월에 1개월 정도 서울, 인천, 수원, 평양 등 여러 지역을 여행하였다. 그 결과물을 정리하여 1929년 상해의 상무인서관商務印書館에서 『조선』을 출간하였다. 이 책은 서언과 조선의 화교 현황을 정리한 부록 외에 총 네 개의 장으로 구성되어 있는데, 조선의 자연적 조건, 역사, 그리고 현재 조선의 행정, 경제, 산업, 교육, 사법 등의 상황, 조선인의 체력, 지력, 언어, 예술, 도덕, 종교에 이르기까지 당시 조선에 대한 지식을 총 망라하여 논하였다고 할 수 있다. 이 때문에 '근대 중국 최초의 체계적인 한국개설서'로 손색이 없다는 평을 받기도 한다.[28] 그는 『조선』을 집필하기 전 국민당 정부의 체포령을 피해 따렌大連에 머물며 남만주철도주식회사 부속 따렌도서관에서 조선을 사전 조사한 것에 대해 다음과 같이 서언에서 서술하고 있다.

> 먼저 연구한 다음에 가서 고찰하기로 결심하였다. 따렌 도서관은 남만주철

> 도주식회사南滿洲鐵道株式會社의 부속사업 중 하나이다. 그곳은 조선과 만주, 몽고의 도서를 풍부하게 소장하고 있다. 나는 이도형李道衡의 소개를 받아 한漢학자 마쓰자키 쓰루오松崎鶴雄를 알게 되었으며, 관장 가키누마 스케柿沼介를 소개로 만나 특별열람권을 받았다. 이 열람권은 남만철도 직원만 가지고 있는 것으로 서고에 들어가 도서를 검색할 수 있고 자료를 밖으로 가져갈 수도 있어서 너무 고마운 일이다. 이로써 안심하여 객이 되고 매일 도서관에서 조선 도서를 검색하여 마음대로 읽을 수 있었다. (…중략…) 다음으로 조선 본국의 사서, 조선 역년 고적조사보고, 조선 정부 역년통계 및 보고朝鮮今政府歷年統計及報告 등의 책을 읽었다. (…중략…) 조선 역사학자인 이나바 이와요시稻葉岩吉의 소개를 통해 여러 학자를 알게 되었다. 그리고 정부기관은 종종 편리조건을 제공하였는데, 각종 도서를 증정해주었고 관원을 가이드로 파견해주었다.[29]

위의 문장에서 특히 주목되는 부분은 황옌페이의 연구자료의 원천이 남만주철도주식회사가 부속사업으로 운영하는 따렌도서관과 역사학자 이나바 이와요시稻葉岩吉라는 사실이다. 1906년에 설립된 남만주철도주식회사의 당시 총재였던 고토 신페이後藤新平는 조사활동을 중시하여 1907년에 조사부를 설치하였다. 그는 자신의 조사활동을 중시하는 자세에 대해 '문장적무비文裝的武備'라고 명명하고, 이를 "문치文治 시설로 다른 침략에 대비하여 일단 유사시에는 무단적 행동을 도와줄 대책을 강구해 두는 것"이라고 하였다. 이를 통해서도 명확히 알 수 있듯이 그의 조사기관 설치와 조사활동은 모두 식민지 지배의 수단이었음은 두말할 필요도 없을 것이다. 조사부에는 동아경제조사국東亞經濟調査局, 만주급조선역사지리조사부滿州及

朝鮮歷史地理調查部：歷史地理調查部, 중앙시험소中央試驗所, 지질조사소地質調查所 등이 있었다. 그 중 1908년 1월에 도쿄지사에 설치된 만선역사지리조사부滿鮮歷史地理調查部의 초기 멤버는 시라도리 고기치白鳥庫吉, 야나이 와타루箭內亙, 마쓰이 히토시松井等, 이나바 이와요시稻葉岩吉였고, 이후 이케우치 히로시池內宏, 쓰다 사우키치津田左右吉가 합류하였다. 1914년 1월 폐지된 후 사업은 도쿄제국대학 문과대학으로 이관되었고, 만철로부터 자금 제공을 받아 마쓰이 히토시, 이케우치 히로시, 쓰다 사유기치, 야나이 와타루 등에게 촉탁하여 조사를 지속하였다.

만선역사지리 조사부의 시라도리는 동양사학의 구축을 통해 "과학적 식민과 만선에 대한 지리적 폭력의 확대를 떠받드는 유력한 학문적 언설을 준비"했다. 동양사학이라는 학문적 언설은 일본의 제국제도나 식민지 제도에서 보이는 정치권력과의 다양한 교환과정 속에서 산출되어 반복 발전해 왔다. 게다가 중국사에서 조선사로 방향을 바꾼 이나바는 '만선사滿鮮史'를 주창하여 일본제국주의의 침략대상인 '만주'와 조선에 걸쳐 발생한 역사적 사상을 제시하였다. 그는 양 지역의 '불가분성'을 강조함과 동시에, 일반에게 그러한 사상의 보급을 꾀하였고, '조선민족의 발전'과 '선인애무鮮人愛撫'라는 논리에 의한 일본의 대륙침략을 정당화하는 것을 목적으로 삼았다.[30] 이로써 조선은 '만선滿鮮'이라는 지정문화적 이데올로기 속에 봉합되어 국민적 형태를 결락한 단순한 지리적 영역으로만 존속하게 된다.

이에 대해서는 황옌페이도 "보통학교와 초등학교의 지리수업에서 어찌하여 만주지리를 함께 수업하는가? 조선과 만몽문제를 연계하려는 야심가의 필설은 일일이 헤아릴 수 없을 만큼 많다"라며 일본의 야심이 만주와 몽골에까지 미치는 것에 대한 경계를 늦추지 않고 있다. 하지만 그에게 "(조선의) 흥성과 멸망은 우리 국민에게 고찰할 만한 본보기를 제공해 주기에 부족함이 없는" 것 그 이상도 이하도 아니었다.

그는 만선역사지리조사부에서 편찬한 『조선역사지리朝鮮歷史地理』(第1卷·第2卷, 南滿洲鐵道株式會社, 1913)를 인용하여 「제3장 과거의 조선 및 조선인」을 서술하고 있는데, 당시 만선역사지리조사부의 연구자들은 '만선사'라는 틀을 제시하여 조선사의 '자주적 발전'을 인정하지 않았으며, 단군신화에 근거한 '민족적 주장'에도 반대하고 있었다. 이는 일본인 연구자 대부분이 단군을 신화·전설상의 존재라고 보아 역사연구에서 다루는 것을 부정적으로 생각했기 때문이다. 또한 단군신화는 북방의 퉁구스계통의 신화로 오늘날 조선민족의 주류를 이루는 한족韓族의 신화가 아니라는 주장도 제기하였다.

황옌페이는 이러한 만선역사지리조사부滿鮮歷史地理調査部의 연구 영향을 강하게 받아 시라토리白鳥의 「만주지리 역사 연구 보고」 등을 인용하여 "조선에는 상고시대 단군 개국설"이 있다며, 이를 서술하고 있는 역사서 『삼국유사三國遺事』에 대해서도 논하고 있다. 그러나 그는 "『삼국유사』가 역사학적으로 가치가 없다고 할 수 없지만 단군에 관한 기록은 근거가 부족하다며", 조선 역사의 시기를 서술함에 "단군설을 빼고" 기자가 은殷으로부터 제후로 봉해진 것으로 시작되는 "한족개화시대, 삼국시대, 고려시대, 이씨조선시대"로 나누어 서술하고 있다. 또한 앞에서 조선과 만몽문제를 연계하는 것에 대해 경계하였음에도 불구하고 지석묘에 대한 서술에서 별다른 문제제기 없이 조선과 만주지역의 관련성을 주창하기도 했다.[31]

나아가 진구황후神功皇后의 신라정벌설과 임나일본부에 대해서 「일본의 남선경략南鮮經略」장을 두어 따로 논하고 있다. 또한 오다 쇼고小田省吾의 『이조정쟁약사李朝政爭略史』를 인용하여 조선왕조의 역사를 왕실내부의 권력투쟁으로 빚어진 이른바 '가난家難 · 당쟁黨爭 · 외환外患'으로 점철된 역사라고 폄하하였고, 식민화된 이후 조선인의 저항에 대해서도 일본제국의 입장에서 서술하기를 서슴지 않았다.[32]

제4장 '현재의 조선'과 제5장 '현재의 조선 사람'은 대부분 조선총독부 관계자들의 말 혹은 조선총독부 관보 · 통계를 인용하여 작성하였다. 때문에 연대는 대부분 예외적인 몇몇 경우 서기를 첨부하는 것을 제외하고는 일본의 천황연호를 사용하고 있으며, 조선인과 예술작품 등에 대한 평가도 상당히 평가절하되어 있다. 여기서 오리엔탈리즘이 '저작과 저작을 인용하는 시스템'으로 유포되고, 또한 '과학적 근거'로 제시됨으로써 유포가 확장되면서 지속적으로 영향력을 발휘하는 메커니즘의 한 단면을 엿볼 수 있다.

황옌페이의 『조선』에서는 '한일합방' 이후 조선총독부가 거둔 성과에 대해 탁월한 정치능력이라고 평가하고 있는데, 이에 대해 중국국민당 요원이었던 취루鄒魯는 일제식민당국의 안내와 그들이 제공하는 식민통치자료에 의거했기 때문이라는 반론을 제기했던 듯하다. 그러나 구체적으로 『조선』을 들어 조목조목 반론을 제기했던 것은 이시영의 『감시만어感時漫語—駁黃炎培之韓史觀』(1934)이다. 이시영은 당시 중국에서 항일운동에 힘을 쏟고 있었는데, 우연히 서점에서 이 책을 발견한 후 '거짓의 역사를 바로잡誣史辨正'겠다며 『조선』의 조선과 조선민족에 대한 기술을 항목별로 논박하였다.

이시영은 『조선』이 "일본 사람들의 저술을 참조하면서 꼼꼼히 살펴보지 않음으로써 그 진실을 잃게 되었다"라며 다음과 같이 논한다.

> 본의가 역사의 실상을 왜곡하자는 것은 아니었겠지만 결과적으로 오로지 일본을 대신하여 저들의 거짓된 인과 위선의 설을 선양하게 되었던 것이다. 특히 이상한 것은 우리나라의 고전을 조사하고 유풍遺風을 탐방하면서 어찌하여 은인문사들을 찾지 않고 일본 사람들의 일방적인 말에만 오로지 의존하였으니 그야말로 본을 버리고 말을 좇으며 사실을 버리고 그릇된 것만 입증하는 것이 되었다. 황씨가 참고로 사용한 소위 행정연감은 일본의 범죄행위 기록에 해당하는 책이었고 저들의 허상을 자랑하기 위한 비본秘本을 절세의 희귀본으로 알고 자랑하고 만족스러워 하는 것은 결국 일본사람들의 말투를 따라 한국을 모욕하는 셈이 된다.[33]

게다가 황옌페이가 중국의 고전들을 인용하면서 한반도 문화의 발전은 완전히 중국에서 기원하고 있다는 주장에 대해 "4천여 년의 유구한 역사 속에서 외국 이민족의 침략을 계속 당하여 화를 입었으니 어찌 통한스럽고 수치스러운 일이 아니겠는가! 따라서 역대의 경적과 문자 등이 입은 화禍도 한, 둘에 그치는 것이 아니다"[34]라며 반론의 어려움에 대해서도 토로하고 있다.

황옌페이는 조선인들은 "모방에 전력을 다하나 창조의 재능은 결핍되어 있"고, "허위가 많고 덕의심이 결여되었으며 애국심이 박약하고 허영이 있으며 나태하며 의심이 많고 잔인하다"라고 말한다, 또한 "2천여 년의 역사를 지닌 민족이 300여 년의 당쟁을 거친 결과, 나라는 있으나 자치가 어려우니 어떻게 군력群力을 말할 수 있겠는가"[35]라고 말하는 등 조선의 '민족성(국민성)'을 군력으로 승화시켜 국가를 건설할 수 있는 주체적 가능성에 대해 상당히 부정적으로 묘사한다. 이에 대해서 이시영은 다음과 같이 반론한다.

> 한편 사람이 혜민慧敏하고 우둔함이 각각 하늘로부터 타고난 자질이 다르므로 서로 같을 수가 없기 때문에 한 집안의 형제라도 판이하게 다를 수가 있는 것이다. 어찌 그뿐이랴! 시험 삼아 중국인에게 물어 보라. 기타의 인종에게도 물어보라. 동일혈족 안에서도 아주 판이하게 서로 같지 않고 차이가 뚜렷하지 않은가. 그렇거늘 황군은 도대체 어떤 법으로 해설했기에 이런 말을 하는가. 한국은 원래 대륙과 해양의 구별이 있다. 남쪽 해양성은 표정이 많은 편이며, 북쪽 대륙성 기질은 질박하고 돈후敦厚하다. 그러므로 그것을 가지고 지혜롭다거나, 우둔하다거나 할 수는 없는 것이다. 한국인의 혈통을 억지로 저 상고시대의 그것과 비교하여 탐구하는 것도 잘못이다.[36]

식민제국 일본이 자신의 정체성을 확립하기 위해 만들어낸 타자(조선인)의 표상체계(=조선학)를 액면 그대로 받아들여 논한 황옌페이의 주장에 대해 이시영은 이를 근간부터 부정하고 있으며, 또한 민족주의와 식민주의는 민족적 동일성의 욕망과 식민제국의 욕망이 반드시 서로 공모하는 것은 아니라는 가능성을 보여주고 있다. 기자조선부터 대원군 행정에 이르는 방대한 내용에 대한 이시영의 반론작업이 최소한의 연구조건도 갖추지 못한 타국생활의 상태에서 이루어졌다는 것은 스스로에 대해 이야기할 수 없었던 열악한 상황, 과학이나 근거를 정치하게 제시하기 어려운 물적 토대에 놓여있던 피식민지의 상황을 은유가 아닌 '현실'로 보여준 것이라 할 수 있다.

오리엔탈리즘의 '외재성'은 '객관적' 대상화를 행하는 관찰자의 특권적인 시점을 통해서 대상에게 강요된다. 이는 스스로에 대해 이야기할 수 없기 때문에 누군가가 표상(대표)해 줄 수밖에 없는 것이며 관찰자는 자유롭게 아시아(조선)라고 하는 무대에 그 구성 원리를 강요하면서 유포된다. 그렇기 때문에 『조선』에 비해 이시영의 『감시만어』는 훨씬 그 영향력이 미미할 수밖에 없었다.

5. 맺음말

근대 중국의 조선(인)담론은 조선에 관한 무엇을 '성실하게' 전달하고 있다기 보다는 당시 중국지식인이 무엇을 추구하고 있었는가를 보여주는 것이라고 할 수 있다. 근대 중국지식인들에게 조선(한국)은 "실패적 교훈, 거울", 즉 반면교사에 지나지 않았다. 국민국가를 단위로 하는 자본주의 세계경제체제에 타의적으로 편입된 중국은 중화사상 / 세계의 붕괴를 마지막 남은 '하국下國' 조선에 대한 종주권의 상실로 절감하면서 자의적으로 새로운 체제에 적응하기 위한 노력을 하는 쪽으로 방향을 전환하게 된다. 이때 중국인들의 전통적 '천하관天下觀'은 '만국萬國'의식으로 전환되는 듯하지만, "19세기 청말 중국 사대부의 천하관에서 만국은 오히려 '천하의 만국'으로 나타나고 중화는 여전히 천하에서 득수한 시위"[37]를 차시하고 있다는 지적처럼 전통적 중화사상을 계승하는 측면이 강하게 드러난다. 이는 대조선(인) 인식에서 확연하게 드러난다.

하지만 1894년 청일전쟁의 실패로 새로운 형태의 정치체에 대한 전망이 급박해지면서 중국의 지식인들은 '국민(민족)'이라는 집단적 주체의 형성을 통한 국민국가(민족국가)만들기에 매진한다. 이때 당시 서구에서 유행하던 사회진화론을 일본을 경유하여 수입하면서 '열종'의 퇴화와 '우종'의 진화 즉 '우승열패의 공리'에 집중하게 되고, 이는 중국지식인들에게 심각한 위기의식과 긴장감을 던져주었다. 이때 '열종'을 숙명적으로 결정된 것이 아니라 노력 여하에 따른 것으로 상정함으로써 '진화'의 노력이라는 긴장감을 유지할 수 있었다. 타국, 타민족을 노력이 결여된 반면교사와 정면교사로 분류하여 중국의 민족적 정체성을 형성시키고자 고군분투한 것이다. 반면교사로는 조선, 인도, 터키, 아프리카를 포함한 '국민국가' 창출에 성공하지 못한 나라들이 그 예로 들어지는데, 조선은 노력의 결여로 도태되는 본보기이며, 일본은 정면교사로 자신들이 열심히 배워야할 대상이 된다. 즉, 조선과 일본은 모두 중국을 비추는 거울이며 그 거울을 통해 자기 규정된 민족을 형성하고자 했다.

중국지식인의 대조선(인) 인식은 압도적으로 일본이 구축한 아시아에 대한 지식체계(=오리엔탈리즘)의 영향권 아래 있었다. 야마무로가 앞서 이야기했듯이 동아시아의 '국민국가형성' 모델은 '서구의 충격'을 통해 발 빠르게 변신에 성공함으로써 비교적 위험부담이 적은 효율적인 예증으로 제시된 일본이었다. 이때 일본이 식민지배의 확장과 공고화를 위해 발전시켜온 식민정책학, 즉 오리엔탈리즘은 저작의 인용을 통해 '과학성'이 보증되면서 지속적으로 영향력을 발휘하게 된다. 중국인들이 제기한 중국인의 성질에 관한 논의와 중국에서 소개되고 있는 조선인에 대한 논의 대부분은 그 내용은 물론이고

주요 개념어까지 일본문장의 번역을 통해 소개된 것이라는 사실이 이를 명징하게 보여준다.[38]

결론적으로 근대 중국에서 중국지식인들이 제시한 조선인 담론은 당시 중국이 격변하는 국제정세에 대응하기 위한 사상적 자원이었다. 국제 사회의 냉엄한 현실 속에서 자구책 강구를 위한 반면교사의 예증에 지나지 않았던 것이다. 그들은 당시의 세계정세를 비판적으로 바라보기 보다는 있는 그대로의 현실로 받아들여 자국 강화를 위한 사상적 자원으로서 조선(인)에 대해 논하고 있음을 알 수 있다.

20세기 초 중국지식인의 국민성 인식*

이준태李俊泰

1. 들어가며

신해혁명辛亥革命으로 역사상 최초의 공화국을 수립한 중국사회는 서구문화의 유입으로 인해 복잡한 사회변화에 직면하게 되었다. 중국사회는 장구한 역사로 인한 문화적 뿌리가 매우 깊기 때문에 서양문화의 수용은 간단한 문제가 아니었다. 따라서 이를 둘러싼 논쟁이 30여 년 이상 진행되면서 논쟁의 주제 또한 매우 다양하게 표출되었다.[1] 그 시발점이 신문화운동新文化運動과 연결되는 중서문화中西文化 논쟁이었다. 이 논쟁의 배경은 널리 알려진 바와 같이 신해혁명 후 중국의 정치 상황과 매우 긴밀하게 얽혀 있다. 이는 혁명을 부정하는 존공복고파尊公復古派와 계몽지식인들 간의 논쟁으로, 새로

* 이 글은 『중국연구』(제49집, 2010)에 수록된 논문을 수정 보완한 것임.

운 시대상황에서 '중국전통'과 '중국국민'을 어떻게 이해할 것인가가 논쟁의 초점이 되었다.

여기에서 논제로 삼았던 것은, '중국국민성中國 國民性[2]은 무엇이 문제인가?', '그 결함에 대한 책임은 누구에게 있는가?', '우리는 어떻게 그것을 보다 나은 것으로 바꿀 수 있는가?'와 같은 '중국국민성'과 관련한 난제들이었다. 이러한 문제의식은 중국의 미래에 대해 고민하고 있던 중국인들에게 상당한 영감을 불어넣어 주었다. 실제로 루쉰魯迅은 소설 『아큐정전阿Q正傳』에서 '아Q'라는 인물을 창조하여 당시 중국의 국민성을 비판했는데, 이처럼 루쉰이 '중국국민성'에 대해 관심을 갖는 데 가장 큰 영향을 미친 책은 미국인 선교사 아더 스미스Arthur H. Smith가 쓴 『中國人的性格』(이하 『性格』으로 약칭)이었다. 리디아 리우Lidia H. Liu는 『언어횡단적 실천』에서 아더 스미스의 저작은 중국인들 사이에 국민성 이론이 알려지고 확산되는 여러 통로 가운데 하나였으며, 이러한 영향을 적극적으로 받아들여 중국국민성 개념을 형성하는 데에 앞장 선 인물은 루쉰이었다고 밝히고 있다.[3] 루쉰을 포함하여 20세기 초 중국지식인들은 아더 스미스의 저작을 통해 국민성 이론을 접하게 되면서 근대성을 깊이 있게 고민한 것으로 보인다. 그렇다면 실제로 중국지식인들이 국민성 이론을 어떤 방식으로 수용했으며 또한 자국의 국민성을 어떻게 인식해 나갔을까?

이를 위해서는 우선 당시 중국에서 진행되었던 국민성과 관련한 주목할 만한 인식에 대해 살펴 볼 필요가 있겠다. 당시 『性格』을 잠재적 대화자로 생각하며 중국인의 시각에서 중국의 참모습을 서양에 알리고자 한 책이 1915년에 발간된 구홍밍辜鴻銘(1857~1928)의 『中國人的精神』(이하 『精神』으로 약칭)이다. 중국인들조차 '괴걸怪傑'이라 부를 정도로 구홍밍은 서구화를 극력 반대하고 전통문화에 대한 보수적 입장을 보인 인물로서, 그는 중국인의 시각으로 중국의 이미지를 그려내고자 노력하였다.

한편, 국민성 담론을 추동한 근대 추의 문화 담론은 '중국 전통' 관련 논의들이었다. 20세기 초의 '문화열文化熱'이었던 5·4신문화운동五四新文化運動에 참가한 천두슈陳獨秀, 우위吳虞, 리다자오李大釗 같은 핵심 인사들이 제기한 '중국구망中國救亡의 독법讀法' 중 하나가 기존 전통의 부정이었다. 특히 유교에서 중시한 예禮에 대한 공격은 '타도공가점운동打倒孔家店運動'으로 불릴 만큼 막강한 위세로 전통을 대표하는 유교를 공격하였다. 우위의 「흘인여예교吃人與禮敎」는 유교 전통이 얼마나 많이 중국인과 중국문화에 악영향을 미쳤는가를 설명하는 대표적인 글로 평가된다. 아더 스미스가 『性格』에서 중국인의 특징으로 설정한 26개 항목[4] 중에도 유교 비판은 많은 부분을 차지하고 있다. 1940년대까지 계속된 중국 사상계의 동서문화논전東西文化論戰에서도 이 논란은 계속된다. 이런 정황을 반영이나 한 듯, 중국 전통의 핵심으로서 유교와 관련한 중국국민성에 대한 논란은 아더 스미스와 구홍밍의 책에서도 대립각을 보인다.

따라서 이 글에서는 아더 스미스가 『性格』에서 제기한 중국인의 성격 중에서 중국 사람들 스스로 자존심의 원천이라고 생각하는 '체면體面'[5] 의식과 중국 전통사상의 핵심인 '유교儒敎'와 관련한 논의를 중심으로 구홍밍과의 인식차를 고찰해 보고자 한다. 아더 스미스의 논리와 이에 대해 반론을 제기한 구홍밍의 논리를 비교함으로써 20세기 초 중국의 국민성 인식 문제에 대한 단면을 확인할 수 있을 것이다. 논의를 보다 입체적으로 파악하기 위해 먼저, 당시 서구사상을 수용하여 중국의 구망을 적극적으로 모색하였던 루쉰, 천두슈, 리다자오가 『性格』과 『精神』에서 제시한 중국국민성을 어떻게 인식했는가를 살펴보고자 한다. 무엇보다 중국지식인의 자국국민성 인식에서 이 두 권의 책이 끼친 영향은 매우 흥미로운 점이 아닐 수 없기 때문이다. 아편전쟁 발발에서부터 20세기 초에 이르기까지 중국이 처한 격변의 시간 속에서 중국지식인들의 자국국민성에 대한 인식에는 다양한 차이가 존재한다. 이 다양한 스펙트럼을 살펴보는 일은 근대국민국가 형성 과정에서 중국인들이 추구한 '국민성'의 실상이 어떠하였으며 그 속에 담긴 욕망이 무엇이었는지를 진지하게 모색해 보는 작업이 될 것이다.

2. 『中國人的性格』과 『中國人的精神』의 발간 배경

앞서 언급한 것처럼 루쉰의 국민성 개념 형성에 중요한 원천이 되었고 중국인들 사이에 국민성 이론이 알려지게 되었던 여러 통로 가운데 하나가 미국인 선교사 아더 스미스의 『性格』이었다. 『性格』은 아더 스미스가 22년간 북중국의 농촌에서 선교사로 활동하면서 중국을 관찰하고 경험하였던 바를 1889년 상하이에서 발행되던 『자림서보字林西報 *North-China Daily News*』[6]에 연재물로 실은 후 *Chinese Characteristics* 라는 제목으로 출간한 것이다. 이 책은 중국어판이라고 할 수 있는 『性格』으로 번역되어 발간되기 전에 1896년 일본에서 먼저 『지나인

지기질支那人之氣質』이라는 제목으로 번역 출간되었다.

이 책은 중국인의 특징에 대해 그 세부내용에 따라 부정적으로 또는 긍정적으로 서술하는 유연성을 보인다. 하지만 대체적인 내용은 중국인의 '체면體面유지', '구습舊習답습', '시간時間무시', '정확성正確性무시', '쉽게 오해誤解', '지적知的 모호함', '이민족 경시外族輕視', '불성실'과 같은 중국인의 성격과 문화의 부정적인 부분으로 채워져 있다. 실제로 아더 스미스는 서문에서 중국인의 결점을 어떻게 규정할 것인가가 본인의 중국인 연구의 일관된 목적이었다고 서술하고 있다. 그리고 중국인은 세계에서 가장 많은 수의 인구를 차지하고 있으므로 그들의 삶을 어떻게 개선시키느냐는 모든 인류의 삶을 아름답게 할 수 있는 방안과 연결되어 있는 흥미로운 문제라고 보았다.

한편 영문으로 발간된 구홍밍의 *The Spirit of the Chinese People*(중국명『中國人的精神』)[7]도 중국국민성 문제와 관련하여 중국사회에 지대한 영향을 끼친 대표작으로서, 제1차 세계대전 중에 간행된 독일어판은 당시 독일에서도 커다란 반향을 일으켰다. 구홍밍은 1915년『北京每日日報』에서 초판을 간행했고 1922년 베이징상무인서관北京商務印書館에서 재판을 내놓았다. 구홍밍은 아더 스미스의『性格』이 중국어로 출간되기 이전부터 이 책을 잠재적 대화자로 생각했다고 밝히고 있다.[8]

아더 스미스의『性格』이 중국인의 성격을 부정적이고 암울하게 묘사했다면 구홍밍의『精神』은 중국인의 정신을 추숭追崇하고 널리 알리고자 하였다는 점이 확연하게 다른 점이다. 실제로 구홍밍은 아더 스미스의『性格』이 중국인을 함부로 이야기하는 책이라고 여러 차례에 걸쳐 비판을 가한 바 있다. 구홍밍은『精神』의 서문에서 중국인과 중국문명의 3대 특징으로 심오함depth, 관대함broadness, 순박함simplicity을 들고 구미 각국의 국민성과 중국국민성을 비교하며 서구인들이 중국인과 중국문명을 이해하기 어려운 이유를 다음과 같이 설명한다.

> 미국인이 중국인과 중국문명을 이해한다는 것은 어려운 일이다. 그 이유는 미국인은 대체로 관대하고 순박하지만 심오함이 없기 때문이다. 영국인은 진정한 중국인의 모습과 중국문명을 이해하기 어렵다. 그들은 대부분 심오하고 순박하지만 관대하지 않기 때문이다. 독일인도 진정한 중국인의 모습과 중국문명을 이해할 수 없다. 특히 교육을 받은 대다수의 독일인은 심오하고 관대하지만 순박하지 않기 때문이다. 나는 프랑스인만이 진정한 중국인의 특징과 중국 문명을 가장 잘 이해하리라 생각한다. 프랑스인은 독일인의 천부적인 심오함, 미국인의 내면적인 관대함, 영국인의 내면적인 순박함을 지니고 있지는 않다. 그러나 프랑스 국민들은 비범한 면을 지니고 있는데 그것은 바로 예민함delicacy이다. 이것은 앞서 이야기한 여러 민족에게 부족한 정신적인 특징이다.[9]

구홍밍은 이와 같이 미국인, 영국인, 독일인, 프랑스인의 민족적 특징을 서로 비교하면서 그들은 중국인과 중국문명에 대한 이해가 부족하다고 보았다. 또한 구홍밍은 『性格』의 발간 목적을 '유럽인들이 중국인 보다 우월하다'는 것을 증명하기 위해 쓴 책이라고 꼬집으며 당시 유럽의 중국연구 방식과 태도에 대해 다음과 같이 일침을 가한다.

나는 다음의 몇 가지 문제들을 고찰하려 한다. 첫째, 이러한 변화를 경험하고 있는 유럽인들은 과연 중국을 어느 정도 알고 있는가. 둘째, 이전 중국학의 성과는 어떠한가. 셋째, 중국학의 현 상황은 어떠한가. 넷째, 그대들이 구상하고 있는 중국학은 무엇인가. 거인의 어깨에 서있는 난쟁이는 자신을 거인보다 더 위대하다고 상상한다. 그렇다 해도 인정해야 할 점은 있다. 난쟁이는 편리한 위치 덕분에 더욱 넓고 멀리 볼 수 있다는 것이다. 우리들은 선배들의 어깨에 서서 중국학의 과거, 현재, 미래를 조감할 수 있다. 이러한 과정에서 우리가 선배와 조금 다른 견해를 제시한다 할지라도, 이 견해가 선배들보다 우월한 견해를 보여준다고 생각하지 않기를 바란다. 공언하거니와 우리는 단지 편리한 조건을 이용했을 뿐이다.[10]

한편 구홍밍의 『精神』과 아더 스미스의 『性格』의 공통점을 찾는다면 두 저술 모두 중국문화와 중국인의 가장 큰 특징으로 '정신을 중요하게 보았다'는 점이다. 아더 스미스는 다른 민족들이 물질적 역량으로 생존한다면 '중화민족은 도덕역량에 의거하고 있다'고 보았으며 구홍밍은 '유럽문명이 자연을 정복하는 데에 성공하였다면 중국문명은 도덕역량에 의거하고 있다'며 중국문명과 유럽문명의 차이를 제시하였다. 두 저술 모두 동양과 서양의 특징으로 정신문명 대 물질문명이라는 방식을 채택하고 있다는 점은 앞서 언급한 것처럼 구홍밍이 아더 스미스의 『性格』을 잠재된 대화자로 인식하고 있었음을 말해 주는 것이라고 하겠다.

그러나 이러한 표면적인 공통점과는 달리 중국문명에 대한 두 사람의 평가는 대단히 상반된 입장을 보인다. 즉 아더 스미스는 중국문명이 정신적인 측면을 지나치게 강조함으로 인해 물질적으로 빈곤하고, 체면만 중히 여기며, 가식적이며, 맹목적으로 과대 망상적이며, 형식주의적인 결함을 가지게 되었다고 보았다. 이러한 인식에 대해 구홍밍은 "우리를 낙후한 민족이라고만 말해서는 안 된다. 왜냐하면 비록 중국인들이 소박하고 (다분히) 원시적인 물질생활을 하고 있지만 장차 문명 수준이 올라가게 되면 서양인보다 더 우수한 세계 최고의 문명을 이루게 될 것이다"라며 서양인들의 중국문명에 대한 왜곡된 시각에 대해 비판적 견해를 피력하였다.

3. 신문화운동기 계몽지식인들의 중국국민성 논쟁

1) 루쉰의 중국국민성 인식과 『中國人的性格』의 영향

『性格』이 당시 서양인에게는 아직 기인한 나라로 인식되던 중국에 대한 서양인들의 지적知的 호기심을 자극했다면, 『精神』은 제1차 세계대전 후 서양이 안아야 할 부담과 서양의 몰락을 염려하는 서양인들의 요구에 부합한 면이 크다. 서양에서의 이러한 관심과 파장 못지않게 전통과 문명에 대한 자기반성이 제기되던 중국 사상계에도 그 영향은 매우 컸다. 두 저술에 대한 반응은 그 시각차만큼이나 매우 상반되었는데, 특히 중국 근대화의 효시로 평가되는 루쉰에게 있어 이러한 인식차는 극명하게 나타난다.

실제로 20세기 초 중국의 계몽사상가들은 국민성 담론의 수용을 통해 많은 부분 서양의 중국에 대한 시각을 수용하였다. 일차적으로 루쉰은 량치차오梁啓超와 같은 청말清末 개혁가의 글을 통해 국민성 이론을 알게 된다. 하지만 그는 일본으로 건너가 아더 스미스의 저술을 읽은 후 문학을 통해 중국국민성의 개조가 가능하다는 점을 심각하게 고려하기 시작했다.[11] 그는 일찍이 『性格』의 저술의도에 대하여 다음과 같이 언급하고 있다.

> 마음을 다해 감사의 뜻을 저자에게 전하고 싶다. 왜냐하면 그가 중국인의 고기를 먹으려고 그렇게 한 것이 아니기 때문이라는 것이다. (…중략…) 정복자들에게 융숭한 잔치를 벌여주는, 그런 중국에 대해 외국인들은 당연히 반색하고 즐거워하며 중국의 전통문명을 칭송할 것이다. 하지만 잔치에 참석할 수 있는 자격을 가진 '외국의 누군가'가 만약 그런 중국에 대해 비판을 한다면 그는 분명 양심적이며 감탄할 만한 사람일 것이다.

루쉰은 특유의 은유적 표현으로 『性格』의 중국문명에 대한 비판적 입장과 집필 의도를 순수하고 긍정적으로 받아들였다. 이처럼 루쉰은 『性格』을 '냉엄하게 중국국민성의 결점을 비평한 책'이라고 인정하면서 일생 동안 여러 차례 이 책을 소개하고 번역하려고 노력하였다.[12] 루쉰은 그의 일기, 편지, 잡문 등에서 『性格』에 대해 종종 언급하였는데, 이 글들에서 '외국인들은 중국인의 국민성을 규명하는 책을 저술하는데 반해 정작 중국인들은 자신의 국민성과 그 결함에 대해 별나른 관심이 없다'는 것을 강도 높게 비판하였다.

당시 루쉰이 얼마나 자기 비판적 입장에서 『性格』을 받아들였는지 알게 해주는 사실 중의 하나가, '중국인의 체면'에 대한 인식 부분이다. '체면'으로 번역된 '미앤즈(면자面子) 문화'는 오늘날에도 중국인 스스로 가장 중국적이라 생각하는 문화이며 중국인이라면 누구에게나 자신들이 내면화하고 있는 중요한 행동 양식으로 인식하고 있다. 이는 외부자의 눈에는 매우 특이하고 이해가 잘 되지 않는 특징이었기 때문에 아더 스미스도 『性格』의 첫 번째 주제로 잡은 듯하다. 『性格』에서 '체면' 관련 서술에 대한 루쉰의 인식을 통해 당시 계몽주의자들의 중국국민성 인식의 중요한 단면을 발견할 수 있다.

> 지나인支那人은 다소 연극적인 기질이 내재되어 있는 민족으로서, 정신적으로 다분히 흥분되어 있어 마치 연극배우처럼 글자 한자, 말 한마디, 행동 일거수일투족 모두 허세를 부리는 모양새를 띠고 있다. 연극을 하더라도 마음에서 우러나오는 표현이 많아야 하는데 오히려 장면 장면의 분량만 더 많이 차지하고 있다.[13]

이처럼 루쉰은 중국인의 겉치레 많은 행동 양식을 비판하면서 중국인의 겉치레 행동들이 체면을 중히 여기기 때문에 나타난 것으로 보았다. 그는 중국인들이 자기의 체면을 세우기 위해 이와 같은 말과 행동을 하는 것이라고 주장한다. 이런 점으로 볼 때 루쉰은 국민성 문제에 관한 한 아더 스미스와 사상적 궤적을 같이 한다고 볼 수 있다. 즉 루쉰의 중국국민성과 관련한 많은 글들에서 루쉰이 예로 든 상당 부분은 『性格』에서 제시한 내용과 일치한다.

한편 루쉰은 이후에도 여러 글에서 '체면'과 관련한 글들을 발표하였는데, 1934년에 쓴 「체면을 말함說'面子'」에서 루쉰은 외국에서 중국의 체면 문제를 연구하는 것과 관련하여 "그들은 이 문제에 대해 이해가 되지 않을 것이다. 하지만 중국정신의 영역은 오로지 이것에 사로잡혀 마치 24년 전에 뽑혀져 나간 변발처럼 온몸에 달고 다닌다" 라며 체면을 변발과 같은 악습에 비유한다. 또한 『아Q정전』에서 루쉰은 '아Q'가 온갖 곤욕을 다 치르고 나서 체면을 버리는 듯하지만 결국에는 자기기만적 '정신승리법精神勝利法'이라는 것으로 스스로를 위안하는 모습을 통해 중국인의 체면의식을 노골적으로 비판한다. 이처럼 루쉰은 아더 스미스의 중국국민성 인식을 그대로 수용하고 『性格』을 중국국민성에 대한 자기반성의 교과서로 생각하였다.

2) 『中國人的精神』을 둘러싼 논쟁

아더 스미스의 『性格』이 5・4신문화운동 시기 계몽사상가들로부터 찬사를 받은 것과는 대조적으로 구홍밍과 그의 저서 『精神』은 당시 중국사회로부터 냉대와 조롱과 비판을 받아야 했다. 특히 봉건잔재에 반대하는 계몽사상가들의 입장에서 볼 때, 구홍밍은 중요한 척결 대상이었다. 중국의 국수國粹를 비판하고, 중국의 애국적 거만함을 비판하고 있던 루쉰에게도 구홍밍은 비판의 대상이 될 수밖에 없었다.

1915년부터 10여 년간 계속된 중서문화中西文化 논쟁의 중심 화두는 중국인의 국민성에 대한 인식으로 볼 수 있다. 이 논쟁의 첫 단계는 국수國粹를 표방한 『동방잡지東方雜誌』의 주편이었던 두야촨杜亞泉과 중국의 진동을 부정하고 새로운 서구사상을 받아들이고자 하였던 『신청년新青年』의 편집장인 천두슈 사이의 논쟁을 들 수 있다. 특히 『精神』과 관련한 두 진영의 논쟁은 1918년 『東方雜誌』가 일본 『동방지광東亞之光』에 게재되었던 「중서문명지평판中西文明之評判」을 번역하여 실으면서 시작되었다. 이 글에는 구홍밍의 『精神』과 이 책에 대한 해외의 반응을 소개하고 있다. 또한 같은 호에 실린 「미란지현대인迷亂之現代人」이라는 글에서도 구홍밍의 관점을 그대로 인용하였다. 이러한 구홍밍과 『精神』에 대한 『東方雜誌』 편집진의 옹호에 대해 천두슈와 리다자오는 대단히 비판적 입장의 글을 투고한다.

먼저 리다자오는 중국인의 청결하지 못한 생활환경에 대한 구홍밍의 논리에 대해 "불결한 습관이 정신을 중요시 하고 물질을 중요시 하지 않음으로서 생겼다는 말은 제정신에서 하는 말은 아닌 것 같다"[14]라며 구홍밍의 논리에 대해 혹평을 가한다. 또한 그는 "오늘날 많은 이들이 서양문명의 장점으로 동양문명의 부족을 채우고자 노력하고 있는 바 중국은 서양의 물질문명을 받아들여야 할 뿐만 아니라 서양의 동적動的인 정신 즉 동적인 세계관을 본받을 필요가 있다"[15]라고 지적하면서 서양문명의 동양문명에 대한 보완적 기능에 주목하였다. 또한 천두슈도 「질문 『동방잡지』 기자質問『東方雜誌』記者」와 「재질문 『동방잡지』 기자再質問『東方雜誌』記者」라는 두 편의 글에서 『東方雜誌』에서 구홍밍의 글을 인용한 것에 대해 질책성의 질문과 중국의 전통 교육과 지식인들에 대한 공격적인 반응을 보였다.

> 구홍밍의 말에 따르면 서양은 물질생활에만 치중한다고 하였는데 그러면 (서양인들은) 정신을 내팽개쳤다는 말인가? 그리고 서양문명은 물질문명 외에도 정신문명은 없다는 말인가? (…중략…) 유럽인들이 학교에서 배우는 것은 첫째도 지식, 둘째도 지식, 셋째도 지식인데 중국인은 학교에서 군자君子의 도道만을 배운다. (…중략…) 유럽인들은 인격이 건전한 사람을 gentleman이

라고 하는데 그 숫자가 우리 중국과 비교하면 어떠한가? 공부자孔夫子를 숭배하는 중국인은 인격이 충만한 사람을 군자라고 하는데 과연 몇 명이나 된다고 해야 하는가?[16]

아울러 구홍밍이 "중국인의 청결하지 못한 습관은 중국인이 정신을 중요시 하고 물질에는 주의를 하지 않았기 때문에 생긴 증좌"라고 한 것에 대해 '괴변'이라고 하면서 "그러면 정신이라는 것을 모르는 사람은 하등 불결한 점이 없다고 해야 온당한 것인가?"라는 냉소적이고 공격적인 입장을 드러낸다.

5・4신문화운동의 대표적 계몽사상가라고 할 수 있는 루쉰, 천두슈, 리다자오 세 사람은 당시 국민성 논의와 관련하여 『性格』과 『精神』대한 대응논리는 서로 비슷한 입장을 피력하였다. 다만 여기서 주목할 수 있는 것은 『性格』과 『精神』에서 묘사하고 있는 중국국민성의 특징이 얼마나 객관적이고 논리적이냐는 면보다는 당시의 상황에서 요구되는 '중국국민성이 어떠한 것이었냐'가 논쟁의 동력으로 작용했다는 점이다.

4. 아더 스미스와 구홍밍의 중국국민성 논의

중국문화에 대한 관찰자로서 아더 스미스는 '중국인에게 있어서 체면은 무엇인가?'와 '왜 이것이 중국인의 결점으로 작용하고 있는

지'에 대하여 주목한다. 체면은 중국인의 성격 중 가장 중요한 특징의 중심어로서 중국인은 '죽을지언정 체면은 지켜야 한다'고 생각하여 전근대 시기에 지방관들은 참수형을 당할 때도 관복을 착용하여 체면을 지켰다고 소개하고 있다. 이러한 모습에 대해 아더 스미스는 중국인은 체면을 유지하기 위해 '매우 강한 연극적 본능을 견지하고 있다'고 표현하면서, 본인이 보기에 중국인의 모든 사유와 행동에는 체면의식이 깃들어 있어 '행동할 때의 자태는 마치 연극을 하는 듯하고 사유도 희극적 언어를 사용한다'라고 덧붙였다. 형식보다 실제를 중히 여기는 서양적 사고의 소유자인 아더 스미스 눈에 비친, 이 같은 중국인의 형식주의 행동양식은 마치 무대 위의 배우가 각본에 따라 연기를 하는 것처럼 보였을 수도 있었을 것이다.

한편 아더 스미스는 중국인의 이러한 체면중시 의식이 예절을 중시하는 것으로 나타난다고 보았다. '중국 사람들이 사람과 사람 사이의 관계에서 중요한 점으로 생각하는 것이 예절'이라고 하면서, 그가 보기에 중국인의 예절은 너무 지나치게 번잡하고 실제보다는 형식에 치중하며 겉으로 드러난 형식적인 행동에 대해 집착한다고 보았다.

> 경전經典에는 '예의삼백禮儀三百, 위의삼천威儀三千', 즉 삼백 조條의 예의 준칙과 삼천 조의 행위 준칙이 보존되어 있다. (…중략…) 중국인이 예의를 대하는 것은 마치 교육을 대하는 것처럼 보이는데 의식적으로 배우는 것이 아니라 일종의 본능적인 것이다. 이 민족의 천부적인 재주는 서방에서 궁궐이나 외교에서만 쓰는 번잡한 예의가 일상생활 교제의 한 부분이라는 것이다. (…중략…) 마치 명절날의 좋은 복장은 명절이 돌아올 때 입어야 하는 것처럼 중국인은 자신의 본능에 의하여 언제 예절을 지켜야하는가를 정확하게 알고 있다.[17]

또한 그는 중국인의 외국인에 대한 경멸도 체면의식과 관련이 있는 것으로 보았다. 따라서 그가 보기에 중국인들은 '스스로를 항상 과장되고 크게 인식自大意識'하여 외국인에 대한 우월감이 지나치게 크다는 점을 지적한다. "중국인들이 외국인을 접할 때 보면 상대에게 마치 큰 은혜를 베푸는 듯한 자세를 발견하게 되는데 이러다 보니 자연히 상대를 경시하는 태도를 보이게 된다"라고 하면서 이것을 '천조대국天祖大國'의 위선적인 체면에서 비롯되는 것으로 본다. 이러한 체면을 세우기 위해 중국인들은 마음이 내키지 않아도 위선적으로 인사치례를 한다는 것이다.

특히 그는 중국인들이 자기 우월적 문화의식을 갖는 것도 체면의식의 결과로 보았다. 여타의 민족들은 물질 역량에 생존을 의지하는데 반해 중국민족은 도덕 역량에 의지하면서 살아간다고 그는 보았다. 즉 중국인들은 물질적인 풍요의 만족감보다는 도덕적 영예감과 정신적 우월감을 통해 자기 안위와 만족감을 느끼면서 살아간다고 보았다. 그리고 이러한 자문화 우월의식으로 인해 '과도한 보수성'이 나타난다고 지적하며 이는 생활 전반에서 과거지행적인 경향으로 나타난다고 비판한다.

한편 그는 『性格』에서 지적하고 있는 많은 중국인의 단점의 원인을 전통윤리인 유교에서 찾는다. 아더 스미스는 『논어論語』「태백泰伯」편의 '(관리일지라도) 그 위치에 있지 않으면, 정사를 도모하지 말아야 한다不在其位 不謨其政'는 구절이 많은 중국 사람들로 하여금 자기와 관계없는 일에 대해서는 무관심하도록 만들었다고 본다. 그리고 '낡은 구습을 답습因循守舊' 하는 점은 유가에서 제창한 숭고崇古의식에서 유래되었다고 설명한다. 아울러 '분수에 만족知足常樂'하는 점에 대해서도 경전 중에 있는 천명사상과 밀접한 관계가 있다고 보았다.

이와 더불어 그는 '효성孝悌爲先'에 대한 지적도 유교와 관련지어 논의한다. 무엇보다 그는 중국의 효순도덕孝順道德적 형식으로 인한 비인도인 면을 꼬집는다. 이를 위해 그는 중국역사상 으뜸이 되는 효행을 모아놓은 『이십사효도二十四孝道』 중 「곽거郭巨의 딸」 이야기[18]를 비판받아야 할 효의식의 구체적인 사례로 제시한다. "(인간적인) 도리로도 나이 드신 모친을 봉양하기 위해 어린 자식을 생매장시키는 행위는 그 연유가 아무리 숭고하다고 할지라도 명백한 살인죄에 해당된다"라고 강도 높게 힐책한다. 또한 『맹자孟子』 「이루離婁」에 나오는 '불효가 세 가지 있는데 후손을 잇지 못함이 가장 크다不孝有三 無後爲大'[19]는 인식으로 인해 중국에서는 수많은 여아 살해 사건이 일어났다고 지적하기도 한다. 이처럼 그의 책에서 유교는 비판과 극복의 대상으로 인식된다.

아더 스미스가 『性格』에서 중국인의 특성으로서 제시한 사항들은 이처럼 부정적인 면으로 점철되어 있다. 그리고 이러한 특성 중에 '체면의식'과 '전통 유교'가 중국민족성을 규정짓는 핵심 요소라고 보았다. 신문화운동을 이끈 계몽지식인들에게 이 두 가지 점은 마땅히 타도되어야 할 공격의 대상이었다. 하지만 근대 서양세계의 변화를 직접 체험하며 서양에서 활동하고 있던 구홍밍은 이러한 움직임을 진정한 중국의 몰이해로 설명한다.

구홍밍의 『精神』은 서론을 제외하고 총 8개의 장[20]으로 구성되어 있다. 첫 번째 장은 주로 아더 스미스의 『性格』에 대한 반론적 성격이 강하며 나머지 장들은 유럽인들에게 중국문화를 소개하는 내용이 주를 이룬다. 특히 그는 제1차 세계대전 후 유럽의 위기 상황에 대한 우려를 표하며 그 해결책으로 중국의 정신문명을 제시함으로써 중국문화에 대한 강한 자부심을 드러낸다. 『精神』의 발간 취지를 통해 예견된 바이지만 여러 측면에서 구훙밍은 아더 스미스의 중국인과 중국문화의 특징에 대한 인식과 상반된 견해를 드러낸다.

우선 그의 논의는 서양문화의 실용주의 측면과 중국문화의 정신적인 측면을 극단적으로 대비시킨다. 이러한 이원적 인식은 결국 중국의 정신문명에 대한 예찬으로 귀결되는 바, 그는 중국국민성이 예의를 중시하고 정신적 가치를 존중한다는 논의를 통해 이러한 결론을 도출한다.

구훙밍은 '중국인의 예절'에 주목한다. 그는 유럽인들로부터 종종 '중국인의 예절'은 연극의 리허설처럼 마음에서 우러나오는 것이 아니라는 비난을 듣곤 하였다. 결국 아더 스미스의 비판도 이 같은 비난의 연장선상에 놓여 있었다. 이에 대한 반감이 매우 깊었던 탓인지 구훙밍은 『精神』의 첫 번째 장인 「중국인의 정신」에서 유럽인들의 중국인에 대한 이러한 비판에 강한 반론을 제기한다.

> 중국은 줄곧 예의지국禮儀之國으로 언급되어 왔다. 그러면 예절의 본질은 무엇인가? 이것은 본래 남을 이해하고 보살피는 마음에서 비롯된 것이다. 중국인에게 예절이 있다는 것은 그들이 영적인 생활을 영위하고 있기 때문이다. (…중략…) 중국인의 예절은 일본인처럼 번잡하지 않고 사람을 유쾌하게 만든다. (…중략…) 마음 깊은 속에서 우러나오는 예절이다. 반대로 일본인의 예절은 번잡스럽기 때문에 사람을 불쾌하게 만든다. 외국인들이 이것에 대해 푸념하는 것을 많이 들었다. 기계적으로 무턱대고 외워서 실행하는 예절은

극장에서 연극의 리허설을 하는 것과 같다. 이는 내심에서 우러나오거나 자연스럽게 우러나오는 예절이 아니다. (…중략…) 진정한 중국인의 예절은 내심에서 우러나오는 유명한 향수와 같이 기이한 향기로 충만하다.[21]

그는 유럽인들이 지적하는 마음이 담겨있지 않은 예절이란 '일본의 형식적 예절'을 말하는 것이며, 마음으로부터 우러나오는 중국인의 예절과는 다르다는 논리를 펼친다. 이처럼 중국문화가 갖는 정신적인 측면에 대한 강조는 중국인의 '정확성의 결핍'에 대한 유럽인들의 비판에 대한 반론에서도 활용된다. 구홍밍은 중국인들에게 정확성이 결핍되었다는 지적은 아더 스미스가 제시하여 유명해진 관점이라고 단서를 붙인 후, 그 원인으로 "중국인은 영적인 생활을 영위하기 때문이다"라고 주장한다. 즉 영혼이란 섬세하고 민감한 것이어서 두뇌나 지능처럼 딱딱하거나 판에 박힌 것이 아니기 때문에 마음이 두뇌나 지능처럼 그렇게 경직되고 정확하게 사고할 수 있기를 바랄 수 없다고 피력한다. 그러면서 그는 중국인과 서양인의 정확함의 차이를 붓과 만년필의 차이로 설명한다.

중국인의 붓은 중국인의 정신적 상징이다. (…중략…) 붓으로 정확성을 기하기가 어려운 듯 보이지만 숙달하기만 하면 마음먹은 대로 (만년필로는 표현할 수 없는) 아름답고 우아한 그림과 글씨를 창조해낼 수 있다.[22]

또한 아더 스미스가 중국인은 '동정심同情心이 부족'하다는 지적에 대해서도 같은 논리로 대응한다. '전형적인 중국인이 주는 총체적인 인상은 온화함'이라고 전제하고 '온화함이란 동정과 지능이라는 두 요소가 서로 결합된 특징을 지닌다'라고 설명한다. 그는 중국인이 강한 동정심의 힘을 지니고 있는 이유는 그들이 완벽하게 정신생활을 영위하기 때문이라고 설명한다. 심지어 그는 중국인은 청결하지 못한 생활에 대해 전혀 개의치 않는다며, 그 이유로 중국인은 영적인 생활과 정감적 생활의 영위에 지나칠 정도로 관심을 기울이기 때문이라고 설명한다.

이 같은 구홍밍의 논리는 대체로 중국문화와 서양문화를 비교하는 방식으로 기술된다. 아더 스미스가 "중국은 서양의 문화와 과학과 기독교문명이 필요하다"라고 제기한 것에 대해 구홍밍은 오히려 당시 유럽의 군국주의 재앙의 구제책으로 중국 유교의 '의義와 예禮'를 제시한다. 또한 그는 의와 예야말로 공자가 중국인에게 준 우량시민종교의 정수라고 소개하고 유럽이 위기를 극복하기 위해서는 반드시 중국의 우량시민종교로부터 지혜를 찾아야 된다고 주장한다. 그는 중국인의 생활이 비록 물질적으로 궁핍하여도 영적인 생활을 영위하고 있다는 강한 믿음을 가졌다. 따라서 중국문명이 비록 서양문명보다 우월하지는 않지만 그래도 저열하다고 할 수는 없다며 중국문화의 우수성을 강조하였다.

이상에서 알 수 있듯이, 구홍밍은 대부분의 중국지식인들이 서양문화에 대한 일방적인 추종과 흡수를 주장할 때에도 이들과는 달리, 서양 근대문명의 병폐와 맹목적인 서구추종의 경향을 강하게 비판하였다. 그는 누구보다 강한 자문화에 대한 긍지심을 가지고 중국 전통문명의 가치를 역설하고 그 계승을 피력하였다. 그의 중국국민성 논의는 이러한 자부심이 만들어낸 결실이라 할 수 있다.

5. 남은 문제들

전통문화의 영향 하에서 형성된 근대적인 '중국국민성'은 동시대를 살아갔던 중국인들에게도 상반된 인식으로 표출되었다. 서구 가치에 대한 절대적인 믿음을 가졌던 신문화운동기 계몽지식인들에게 전통적인 중국국민성은 처절한 자기반성과 함께 새롭게 형성하여야 될 과제였다. 반면 구홍밍 같은 '전통옹호론자'들은 '중국국민성'에 대한 부정적 평가를 중국 전통에 대한 부정으로 받아들이고 중국적인 것을 강고하게 고집하였다.

바로 이러한 균열은 20세기 초 중국의 '국민성National Character' 논의를 이해하는 데 매우 중요한 담론 지형이라 할 수 있다. 여기에서 중요한 것은 당시의 중국지식인들이 서양으로부터 유입된 '중국국민성'을 어떻게 받아들였느냐 하는 점이다. 지극히 자문화우월주의적 중화의식을 당연시했던 중국인에게 20세기 초의 중국은 참기 어려운 고통의 시공간이었다. 구홍밍 같은 '전통옹호론자' 이든 루쉰을 비롯한 '계몽지식인'이든 중국의 지식인이라면 모두 반봉건半封建 반식민지半植民地의 국난으로부터 구망救亡의 해법을 찾아야 된다는 사실에 대해서 공감하였다. 구홍밍과 루쉰 두 사람 모두 국난의 상황에 처한 중국을 깊이 사랑했던 지식인이었다. 다만 두 사람의 인식 차이는 유사 이래 그 어느 때보다 어려운 국난의 시대 상황에 대한 독법의 차이로 보인다. 독법이 다르니 당연히 해법도 달랐을 것이다. 즉 계몽지식인들이 전통을 부정하고 새로운 시대 상황에 부합할 수 있는 '국민의식'을 당시 중국에 필요한 '중국국민성'으로 보았다면, 구홍밍은 어려운 국난의 상황일수록 더욱 중국적인 것, 정신을 지켜야 한다고 생각하였다. 즉 20세기 초 중국국민성의 인식 문제는 '시대상황과 국민성 인식'의 상관관계로 파악할 수 있을 것이다. 이러한 인식에는 문제를 바라보는 시선의 위상학도 매우 중요한 변수로 작용하였다. 같은 중국인이지만 중국을 중국 안에서 보는 것과 바깥에서 보는 시선의 위치가 중국국민성을 인식하는 데에 중요한 요인으로 작용한 것이다.

적어도 동아시아 지역에 '국민국가'가 출현하기 이전 시기에 한국과 중국은 최소한 동일한 문화권이라는 인식 하에서 서로를 상당 부분 동일시하였다. 지금은 당연히 문화권으로서의 이해가 아닌 국가와 국가 간의 관계로 상호인식을 하는 만큼 서로의 국민성에 대해서 상대적으로 인식하고 있다.

1980년대 중국에서 '문화열文化熱' 운동이 한창 일어나고 있을 때, 루쉰 이후 중국인과 중국문화에 대한 가장 통렬한 비판자로 불리는 보우양栢楊에 의해 중국문화에 대한 자기비판서인 『추악한 중국인』이 출간되었다. 당시 책 제목으로 인해 국내외에 큰 반응과 논쟁을 일으켰으며 당연히 한국 독자들에게도 적지 않은 영향을 끼쳤다. 이 책을 접한 많은 한국인의 마음은 두 가지로 나누어지지 않았을까 싶다. 하나는 중국인이 본 중국인의 의식구조를 이해할 수 있겠다는 '지적 기대감'이고, 다른 하나는 강대국인 중국에 대한 피해의식이 전제된 야릇한 우월의식이다. 그런데 실제로는 많은 한국인들이 책을 읽어 가면 갈수록 스스로가 누군가에 의해 매도당하고 있는 듯한 착각을 느꼈다고 한다. 이러한 한국인의 착각은 어디에서 오는 것일까? 아마도 한국과 중국의 유사한 전통 속에서 형성된 민족 특성으로서의 국민성 때문은 아니었을까? 국민성에 대한 인식은 역사인식처럼 분명한 시대성을 띠고 있으므로 '지향志向으로서 국민성'을 이해하는 것은 그 지역 국가의 실체를 이해할 수 있는 요건일 것이다.

근대 중국의 한국 국민성 인식*

쑨커즈孫科志

1. 한중 상호인식의 발단

한국과 중국은 수천 년 동안 우호적으로 교류해 온 역사를 가지고 있는데, 그 중 인적교류는 중요한 부분을 차지한다. 한중 양국은 빈번한 인적교류를 통해 서로에 관한 정보를 축적하였으며, 이를 토대로 상호 간의 인식을 형성해 왔다. 근대에 접어들면서 국제질서 속에서 양국은 개항을 강요당하였으며, 이러한 급변하는 역사적 상황은 한중 양국의 상호인식에도 커다란 영향을 미치게 되었다. 시간이 지남에 따라 양국의 상호인식은 국제질서에 민감하게 반응하며 점점 더 외부 요소에 의해 규정되는 경향을 보이기 시작하였다. 이와

* 이 글은 2010년 '근대 동아시아의 한국인 인식'이라는 주제로 경희대 비교문화연구소가 개최한 국제학술대회에서 발표한 논문을 수정 보완한 것임.

동시에 미디어 사업이 발달하면서 한중 양국에 근대 미디어가 출현하여 더욱 많은 정보가 제공되어 한국과 중국의 국민이 서로를 인식하는 데 영향을 미쳤고, 이에 따라 양국은 좀 더 객관적이면서도 전면적으로 상대를 인식하게 되었다.

근대에 접어들면서 국가나 민족 간의 상호인식은 국가 간 혹은 민족 간의 관계를 형성하는데 있어 중요한 부분을 차지할 뿐만 아니라, 그 관계가 발전하는 데에도 결정적인 견인차 역할을 하였다. 한국과 중국 역시 예외는 아니어서 한중 간의 상호인식 역시 양국의 관계가 증진되는 데 중요한 역할을 하였다. 이러한 인식의 변화는 1990년대부터 한중 양국의 학자들 사이에서 지대한 관심사로 부상하여, 현재까지도 많은 연구 성과를 내고 있다.[1] 이들 연구 결과물은 고대부터 근대까지 한중 양국의 상호인식에 바탕을 둔 거시적 관점에서의 한중 국가 간의 상호인식에 관한 논의와 미시적 관점에서의 구체적인 사건에 대한 인식을 검토한 논의로 대별된다. 그러나 기존의 연구들 중에는 근대 중국인의 한국인에 대한 인식을 단편적으로 언급한 논의는 있으나, 역사적 맥락에 따라 본격적으로 심도 있게 규명해 간 연구는 찾아보기 힘들다. 여기에 주목하여 이 글은 근대 중국인에 의해 제출된 한국인의 국민성 논의를 그 당시 간행된 일차 자료인 신문 기사와 출판물을 통해 분석하고, 이를 토대로 한국인의 국민성에 대한 근대 중국인의 인식과 변화에 대한 궤적을 살펴보고자 한다.

우선 근대 중국인이 생산해낸 한국인의 국민성에 대한 논의를 본격적으로 고찰하기에 앞서 '국민성'이라는 용어를 반드시 짚어볼 필요가 있다. 량치차오梁啓超는 "국민성이란 무엇인가"라는 물음에 대해 "한 국가의 구성원이 조상으로부터 오랜 전통과 문화를 받아들여 저절로 하나의 공통된 단체를 이룸으로써 타 국민과 구별짓게 하는 것이다"[2]라고 밝힌 바 있다. 이는 곧 그가 국민성을 한 국가의 국민이 소유한 고유성이자 다른 국가의 국민들과 구별되는 그 나라 국민의 성격이나 정신으로 본 것이라 할 수 있다. 따라서 여기에서는 중국인이 한국인을 인식하는 데 있어 가장 중요한 요소를 한국인의 성격과 정신으로 상정하고, 이들 요소를 주요 연구 대상으로 삼고자 한다.

2. 전근대 시기의 한국 국민성 인식

한국과 중국은 지리적으로 인접해 있었음에도 불구하고 근대 이전에는 국가의 명을 받들어 출사하는 사절을 제외하고는 중국인이 사적으로 한국을 방문하여 직접 관찰하며 이해할 수 있는 기회가 거의 없었다. 그 결과, 한국인에 대한 중국인의 인식은 대부분 사절단이 남긴 문헌자료가 전부이며, 자료에 기록된 내용도 단편적일 뿐만 아니라 그 의미도 애매모호하다. 게다가 한국인의 국민성과 관련된 기록은 더욱 찾아보기 힘들다.

아편전쟁 이후 선진화된 무기로 무장한 서구 제국주의자들은 중국이 문호를 개방하도록 강요하였다. 이를 계기로 중국인에게는 자각심과 세계를 조망할 수 있는 안목이 생겼다. 당시 중국인의 주요 관심 대상이 한국인이 아닌 서구 제국주의자들이었기 때문에, 한국은 중국인의 관심 밖에 있는 인접국에 불과했다. 쇄국정책鎖國政策을 실시하고 있었던 한국은 외교적인 면에 있어서 당시 종주국이었던 중국과 민간차원에서 교류하는 것에 대해 규제하고 있었다. 때문에 중국의 민간인들은 한국을 직접 방문하여 한국과 한국인을 볼 기회가 거의 없었다.

일본은 1876년 운양호사건雲揚號事件을 구실로 '한일수호조규'(강화도조약—필자)를 체결하여 한국의 문호 개방을 강요하였다. 이후 많은 일본 상인들이 한국에 들어옴에 따라 한일 간의 무역이 본격적으로 시작되었으며, 이를 계기로 일본은 그들의 영향력을 확장시켜나갔다. 이러한 일련의 사건들은 한국에 대해 내정과 외교에 간섭하지 않았던 청淸의 정책을 변경하게 하였고, 나아가 청이 종주국으로서 자국의 지위를 강화하기 위한 대책을 강구하는 결과를 초래하였다. 이를 배경으로 하여 '조청상민수륙무역장정朝淸商民水陸貿易章程 —(이하 '장정')'이 체결되었던 것이다. '장정'이 체결된 후 한중 양국 간의 민간 교류가 점차 활발해져 갔다. 중국의 각계 인사들은 한국을 자주 방문하여 한국과 한국인을 직접 볼 수 있게 되어, 한국과 한국인을 이해하고 인식할 수 있는 생생한 자료를 확보할 수 있게 되었다.

또한 '장정' 체결 후 청은 한중 간의 종번관계를 강화하려고 주한사절을 파견했는데, 이때부터 한국의 내정과 외교에도 개입하기 시작하였다. 파견된 사절과 그들의 막료들은 한국에 오랫동안 체류하면서 다양한 방면에서 한국과 한국인을 관찰하고 이해한 내용을 문자로 기록하여 많은 양의 자료를 남겼다. 이들 자료에는 한국과 한국 국민성에 대한 중국인의 인식이 고스란히 담겨져 있다.

당시 한국에 오래 체류했던 사절이든 혹은 잠시 머물렀던 민간인이든 간에 중국인의 한국 국민성에 대한 인식은 주로 감정에 기반을 두고 형성되었기 때문에 부정적 인식이 주를 이룬다. 1882년 5월 상해윤선초상총국上海輪船招商總局에서 한국 상무고찰로 파견된 우팡보吳芳伯는 한국에서 한 달 동안의 현지조사를 끝내고 귀국한 후 『신보申報』, 『익문보益聞報』에 「동유기東游記」, 「유고려왕성기游高麗王城記」, 「조선풍토약술朝鮮風土略述」, 「고려형세高麗形勢」 등을 발표하였는데, 이 글들은 이후에 『소방호재여지총초小方壺齋輿地叢鈔』에 수록되었다.[3] 우팡보가 「유고려왕성기」에서 한국인을 서술한 내용을 살펴보자.

> 한국의 사대부와 백성들은 치장하는 것을 좋아하고 의복이 매우 정갈하여 남루하거나 얼굴에 때가 낀 사람이 드물다. 다만 성품이 놀기를 좋아하고 게을러서 입는 것과 먹고 마시는데 필요 이상의 것을 구하려고 애쓰지 않는다. 무릇 이 나라의 기풍에 의하면 권문세가가 아니면서 재물을 많이 모은 경우에는 관에서 반드시 재물의 출처를 조사하기 때문에 일반 백성은 재난을 초래할까봐 재물을 모으는 것을 싫어한다고 하였다. 손에 담배 파이프를 들고 삼삼오오 모여서 하루 종일 놀기만 한다. (…중략…) 백성의 풍속은 강직하고 소박하며 검소하다.[4]

이렇듯 우팡보는 한국인이 강직하고 소박한 성격을 가진 반면에, '놀기를 좋아하고 게을러서' 필요한 만큼의 의衣와 식食을 갖추고 있으면 만족하는 민족으로도 상정하고 있다. 즉 한국인이 현실에 만족할 뿐 진취성이 없다는 것이다. 그의 한국인에 대한 부정적인 인식은 당시 중국인의 한국 국민성 논의에 있어 일반적인 관점이었다. 중국인이 쓴 한국과 관련된 책에서도 이를 쉽게 찾아볼 수 있다. 예컨대, 『고려풍속기高麗風俗記』는 근대 한국인에 대해 다음과 같이 서술하고 있다.

고려인은 대체로 낡은 것을 타파하고 새로운 것을 만드는 것을 싫어하며 자신의 폐습을 지키고 있고 자기 나라를 숭배하고 외국인을 경시한다. 백성은 대체로 게을러서 오늘만 생각하고 내일은 생각하지 않는다. 토지를 개간하거나 공익사업을 하려고 하지 않는다. 밥 한 그릇, 술 한 잔, 팔을 베고 아무런 근심과 걱정 없이 사는 사람들 같다.[5]

이와 함께 같은 시기에 쓴 『조선풍토기朝鮮風土記』에서는 한국 사대부를 다음과 같이 묘사하고 있다.

사대부들은 여름에 할 일이 없어서 새벽에 일어나 술과 담뱃대를 들고 심산계곡으로 놀러 다닌다. 무성한 삼림에서 정좌正坐하여 마치 이 세상 아닌 태고의 사람과 같다. 아무런 근심과 걱정이 없는 것 같다. 사대부들은 점점 많아지고 술 마시면서 이야기를 주고받게 된다. 세속의 일은 그들에게 영향을 끼칠 수 없는 것 같다. 해가 서산으로 기울면 비로소 같이 집으로 돌아갈 것이다. 아침에 같이 나오지는 않아도 밤에는 같이 돌아간다. 하루 종일 놀기만 해서 본분에 힘쓰지 않음을 알 수 있다.[6]

이렇듯 중국인은 '게으름'을 한국인의 공통된 특징으로 규정하고 있다. 오랜 세월 중국인이 가지고 있던 한국에 대한 일반적인 인식은 일반 백성이든 사대부든 하루 종일 놀기만 하고 자기 일에는 신경을 쓰지 않았다는 것이다. 녜쓰청聶士成은 1894년에 리훙장李鴻章의 지시를 받아 무비학당武備學堂 학생을 이끌고 중국 동삼성 변경지대에 가서 현지조사를 하였는데, 이 조사기간 중 그는 조선에 입국한 적이 있다. 녜쓰청은 42일 동안 함경도, 평안도, 황해도 그리고 경기도 등지를 방문하여 한국과 한국인을 면밀하게 관찰한 후 서울에 도착한 후에는 고종의 접대를 받기도 하였다. 그는 『동유기정東遊紀程』에 그 당시 조선을 방문하여 경험했던 일들을 수록했으며, 한국 국민성에 대해서도 여러 차례에 걸쳐 언급하고 있다. 2월 28일의 일기에는 "조선 사람들은 성품이 매우 게을러서 먹을 만큼만 일을 하고 저축할 생각이 없다"라고 적고 있다. 이와 함께 3월 10일의 일기에서는 "한국의 관민이 모두 게으른 습성을 가지고 있다 보니 부지런히 대비를 못하는 듯하다. 걱정스러운 일이다"라고 하였다. 같은 달 27일의 일기에는 "조선 백성들은 고생을 많이 하는 것 같다. 특히 부녀자의 경우는 고생이 더욱 심한 것 같다. 경작과 같이 힘든 일까지 여자가 다 도맡아서 하는 반면에, 남자는 게으르고 하루 종일 놀기만 한다"[7]라고 적고 있다. 이처럼 녜쓰청은 『동유기정』에 세 차례에 걸쳐서 한국인이 '게으르고 노는 것을 좋아 한다'고 언급했다. 한국인에 대한 이러한 인식은 당시 중국인들 사이에서 고정관념으로 자리 잡고 있었다.

대다수의 중국인들은 한국인에 대해 '성품이 놀기를 좋아하고 게으르다'는 것 외에도 조종祖宗의 법에 얽매여 시대의 변화에 적극적으로 대처하지 못하는 것으로 인식하였다. 1882년 청국 장군 황스린黃仕林의 막료로 한국에 왔던 쉐페이룽薛培榕은 오랜 체류기간 동안 한국의 정치, 풍토, 지형, 군제를 조사했을 뿐 아니라 사서와 전적도 수집하였다. 이후에 그는 이들 자료를 토대로 『동번기요東藩紀要』, 『조선풍속기朝鮮風俗記』, 『조선팔도기요朝鮮八道紀要』 등을 저술하였다. 쉐페이롱은 『조선풍속기』에 근대 한국이 쇠약한 원인을 다음과 같이 서술하였다. "조선의 토지는 기름지고 물산이 풍요롭지만 사람들은 스스로 일어서지 못하고 낡은 관습을 고집하여 기존의 체계에 구속되어 있어 국세가 미약하다."[8] 이러한 언급을 통해 그가 근대 한국의 국력이 약한 원인을 한국의 군민君民이 시대의 발전에 따라 적극적으로 변혁하지 못한 데에 있는 것으로 보고 있음을 알 수 있다. 한국인이 구습에 얽매여 변화를 추구하지 않았다는 견해는 일찍이 녜쓰청도 공감한 바가 있다. 녜쓰청은 자신의 저서 『동유기정』에서 "유사시에 더욱 낡은 관습을 고집하고 융통성이 없고 책을 많이 읽어도 거의 소용없다"[9]라고 한 바 있다.

이상에서 살핀 바와 같이 근대 초기 중국인의 한국 국민성에 대한 인식은 부정적 견해가 주류를 이루고 있다. 이러한 인식이 형성된 데에는 무엇보다도 중국인의 자세가 중요한 요소라고 할 수 있다. 한국과 중국은 주로 조공朝貢관계로 수천 년간 교류한 역사를 가지고 있으며, 이러한 교류사적 배경 하에 중국인은 한국인에 대한 인식을 형성해 갔다. 그러므로 중국인의 한국인에 대한 태도는 필연적으로 불평등한 관계에 영향을 받아 형성된 것이라고 볼 수 있다. 구체적으로 말하자면 '천조상국天朝上國'의 신민으로 자처한 중국인은 늘 높은 곳에서 굽어본다는 자세로 한국을 내려다본 것이다. 그러므로 중국인의 한국에 대한 인식의 경우 당연히 정치적, 문화적 우월감으로 가득 차 있었다고 할 수 있다. 근대 이후 한국과 중국이 연이어 개항하면서 중국인들이 한국을 직접 방문하여 관찰할 수 있는 기회가 늘어남에 따라 한국과 관련된 자료를 많이 확보할 수 있게 되었다. 이로 인해 중국인의 한국에 대한 인식에 영향을 미치는 요소들도 더욱 다양해졌다. 그러나 그럼에도 불구하고 근대 중국인은 한국인에 대해 여전히 '내려다보는' 자세를 견지하며 한국인을 관찰해 간 결과 중국인의 한국인에 대한 우월감은 사라지지 않았다.

3. 근대이행기의 한국 국민성 인식

청일전쟁에서 패한 청은 일본과 '시모노세키조약'을 체결하고 한국을 하나의 독립된 정부로 인정하였다. 2000여 년간 지속되었던 한국과 중국의 조공관계가 끝났고, 그 결과 한중 양국은 국제법상 대등한 관계가 되었다. 이러한 사실은 양국 국민들로 하여금 상호 평등한 시선으로 상대국을 면밀히 살펴보고 재인식하게 하는 계기를 마련하였다.

19세기 중반 이후에는 신문 및 정기간행물과 같은 새로운 미디어 형식이 근대 중국에 등장하였다. 정보량이 많고 실효성이 강한 신문과 정기간행물이 중국사회에 보급되자, 이들 매체는 중국인들이 시사와 국외 실정을 이해하는 데 있어 중요한 매개 역할을 하였다. 1880년대부터 한국과의 종번관계를 강화하고자 한 청의 입장으로 인해, 한국문제는 중국의 조정朝廷과 민간民間 모두에게 중요한 관심

대상이 되었다. 이러한 결과로 인해 이들 매체를 통한 한국에 관한 보도는 점점 늘어났다. 한국과 중국의 조공관계가 끝난 청일전쟁 이후에도 중국 매체는 한국에 대해 조금도 관심을 줄이지 않았다. 이는 중국 매체들이 제국주의의 침략으로 인해 식민지로 전락해 가는 한국을 통해 자신의 모습을 발견하고자 한 데에 그 이유가 있다. 중국지식인들은 한국에 관한 소식을 지속적으로 보도하는 중국 매체를 통해 한국과 관련된 정보를 더욱 많이 접하게 되었고, 이에 따라 한국의 실정에 대해 구체적으로 파악하게 되었다. 청일전쟁 이후 당시 상황이 지금까지 한번도 경험하지 못했던 생존의 위협을 받는 순간임을 깨닫게 된 중국은 민족을 위기에서 구할 수 있는 방법을 모색하기 시작한다. 이러한 과정에서 점점 식민지로 전락해 가는 한국은 중국지식인들이 중국의 국민을 각성시키는 주요 본보기가 된다. 중국인들은 한국이 멸망해 가는 원인을 검토함으로써 스스로 반성하고자 하였으며, 다양한 평론 등의 발표를 통해 한국의 잘못된 점을 거울삼아 한국과 같은 잘못을 되풀이하지 않도록 중국 국민에게 경계심을 불어넣고자 하였다. 한국이 식민지로 전락하게 된 원인에 천착해 간 글들은 한국인의 국민성에 대한 논의를 적지 않게 다루고 있다.

한국의 개항 초기, 중국인의 한국 국민성에 대한 인식은 대부분 감성적이었다. 주로 한국에 파견된 중국사절단들이 한국사회를 직접 관찰한 후 기록된 글들에서 이러한 인식이 보이는데, 글들에는 한국에 대한 이성적인 사고가 부족하고 개인적인 편견도 적지 않다. 이는 청의 관원들인 이들 사절단이 '천조상국天朝上國'의 신민의 태도로 한국과 한국인을 내려다보았기 때문이다. 그러나 이 같은 한국에 대한 감성적 인식은 청일전쟁 이후 전환점을 맞게 된다. 전쟁의 실패로 인해 큰 충격에 빠져있던 중국인들은 19세기 말 중국을 경쟁적으로 나누어 통치하고자 하는 제국주의자들에 의해 또 한 번 민족 위기에 직면하게 된다. 이와 같은 위기는 중국지식인들이 국가와 민족이 봉착한 난관을 각성하고 이를 극복해 갈 방법을 모색하는 데에 결정적인 계기를 마련해준다. 이와 더불어 한국이 식민지로 전락해 간 과정은 중국인들에게 적지 않은 충격을 주게 된다. 중국지식인들은 한국이 식민지가 된 원인에 천착해 가는 것을 통해 중국의 국민들을 일깨우고 중국을 식민지화의 위기에서 구하고자 하였다. 이 같은 배경 하에 중국지식인들은 한국이 식민지로 이행되는 과정에서 한국인들이 어떻게 대처하였는가에 대해 검토함으로써 한국 국민성을 새롭게 인식하게 되었다. 이 시기에는 이전과 달리 중국지식인들은 한국을 직접 방문하여 관찰하기보다 주로 신문기사를 분석하고, 이러한 내용에 자신들의 견해를 덧붙여 가며 새로운 인식을 형성해 갔다. 따라서 이 시기 중국인들의 한국 국민성에 대한 인식은 이전보다 좀 더 이성적으로 변화되었다.

그 당시 중국인의 한국 국민성에 대한 인식은 한국이 식민지로 전락해 간 원인을 탐색하는 과정 속에서 형성된 것으로, 감성적 인식이 배제되고 대부분 이성적 인식을 바탕으로 하고 있다. 당시 중국인들의 한국 국민성에 대한 인식은 총체적으로 파악하는 양상을 보이기도 하지만, 실제로 통치와 비통치 계급으로 대별하여 인식을 형성하는 양상을 더 많이 보인다고 할 수 있다.

한국이 식민지화되기 전, 중국 신문은 한국이 오늘 이러한 상황에 이르게 된 가장 중요한 이유에 대해 "조정의 중신들이 뇌물을 탐하고 국민은 허약하여 농공상업이 다 폐하였기"[10]때문이라고 하였다. 이전 시기와 마찬가지로 한국인의 "나태", "수다를 좋아하는" 특성이 여전히 중국인에게는 깊은 인상으로 남아있다는 것을 다음 진술에서도 알 수 있다. "조선인은 수다를 좋아하며 세 사람이 만나면 하루 종일 이야기한다. 조선인의 성격을 조금이라도 아는 외국인이라면 다 이러한 평가를 내릴 것이다." 중국인은 이처럼 한국인의 나태하고 수다스런 성격이 일반 국민들뿐만 아니라 나라의 정무를 맡고 있는 정부 관료들에게서 조차도 동일하게 나타난다고 보았다.

> 한성 가운데 높은 건물 몇 개가 자리를 잡고 있는데 정문에 모某 부라고 쓰여 있다. 그 안에는 문서가 하나도 없다. 중신들이 한 책상에 모여앉아 회의할 때 분위기가 산만하고 이야기가 맹목적이며 정무에 관한 내용이 전혀 없다.[11]

결국 이들은 하루 종일 잡담만 하고 정무에 무관심한 한국 관료의 모습을 한국이 식민지화된 주요 원인으로 꼽았다.

한국인이 미래에 대한 관념이 약하고 원대한 안목이 부족하다는 것 또한 중국인에게 깊은 인상을 남겼다는 사실은 다음 기사글에서 드러난다. "조선인은 미래에 대한 관념이 많이 약하다. 인민은 한번 배부르면 곧 몇 명이 모여서 나무 밑에서 쉬면서 하루 종일 잡담을 한다. 내일의 밥걱정은 안 한다. 관료도 마찬가지다." 이렇듯 중국인들은 한국인의 이러한 근시안적인 성격이 근대 자본주의의 경쟁 구도 속에서 국가와 민족이 직면하고 있는 위기적 상황을 직시할 수 있는 능력부족으로 이어졌고, 또 이에 대해 준비하고 스스로 돌파해 가지 못한 것으로 여겼다. 그리하여 이 신문은 "한국을 망하게 한 자는 한국 자신이다! 일본이 아니다. 한국의 군신이 세계 형세의 험악함을 간파하여 미리 준비하였다면 일본에게 모욕을 당하지 않았을 것"[12]임을 역설하며 기사를 마무리한다.

이 시기에 중국인들은 한국의 국민구성원과 한국인의 성격에서 한국이 식민지화된 원인을 파악하고자 한다. 우선 이들은 한국사회를 지배한 지 수백 년이 지난 양반계층을 날카롭게 비판한다. 예컨대 량치차오의 『조선 멸망의 원인朝鮮滅亡之原因』에서 한국의 양반계급에 대한 비판의 글을 읽을 수 있다.

> 양반이란 국내 정치, 사회, 생계의 세력을 모두 독점한다. 양반이 아니면 관료가 될 수 없고 학업에 종사할 수 없으며 사적 재산도 안전하게 보유할 수 없다. 다시 말하면 조선에는 자유 의지와 독립적인 인격을 가진 자는 오직 양반뿐이다. (…중략…) 양반은 높은 지위에 있으면서 부유한 생활을 누리지만 아무 일도 하지 않는다. 이들에게 관료는 유일한 직업이다. 따라서 다른 나라가 국무를 관리하기 위해 관료를 배치하는 것이라면 조선은 직업이 없는 자를 키우기 위해 관료를 배치하는 것이다.[13]

이렇듯 량치차오는 한국의 양반계층을 사회의 모든 부와 자원을 독점하면서도 나라를 다스리는 데에 전혀 신경을 쓰지 않는 자들로 상정하고 있다. 이와 더불어 그는 양반계층이 "옷을 입고 밥을 먹는 일까지 거의 스스로 하지 못하기 때문에 몸의 기관을 사용하지 않은 지 오래되어 그 기능을 거의 상실하였다. 다른 사람의 눈과 귀, 손과 발로 자신이 보고 듣는 것, 그리고 언동을 하는 데에도 도움을 받는"[14] 기생 계층임을 강조하였다. 이들 양반은 국가를 다스리고 국민에게 행복을 가져다주지 못할 뿐 아니라, 당파싸움을 일삼아 자신의 이익을 위해 국가와 백성을 전혀 고려하지 않는다는 것이다. "따라서 조선은 붕당이 많고 음모 꾀하기를 잘한다. (중국은 어떠하였을까?) 백 년 전에 남종, 북종, 노론, 소론 등 여러 파가 있었다. 이들은 남을 의지하거나 배척하기를 일삼았으며 갈수록 심해져 갔다. 그러나 당파란 공통의 목적이 있는 게 아니라, 당을 핑계로 자신의 이익만을 도모하기 때문에 낮에 악수하고 밤에 싸우기를 반복하는 일이 이상한 게 아니다"[15]라고 언급했다. 따라서 "정계에 진출한 모든 이들은 당파를 나눌 줄만 알기 때문에 권력투쟁을 비롯한 모든 행위는 자신의 공명과 부귀를 추구할 뿐"[16]이라는 것이다. 심지어 중국인은 한국이 식민지로 전락하게 된 근본적인 원인을 한국 통치계층에 존재하는 "내부 당파 정치의 결과"[17]라고까지 하였다.

이 시기의 중국인들은 당대唐代 시인 두목杜牧의 『아방궁부阿房宮賦』 중의 "육국六國을 멸망한 자는 육국이며 진秦이 아니다. 진을 멸망한 자는 진이며 천하가 아니다"라는 말을 빌려서 "한국을 멸망시킨 자는 한국이며 일본이 아니다"라고 지적하며, 한국 내부에서 식민지화된 원인을 찾고자 하였다. 이들은 한국의 국민구성원을 분석한 후, 이를 토대로 통치계층으로서의 양반 귀족을 신랄하게 비판하였다. 또한 이들은 한국의 피지배계층인 평민들의 마비된 정신상태에 대해서도 다음과 같이 비판하고 있다.

> 인민은 노예의 성질을 벗어나지 못하고 애국이나 멸망이 무엇인지도 모른다. (…중략…) 전국이 꿈속에 있는 것 같다.[18]

중국인들은 한국의 통치계층의 경우 게으르고 공사를 구분하지 못하며 자신의 이익을 위해 하루 종일 당파싸움만을 일삼는다고 했다면, 일반 백성은 하는 일 없이 하루하루를 보내면서 정신이 마비되었다고 언급하였다. 그리하여 결국에는 한국이 식민지로까지 전락한 것으로 규정하고 있다.

이상에서 살핀 바와 같이 이 시기 중국인의 한국 국민성에 대한 인식은 여전히 부정적인 내용이 지배적이다. 그러나 대부분의 중국인이 일촉즉발의 민족 위기 상황에서 한국이 식민지화된 원인에 천착해감으로써 스스로 반성하고 있다는 점은 이전 시기와 다른 점이라 하겠다. 말하자면 중국지식인들이 한국사회의 여러 문제들을 파악하면서 중국도 이와 유사하거나 같은 문제가 존재하는지를 반성하고 있는 것이다. 이와 더불어 『시보時報』에 실린 「조선 멸망의 원인 삼朝鮮滅亡之原因 三」에서도 중국인의 자기반성의 태도가 파악된다. 이들은 한국이 식민지화된 원인을 분석하면서 한국의 문제점을 지적할 때 "중국은 어떠한가?"라는 말을 붙여서 반문하기도 하며,[19] 한국과 한국인을 내려다보는 식의 중국인의 우월의식도 줄어들고 있는 것이 그것이다. 이는 한국과 중국 간의 전통적인 종번관계가 종결된 이후, 이들 양국이 근대적 세계체계 내에서 평등한 구성원이 되었다는 데에서 그 이유를 찾을 수 있다.

4. 한국 국민성 인식의 지형 변화

한국의 국내 상황이 변함에 따라 한국 국민성에 대한 근대 중국인의 인식도 변하게 된다. 이러한 변화는 근대 중국인이 일제 침략에 대한 한국인의 저항이 현저해지면서 드러나기 시작한 한국인의 애국심과 독립운동에 대한 투지를 이해한 데에서 기인한다. 한국인이 애국심을 모르는 민족인 줄 알았던 중국인은 을사조약을 체결한 이후에 한국인들이 표출한 일련의 행동들에 놀란 나머지 한국 국민성을 재인식하기 시작하였다. 그 당시 상하이에서 발행되었던 『동방잡지東方雜誌』에 게재된 「한국멸망사韓國滅亡史」에는 '을사조약'을 맺은 날 한성[20]에 있던 민중의 모습을 다음과 같이 상세하게 묘사하고 있다.

> 당일 경성 안팎 남녀노소는 조약에 조인했다는 소식을 듣고 우는 사람이 매우 많았다. 재야 元老 대신 조병세 또한 이 소식을 듣자 바로 경성으로 갔다. 그는 백관을 이끌고 朝廷에서 조약에 조인한 대신을 탄핵하였다. 그는 각 나라의 공사에게 통보하고 조약을 무효화하였다. 일본 헌병이 그를 잡아갔다. 그는 이 일로 죽임을 당한다. 민영환은 이어서 조정에 청하다가 후에 일본 헌병에게 살해 된다. 민영환의 어머니는 팔십 세인데 이 소식을 듣고 자살하였다. 시랑 홍만식은 통곡하며 죽었다. 각지의 유생 수천 명이 조인한 대신들을 즉각 처형하고 을사조약을 파기할 것을 청원하였다. 일본 헌병은 이들 중 사십 여 명을 잡아갔다. 기타 학교의 학생 팔백 여 명이 조약을 극렬하게 반대하며 길가에서 연설하다가 일병에게 체포된다. 기독교도 중의 청년회원 수십 명이 상소를 올려 일본의 무리한 행위를 반대하러 나서서 일병에게 잡히고 궁정

앞 땅은 핏자국에 젖었다. 다음날 청년회원 사백 여 명이 경성 대도에 모여 대한제국 독립만세라고 외치면서 일본의 蠻行을 통곡하며 비난하였다.[21]

이상의 서술을 통해 '을사조약'을 체결한 날, 한국에서는 조정 대신에서부터 일반 백성에 이르기까지, 또 학생에서부터 종교인들에 이르기까지 모두 이 같은 체결에 반대하며 "대한독립만세"라는 구호까지 외쳤음을 알 수 있다. 이러한 사실은 당시 대부분의 중국지식인들이 예상치 못한 일이었으며, 량치차오는 이에 대해 "이들의 적개심은 망한 한국을 구할 수 없지만 지배자의 예상을 뛰어 넘었다"[22]라고 평가하고 있다. 다시 말하면, '을사조약'을 맺은 이후 한국인들이 나타낸 적개심은 대한제국의 멸망을 구할 수는 없지만 한국인의 독립정신을 표현한 것이라 하겠다.

1910년 한국이 일본과 강제로 '한일합병조약'을 맺은 후 한국인들이 자주 보여준 애국적인 행동들은 중국인들을 더욱 놀라게 하였다. '한일합방조약'이 체결된 후에 중국 신문에는 "전라북도 금산군 군수 홍범식은 한일합병이 분해서 목매어 죽는다",[23] "지방 농민, 해외 상인과 공인들 중에는 전 재산을 바쳐서 광복을 도모하고자 하는 이도 있다"[24] 등의 기사가 실렸다. 이와 함께 당시 신문은 해외에 있는 한국인들의 반응도 기사화하였다. 예컨대, 샌프란시스코에 있는 고려애국회총사무소 본부와 일본 유학생에 관한 기사가 당시 신문에 실려 있는데, 전자는 "오늘은 한일합병의 소식을 듣고 회의를 열었나. 우리는 절내로 주권을 양보하지 않을 것이며 강제적 수단을 동원해서라도 일본을 내쫓을 것이다. 우리 한국 백성은 일시적인 안일을 위해 자주 독립을 포기하지 않을 것이다"[25]라는 내용이었다. 후

자의 기사는 "재일 한국인 유학생 중 분해서 자살한 자가 약 5~10명이다. 이들 중 배를 갈라 자살한 이도 있고 권총으로 자살한 이도 있으며 독약을 먹고 죽은 이도 있는데 끔찍하여 차마 들을 수가 없다"[26]는 내용을 담고 있다. 일본이 한국을 강제 합병한 이후에 한국인들이 자결하거나 일제에 저항하는 모습을 담은 이들 기사는 근대 중국인들에게 깊은 인상을 남겼다. 그리하여 중국인들은 "아! 한국인들은 자유와 독립을 알고 있구나! 합병 이후 축하하는 이들은 볼 수 없고 반대하는 자들만 보이는구나"[27]라며 경탄해마지 않았다. 이와 더불어 중국인들이 한국인에 대해 "이들의 의지를 애탄하며 이들의 처지를 슬퍼한다"는 언급을 통해서도 한국 국민성에 대한 중국인의 인식이 변해 가고 있음을 알 수 있다.

1909년 12월 26일 일본이 한국을 강제합병하기 전, 안중근이 하얼빈 기차역에서 이토 히로부미伊藤博文를 암살한 사건은 중국사회에 엄청난 반향을 불러일으켰으며, 언론매체 역시 이와 관련된 기사를 계속 보도 및 논평하였다. 이 사건은 그 당시 중국사회에 중요한 영향을 미쳤으나, 이를 다룬 최초의 평론에서는 암살 사건을 안중근의 사적인 행동의 결과로 단정하고 국가와 민족의 문제로까지는 연결짓지 않았다. 당시 중국인이 신문에 게재한 평론에서 이와 관련된 내용을 쉽게 찾을 수 있는데, 그 중 1910년 9월 상하이 『시보時報』에 실린 「조선 멸망의 원인 사朝鮮滅亡之原因 四」는 이 사건을 다음과 같이 평론하고 있다.[28]

> 조선인 천만 명 중에 안중근 같은 사람은 오직 한두 명 뿐이지만 우리는 이를 무시할 수 없다. 이러한 사람은 억만 명 중 한두 명밖에 없다. 이 한두 명은

사회에서 인정받지 못하고 살아남기도 어렵다. 조선사회는 음험하고 비열한 자가 많은 반면, 청결하고 자애한 자는 수적으로 열세에 처해 있다. 사람이 악한 것은 천성이 아닌 사회적 상황으로 인해 그렇게 된 것이다.

이를 통해 한국사회에서는 "안중근"과 같은 인물이 많지 않으며 "억만 명 중 한두 명밖에 없"을 뿐 아니라, 이러한 성향을 지닌 사람의 경우 한국사회에서는 살아가기가 힘들다는 것으로 이해하고 있다. 이처럼 당시 중국인들은 안중근의 영웅적인 행동을 국가와 민족이라는 대의와 연결시키지 못하였다. 중국인들에게 있어 한국 국민성에 대한 인식을 변화시키는 계기는 '을사조약'과 '한일합병조약' 이후에 한국인들이 자주 독립을 위해 보인 신체적 · 물질적 희생이 따른 행동들이라 하겠다.

한국 국민성에 대한 근대 중국인의 인식이 철저히 전환되는 역사적 사건은 1919년 3 · 1운동과 이후에 자유와 독립을 위해 펼친 일련의 독립운동이다. 1919년 3월 1일 한국인들은 전 민족적으로 항일운동을 일으켰다. 3 · 1운동이 일어난 후 중국 매체는 이러한 독립운동에 특히 주목하였고, 이에 한국인들이 3 · 1운동 중 자유와 독립을 위해 펼친 투쟁들을 집중 보도하였다. 그리하여 중국사회의 다양한 분야에 있는 사람들이 매체를 통해 한국의 이러한 상황을 알게 된 이후에는 다수의 평론을 발표하기 시작하였다. 이들은 특히 3 · 1운동 중에 표출된 한국인들의 민족정신을 높이 평가하였는데, 구체적인 내용은 나음과 같이 정리할 수 있다.

첫째, 중국인들은 3 · 1운동을 계기로 한국인이 애국정신이 있는 민족임을 인정하게 되었다. 근대 초기 중국인은 한국인이 "애국이 무엇인지 모른다"라고 생각하였다. 그러나 중국인들은 한국인들이 망국의 고통을 겪고 난 이후 일제라는 강한 적과 대치 상황에서 "이번 조선의 독립이 겉으로 보면 힘이 약하고 성공할 가능성이 없다"[29]는 사실을 잘 알고 있으면서도, 또 "독립운동을 일으켜도 독립할 수 없다는 것을 알면서도 해 본다"는 그 의지를 높이 평가하였다. 중국인들은 이러한 의지를 한국인의 애국에 대한 열정과 자주 독립을 추구하는 정신을 보여주는 것으로 여겼다.

둘째, 중국인들은 3·1운동에서 한국인들이 표출한 불요불굴不撓不屈의 희생정신에 대해 경탄하였다. 이와 관련된 내용이 당시 중국 신문에 기사화되기도 하였는데, 다음 글은 주요 내용을 발췌한 것이다. "자발적인 혁명이라면 그 민족은 건국할 능력이 있으며 독립정신을 가지면서 자유를 위해 피를 흘리고 자치를 위해 희생하기 마련이다." 중국인들은 3·1운동을 이러한 정신을 담지하고 있는 것으로 상정하고, 이에 대해 감탄을 금치 못한다.[30] 특히 푸스녠傅斯年의 평론은 주목할 만한 데, 그는 "혁명계의 신기원을 열었고 할 수 있다"라며 한국인의 희생정신을 높이 평가하면서 "조선독립운동정신만세라고 외쳐야 한다"는 언급을 덧붙였다. 심지어 어떤 사람은 "조선의 독립이 성공하지 못한다고 해도 이러한 정신은 계속되어야 한다"는 지적도 하였다.[31] 당시의 중국지식인들은 독립정신을 가진 민족은 남에게 의지하며 살아가지 않을 것이며, 이러한 민족으로 이루어진 한국이 일본의 구속으로부터 벗어날 날을 중국인들은 눈을 씻고 지켜볼 것이라고까지 하였다.[32]

이상에서 살핀 바와 같이 3·1운동 이후 한국 국민성에 대한 중국인들의 인식이 전환되었음을 알 수 있다. 한국인의 애국심, 독립과 자유에 대한 열정, 독립을 위한 불요불굴의 희생정신 등은 1920년대 이후 중국인이 한국 국민성을 인식하는 데 있어서 주요 요소가 된다. 이러한 사실은 1932년 한국 여행을 다녀온 마이馬毅가 남긴 「조선여행기朝鮮紀游」라는 평론에서도 확인할 수 있다.[33]

> 나는 조선이 참 대단하다고 생각한다. 단지 안중근, 윤봉길 때문이 아니다. 그들의 나라가 망한 지 삼십 년이 된다. 그들은 모든 생존의 권력과 행복, 자유를 다 박탈당한다. 온갖 억압 아래 국제적인 지원도 없고 혁명의 기회와 무기도 없는 그들은 완전히 피지배자가 된다. 그러나 그들은 아직도 투쟁하고 있으며 '조선을 구할 수 없다'고 생각하는 사람이 한 명도 없다.

한국 국민성에 대한 중국인의 인식 전화는 중국에서 한국의 독립운동을 동정하고 지지하는 사회여론을 형성하는 계기를 마련하였고, 일제에 저항하기 위한 투쟁에서 한중 양국 간에 통일전선을 형성하는 데 중요한 역할을 하게 되었다.

5. 결론

근대 이래 한국과 중국이 연이어 개항하게 되고 양국 간의 종번관계가 강화됨에 따라 한국을 방문한 중국인 특히 민간인이 많아지면서 한국과 한국인에 대한 이해도 깊어졌다. 이와 더불어 신문과 잡지

등 근대 매체는 한국에 대한 중국인의 이해를 더욱더 증진시키고자 하였다. 이처럼 한국에 대한 이해가 깊어짐에 따라, 근대 중국인의 한국 국민성에 대한 인식도 변하였다. 중국인들은 종주국의 신민으로 한국인을 내려다보면서 한국의 통치계급이 유발한 여러 폐단들을 지적하기도 하였으나, 3·1운동을 계기로 자유와 독립을 추구하는 한국인의 정신에 진심으로 경탄하였다. 이러한 사실은 경멸에서 부정으로, 또한 부정에서 긍정으로 전환되는 과정이라고 할 수 있다.

한국 국민성에 대한 중국인의 인식 변화는 한중관계의 변화와 밀접한 연관이 있다. 한국과 중국은 개항 이후, 서구 제국주의자들과 일본의 침략에 직면하게 되면서 한중 간의 전통적인 종번관계를 강화해 가고자 하였다. 그러나 이들 국가 간의 전통관계가 소멸되는 것을 계기로 청은 '마관조약 = 시모노세키 조약'을 통해 한국의 독립을 인정하게 되었다. 1899년 중국이 한국과 '한청통상조약'을 맺은 이후부터 한중 양국은 근대적 세계 체계 내에서 평등한 구성원이 되었다. 청일전쟁 이후 일제가 한국을 침략함에 따라, 한국은 점차로 일본의 보호국에서 식민지로 전락하였다. 이 같은 한국의 지위 변화는 한중관계의 변화를 초래하였다. 한국과 중국은 공식적인 외교관계는 없었지만 일제의 침략 앞에서 양국은 피지배 민족으로 상호연합의식을 강화해갔고, 결국 한중항일연합전선을 형성하게 되었다. 이처럼 한중관계가 변화함에 따라 한국 국민성에 대한 중국인의 인식도 바뀌게 되었다.

한국 국민성에 대한 중국인의 인식 변화는 중국사회의 실정과 밀접한 관련이 있다. 근대 이래, 중국은 끊임없이 외세침략을 겪었는데, 특히 청일전쟁은 중국사회에 엄청난 충격을 가함으로써 중국인들에게 국가와 민족의 운명을 생각하고 스스로 반성해 갈 계기를 가져다 주었다. 이러한 과정에서 중국과 밀접한 관계가 있었던 한국은 중국인이 본보기로 삼는 실례가 되었다. 중국인은 한국이 식민지화되는 과정에 천착함으로써 스스로 각성하며 반성해 가고자 했던 것이다. 당시 항일혁명운동을 전개하고 있던 중국은 일본에 침략당하여 항일독립운동을 전개하고 있던 한국에 또다시 주목하게 되었다. 이에 따라 한국 국민성에 대한 중국인의 인식이 변하게 되었던 것이다.

한국 국민성에 대한 중국인의 인식 변화는 '한국사회의 실정, 한국인의 항일독립운동'과 깊게 결부되어 있다. 근대에 접어들면서 한국은 끊임없이 일본의 침략을 당하는데, 이러한 사실에 직면한 한국인들은 자강을 통해 침략을 저지하고자 하지만 하나로 단결된 힘을 끌어내지는 못하였다. 일본이 한국을 보호국화한 이후에야 비로소 한국인들은 스스로 각성하게 되었으며, 이때부터 한국인들은 광범위한 항일운동을 전개하기 시작하였다. '을사조약'과 '한일합병조약' 조인을 전후하여 한국인들의 "몸과 가산을 바친" 행동과 3・1운동 중 표출된 불요불굴의 희생정신은 중국인에게 깊은 인상을 남겼으며, 이를 계기로 한국 국민성에 대한 중국인의 인식이 전환되었다.

II

근대 한국인론의 표상과 재현

중국문학에 투영된 근대 한국인상*

김경석金璟碩

1. 인식의 연속과 단절

한중교류사는 한국의 역사와 물리적 시간을 함께 한다고 해도 과언이 아닐 만큼 유구한 역사를 지니고 있다. 그 지난持難한 양국의 교류사에는 사신의 왕래와 전쟁과 같은 외교적 교류, 학자와 승려, 예술인들의 학술문화 교류, 다양한 무역상들이 주축이 된 경제교류 등 수많은 주역과 사건의 편단들이 복잡한 인과관계를 이루며 종횡으로 얽혀 있다. 이러한 교류의 과정 속에서 한국과 중국은 상호인식의 틀을 형성해 왔으며 이 인식의 틀은 역사적 맥락 속에서 변화해 왔다.

한중교류의 역사 가운데 민간교류의 역사는 국가적인 외교사에

* 이 글은 『중국소설논총』(제34집, 2011)에 수록된 논문을 수정 보완한 것임.

비한다면 최근세의 일이다. 19세기 중엽 조선의 관북지방 농민들이 두만강 건너 만주지역에 정착하면서 본격적인 한중 민간교류가 시작되었다고 본다면, 그 역사는 200여 년에 불과하다. 조선시대까지 중국을 포함한 외국과의 교류는 대외무역조차도 관의 통제 하에 이루어졌기에 근대적인 민간교류가 일찍 싹트기 어려웠다. 20세기에 들어서면서 일본이 조선을 침략하자 조선의 많은 애국지사들은 가산을 정리하여 식솔들을 이끌고 만주지역으로 이동하였다. 물론 이들 외에 일본의 탄압을 피해 삶을 영위할 목적으로 이주해 온 농민들도 있었다. 이들에 의해 중국인들의 한국인에 대한 인식은 변화되기 시작하였다. 또한 당시 국내와 해외 (주로 중국과 연해주 지역)에서 벌어지고 있던 항일운동은 중국인들에게 한국 인식의 전환점이 되는 계기가 되었고 이는 당시 중국작가들의 작품 속에 문예형상으로 기록되었다.

근대 이후 동아시아 정세의 변화는 수천 년간 지속되어 온 중국과 한국의 관계에도 근본적인 변화를 가져왔다. 19세기 초엽 동북아의 삼국인 조선, 중국, 일본은 제국주의 포함砲艦외교에 의해 강제로 문호가 개방된 이후, 일본은 제국주의의 길을 걷게 되고 중국과 조선은 식민지로 전락하며 20세기를 맞이하게 된다. 제국주의 국가로 탈바꿈한 일본의 아시아 침략 과정에서 중국의 한국 인식은 큰 변화를 겪게 된다. 물론 수천 년을 지속해 온 중국의 고정된 한국 인식에 비한다면, 이 시기 인식의 변화를 근본적인 변화라고 하기에는 무리가 있다. 하지만 한국과 중국 모두가 겪었던 근대사적 사건들 속에서, 시간과 일련의 역사단계들 속에서 조금씩이지만 분명하게 그 인식은 변화를 겪어 왔다.

입헌군주제를 통해 중국을 근대국가로 변혁하고자 노력했던 량치차오梁啓超는 1904년에 저술한 「조선망국사략朝鮮亡國史略」의 서문에서 일본의 조선침략에 대해 다음과 같이 말하고 있다.

> 이제 조선은 없어졌다. 지금부터 세상에는 조선의 역사가 다시 있을 수 없고, 오직 일본 번속藩屬 일부분의 역사로 남을 뿐이다. (…중략…) 조선과 친속親屬의 관계를 가진 이가 어찌 이 일을 기록하지 않을 수 있겠는가.[1]

이 글에서 량치차오가 안타깝게 생각하는 것은 결코 조선의 망국이라고 볼 수는 없다. 량치차오 역시 청제국의 관료로서 오랜 세월을 유지해 온 조선과 청나라의 주종관계가 무너지고 조선에 대한 정치적 주도권이 일본으로 넘어갔다는 것을 애석하게 여기는 것이다.

이처럼 아편전쟁 이후부터 신해혁명 시기까지 근대 중국의 새로운 탄생을 열망했던 진보적 지식인들조차도 양국관계를 종번관계로 인식하고 있었고, 이는 종래의 전통적 한국 인식과 크게 다를 바 없었다. 이로 미루어 볼 때, 20세기 초엽까지 중국의 조야朝野와 보혁保革을 막론하고 중국의 일반적인 한국 인식은 수직적이고 종속적인 구도를 형성하고 있었음을 알 수 있다. 그러나 1919년 이후의 문학 작품에서는 이러한 수직적인 구도, 즉 종속적이거나 동정적인 시각에서 벗어나 반제국주의 운동의 연대적 관계로 조선을 인식하기 시작한다.

위와 같은 중국의 한국 인식은 1919년 3·1운동을 계기로 변화를 보이기 시작한 것이다. 이러한 변화는 당시 중국의 언론매체에 게재된 보도문, 의론성 산문, 문학작품 등에서 새로운 모습으로 형상화된 조선인의 출현으로 구체화되었다. 5·4운동 이후 중국에 등장한 신문학단체인 문학연구회와 창조사의 작가들은 당시 국내외 정세에 대해 새로운 시각으로 이를 조명하고 변화된 인식을 문학창작에 반영하기 시작한다. 이들 작가들의 작품 속에 투영된 한국 인식은 종래의 수직적이고 종속적인 인식에서 벗어나 수평적인 연대의식으로 전환되었다. 이는 청나라 말기까지 관변적인 문헌에서 찾아 볼 수 있었던 한국 인식에 비해서 매우 구체적이고 사실적인 요소를 갖추고 있을 뿐만 아니라, 당시 중국지식인들의 한국 인식에 나타난 변화를 읽어낼 수 있는 기록이기도 하며 근대 한국인상의 출현을 알리는 사료이기도 하다.

2. 근대 한국인상의 출현

근대 이전 중국의 한국 인식을 알아볼 수 있는 문헌은 그다지 많지 않다. 고대로 거슬러 올라가면 「산해경山海經」의 기록에서부터 중국의 우리에 대한 인식을 찾아 볼 수 있다. 이 밖에도 임진왜란 때 조선에 파병되었던 명明나라 군대의 총사령관 이여송李如松의 눈에 비친 조선인의 모습이 남아있다. 임진왜란 당시 이여송의 지리참모로 조선에 왔던 두사충杜師忠의 사위인 나학천羅鶴天은 본래 중국 남경의 건주建州 출신이었으나, 두사충과 함께 조선에 귀화한 인물이다. 조선의 지리와 풍속에 밝았던 그들은 전쟁이 발발하자 명군의 참모로 활동하였다. 나학천은 조선인의 기질을 팔도八道 별로 기술하여 이여송에게 보고하였는데 그는 조선인의 형상을 인체와 동물에 비유하여 평가하고 있다. 나학천에 대해서는 「오주연문장전산고五洲衍文長箋散稿」에 다음과 같이 기록되어 있다.

> 거사居士 나학천은 봉안鳳眼이라 자호自號하였다. 그는 본시 명나라 건주建州 사람으로, 명나라 말기에 벼슬이 상서尙書에 이르렀다가 난亂을 피하여 우리나라에 나와 호서湖西 면천沔川에서 살았다. 그러나 생업에 힘쓰지 않고 산수山水에 방랑하여 무명베 모자와 대나무 지팡이로 팔도八道를 두루 돌아다녔다.[2]

이로 미루어 볼 때, 나학천은 조선팔도를 유랑하였으며 조선의 민심과 풍속에 밝았을 것으로 추측된다. 또한 그의 한국 인식은 당시 중국의 사이주의四夷主義적 인식의 틀을 넘어서는 매우 구체적인 인식이었을 것으로 추측된다. 그러나 이여송에게 보고된 조선팔도의 기질에 대한 나학천의 관점은 매우 편협하고 관변官邊적인 시각이기 때문에 이를 중국인의 보편적 한국 인식이라고 보기에는 무리가 있다.

근대 이전 청나라와 조선의 관계는 전통적인 조공관계로 주로 의례적인 책임과 의무를 요구하는 정치적인 복종의 형식으로 유지되었다. 이는 경제적 종속을 의미하는 제국주의 지배와는 다른 것이었으나 19세기에 들어서면 청나라도 제국주의적 방식에 따라 조선의 정치, 외교, 군사, 사회제도 등에 걸쳐 구체적인 간섭을 시도한다. 그러나 아편전쟁의 패배 이후, 조선에 대한 주종관계를 유지해나갈 군사적 역량이 미비한 지경에 이르자, 청 조정은 비군사적 수단으로 조선에 대한 종주권을 유지하려 하였다. 조선은 그 당시까지만 해도 외국과 통상조약을 체결하기 위해서는 청나라 조정의 허락이 있어야만 했는데, 이 권한을 포기함으로써 러시아와 일본의 조선독점을 견제하려는 이이제이 책략을 내놓은 것이다. 이를 주장한 북양대신 리훙즈앙李鴻章은 "조선을 위한 계책이기는 하나 실제로는 중국을 위한 계책爲朝鮮計, 實爲中國計"이라고 밝히고 있다.[3]

그러나 동아시아의 외교적 역학관계에 의지하여 조선에 대한 종주권을 유지하려는 청나라의 계산은 그다지 효과를 거두지 못한다. 1895년 청일전쟁에서 패배한 중국은 더 이상 세계의 중심이 아닐 뿐만 아니라 동아시아의 중심역할도 할 수 없는 지경에 이르게 된다. 탈아입구脫亞入歐를 표방한 일본은 중국 중심의 아시아질서에서 벗어나 서구제국주의와 동등한 위치에 서서, 대동아공영大東亞共榮을 명분으로 침략의 야욕을 실행에 옮기기 시작한다. 이러한 상황 속에서도 중국은 일본의 대륙침략 야욕을 인지하지 못했으며, 설령 그것이 가능하다 할지라도 임진왜란 때처럼 한반도가 완충역할을 할 것이라는 안일한 생각에 빠져 있었다.

1910년 일본이 친일매국노와 군사력을 이용하여 조선을 합병함으로써 수백 년간 지속되어 온 주종적인 한중관계는 막을 내리게 된다. 그러나 이와 같은 급변하는 동북아의 국제관계 속에서도 중국의 한국 인식은 크게 변한 것이 없었다. 심지어 일본의 조선침략을 조선인에게 있어 행운이라고 여기는 사람조차 있었다. 중국공산당 창당의 주역이며 최초로 마르크스주의를 전파한 천두슈陳獨秀 역시 그 점에서는 예외가 아니었다. 그는 일본의 조선합병에 대해 다음과 같이 말하고 있다.

조선은 나라가 작고 국민이 게으르며 예로부터 남의 속국으로서 군신이 탐욕스럽기로 세상에 둘도 없는 나라다. 일본에 합병된 후 나라정치가 흥하기 시작하고 도적이 종적을 감추었으며, 송사가 없어졌으니 이것이야말로 국민의 가장 큰 행복이다. 하지만, 꼭 옛 군주를 복귀하려 할 것이며 강한 이웃들에게 항쟁할 것이니 그것은 다만 손해만 보고 이익을 보지.못할 것이다.[4]

이와 같은 천두슈의 견해는, 당시의 중국인들이 진보와 수구, 민과 관을 막론하고, 조선의 민족성이 매우 열등하다고 인식했음을 의미한다. 아편전쟁 이후, 중국 역시 조선과 마찬가지로 제국주의의 침략이라는 근대사를 공유하고 있었음에도, 중국에서 당시 가장 진보적이라는 지식인들조차도 제국주의를 비판하면서도, 전근대적 소유, 권력 관계에 근거한 종주국 대 속국이라는 개념은 포기하지 못하고, 한국을 여전히 그들의 속국으로 인식하고 있었던 것이다.

그러나 중국은 사이주의四夷主義적 세계관에 변화를 가져온 역사적 사건을 맞이하게 된다. 을사조약 이후 점증한 반일감정은 1919년 3・1운동이라는 조직적인 사회운동으로 폭발하였고 이는 동아시아 최초의 반제국주의 운동이라는 역사적 의미를 갖고 있다. 그로부터 두 달 후, 중국의 북경 천안문광장에서는 파리강화회담에 반대하는 대학생들의 시위에서 촉발된 5・4운동이 일어나게 된다. 그간 한국과 중국의 역사학계는 3・1운동과 5・4운동의 상관관계에 대하여 미묘한 입장 차이를 견지해 오고 있다. 식민지배에 대한 저항이라는 공동된 근대사적 배경을 두고 시간적 선후에 집착하여 입장 차이를 보인다는 것은 안타까운 일이지만, 한국학계 역시 3.1운동의 의미를 굳이 5・4운동과의 시간적 선후관계 속에서 규명하려고 집착할 필요는 없을 것이다. 오히려 이러한 집착은 3.1운동이 가지는 역사적 필연성과 보편적 저항담론을 동아시아라는 공간으로 국한시키고 폄하시킬 위험이 있기 때문이다.

중국에서 가장 먼저 3·1운동을 보도한 신문은 1919년 3월 5일자 『상하이신보上海晨報』와 『베이징신보北京晨報』이다.[5] 이 보도 이후, 중국의 지식인들은 민족존망의 위기에 놓인 동병상련의 입장에서 조선의 항일운동에 반응하기 시작하였으며, 조선의 항일운동에 대해 적극적으로 지지하는 글을 발표하였다. 이러한 양상은 3·1운동과 중국의 5·4운동 모두가 동아시아의 반제국주의 운동이라는 공유점이 있음에 기인한다. 이미 알려진 바와 같이 3·1운동과 5·4운동은 별개의 운동이 아닌, 1919년 당시 가속화되어가는 동아시아의 식민지 상황을 극복하고자 하는 민중운동으로서 동시대적 맥락에서 이해되어야 한다.[6]

이와 같은 맥락에서 본다면 중국의 한국 인식의 변화는 제국주의가 가지고 있는 침략적 본질에 대해 눈뜨기 시작하면서 비롯되었다. 중국인들은 일본이 중국에 제시한 21개조 요구, 니시하라차관西原借款 등이 조선에게 강요했던 을사조약의 내용과 본질적으로 다를 바 없음을 인식하게 되었던 것이다. 위에 예시한 것처럼 일본의 조선강제합병에 대해서 모욕에 가까운 태도를 보이던 천두슈 역시 3·1운동 이후 전혀 다른 시각을 보인다. 그는 1919년 3월 23일 『매주평론每週評論』에 지안只眼이라는 필명으로 「조선독립운동지감상朝鮮獨立運動之感想」을 게재하여 3·1운동의 세계사적 의의를 역설하고 있다.

이번 조선의 독립운동은 위대하고 절실하며, 비장하고 명료하며, 정확한 관념이 있다. 민의에 의거할 뿐, 무력에 의존하지 않음으로써 세계혁명사의 신기원을 이룩하였다. 우리는 이에 대하여 찬미와 애상, 흥분, 희망, 부끄러운 등 갖가지 감상을 갖게 된다.[7]

또한, 그는 중국과 조선의 주종관계에 대한 성찰적 비판을 담은 문장을 발표하였다. 1919년 3월 9일 『매주평론每週評論』에 게재한 「인종차별대우문제人種差別待遇問題」에서 그는 다음과 같이 언급하고 있다.

우리 황인종이 백인들에게 평등한 대우를 요구했다면, 황인종이 우리 황인종에 대해서 우선 평등한 대우를 할 줄 알아야 한다. 만일 우리 황인종들끼리 무슨 중국의 지위는 특별하다든지, 조선과의 주종관계라든지, 이런 것들을 타파할 수 없다면 무슨 면목으로 백인들을 향해 평등한 대우를 요구할 것인가?[8]

중국과 한국을 황인종이라는 생물학적 동류 개념으로 인식하기 시작한 것은 중국의 세계관에 큰 변화를 나타내는 것으로 중국지식인들의 한국 인식이 '우월적 주종관계'에서 '동지적 연대관계'로 전환됨을 의미하는 것이다. 이는 전통적 사이주의 세계관에서 벗어나 국제정세를 근대적 시각에서 인식하기 시작하였음을 나타내고 있는 것이고, 1919년 3·1운동은 중국인들에게 이러한 인식의 폭을 넓혀주는 계기가 되었던 것이다. 이후 이러한 인식의 변화는 신문학 작가들의 작품 속에 투영되기 시작한다.

3. 근대 중국문학에 투영된 한국인상

중국문학 작품 가운데 한국인을 묘사하고 있는 작품은 약 300여 편에 달한다. 그 중 26편의 작품은 1920년 이후에 발표된 작품들이고 이들 작품들은 그 이전의 기록 속에서 묘사되고 있는 한국인상과는 매우 대조적인 한국인상을 보여준다. 여기서 한국인상이 묘사된 중국문학작품을 구분하는 시기적 전환점을 1920년으로 보는 것은 다음과 같은 두 가지 이유에서 비롯된다. 첫째, 1919년 조선의 3·1 운동을 분기점으로 중국의 한국 인식은 큰 변화를 나타내었으며, 이러한 인식의 변화는 문학작품과 다양한 기록 속에 반영되었기 때문이다. 둘째, 중국문학은 1921년 문학연구회의 출현으로 리얼리즘 소설이 발전하는 계기를 맞이하였기 때문이다. 신문학 단체의 출현은 중화주의와 유불도儒佛道를 문학사상으로 삼고 있던 기존의 고전문학과는 다른 새로운 세계관과 인간관을 문학사상으로 삼고 있다는 점에서 근대사적 의미가 있다. 즉, 3·1운동은 중국의 전통적인 한국 인식을 바꾸어 놓는 계기가 되었으며, 이를 통해 중국은 근대적 시각으로 동아시아의 정세를 바라보게 된 것이다. 또한, 신문학 단체의 출현은 과거 문인사대부가 중심이 되었던 문예창작이 근대시민국가의 글쓰기로 전환되는 현상을 나타낸다.

이러한 한국인을 묘사한 중국문학작품의 특징을 구분하는 기준으로는 '역사적 사건'과 '작가의 시각'을 들 수 있다. 창작의 전환점을 나타내는 역사적 사건에 따른 구분은 1919년 3·1운동 시기와 1950년 한국전쟁 시기이며, 작가의 시각에 따른 구분은 중국인 작가의 시각과 만주로 이주한 조선인 작가의 시각이다. 중국은 오늘날까지 한국전쟁을 항미원조전쟁抗美援朝戰爭, 즉 조선을 미국 제국주의로부터 보호하려는 전쟁이라고 규정하고 있다. 중국은 당시 일본이 물러간 한반도에 친미성향의 정권이 수립되면 결국 압록강을 사이에 두고 미국과 국경을 마주하게 된다는 위기의식을 느끼고 있었다. 이를 막기 위해서는 한반도 북쪽에 완충지대 역할을 할 수 있는 사회주의 정권의 수립을 도와야 한다는 순망치한脣亡齒寒의 외교논리로 한국전쟁을 바라보고 있었다. 당시 중국은 한국전쟁에 지원군을 파병하면서 이들과 함께 많은 작가와 예술인들을 보내 전쟁의 사기를 진작시키는 한편 전선의 상황을 작품으로 기록하여 중국에 알리고자 하였다. 그러므로 한국전쟁에 파견된 작가들의 작품은 주로 보도기사 형식의 보고산문이 주류를 이루고 있으며 소설, 산문, 시 등 다양한 장르에서 한국인의 형상을 묘사하고 있다. 그러나 이들의 작품들은 대체로 중국과 조선의용군의 이야기를 영웅적으로 묘사하고 있고 다분히 정치적인 색채를 띤 선전선동의 성격이 짙기에 문학작품으로서의 미학적 가치와는 상당히 거리가 있다. 결국 한국전쟁 이후 중국문학 작품 속에 투영된 한국인상은 중국의 한국 인식을 조명하는 것으로 보기에는 객관성이 결여되어 있다.

이와 같이 본다면 중국의 근대적 한국 인식을 알아볼 수 있는 문학작품은 시기적으로 3·1운동을 전후한 시기에 나온 작품들이라고 볼 수 있다. 또한, 1919년부터 1950년까지의 창작을 본다면 1931년 만주사변을 전환점으로 나눌 수 있으며, 1930년대 이후에 나온 작품들은 다시 중국작가와 만주의 조선작가의 작품으로 나누어 볼 수 있다. 1931년 이후 일본의 대륙침략이 본격화되면서 중국문학작품 속의 한국인상 역시 시대적 상황과 맞물리게 되면서 항일의식을 고취하는 방향으로 흐르게 된다. 이 시기 작품 속에 형상화된 한국인은 주로 중국에 체류 또는 망명 중인 항일인사, 무정부주의자, 독립운동가 등이 주류를 이루고 있다. 이들 형상은 당시 반식민지라는 중국의 입장에서 한국과 동지적인 동병상련의 입장에서 묘사되고 있으며, 국내의 친일적인 한국인들의 형상이 반영되지 않았다는 점을 본다면 30년대 이후의 한국인 형상이 반드시 보편성을 지닌 것이라고 볼 수만은 없을 것이다.

중국문학에 나타난 한국인 형상화와 관련한 기존연구[9]를 요약해 보면, 중국 작가들의 시각은 대체로 다음 두 가지로 분류할 수 있다. 하나는 만주지역에서 직접 한국인들과 항일운동을 함께 했거나 마을에 거주하면서 경험한 한국인을 묘사한 작가들로서 만주족, 조선족 작가들 또한 중국인들의 한국 인식대상의 범주에 포함해 볼 수 있다. 이러한 대표적인 작품들로 이휘영李輝英의 「만보산萬寶山」, 「고성의 일상적인 사건古城裏的平常事件」, 「여름밤夏夜」, 「새로운 계획新計劃」, 샤오쥔蕭軍의 「팔월의 향촌八月的鄕村」, 수췬舒群의 「조국이 없는 아이沒有祖國的孩子」, 「이웃隣家」, 「바다의 저편海的彼岸」, 뤄빈지駱賓基의 「변경에서邊陲線上」 등이 있다. 또 하나는 중국인 작가와 교류했던 한국인들 (주로 항일운동가와 아나키스트)을 작품 속에서 형상화한 경우이다. 이 경우 중국작가들은 주로 자신들이 만나거나 경험했던 한국인들의 이야기를 반제국주의 연대의식을 가지고 형상화하고 있으며, 북경이나 상해 등 대도시와 중국 전역을 공간적 배경으로 삼고 있다. 대표적인 작품으로 궈모뤄郭沫若의 「목양애화牧羊哀話」, 장광츠蔣光慈의 「압록강에서鴨綠江上」, 타이징농臺靜農

의 「나의 이웃我的隣居」, 바진巴金의 「머리카락 이야기髮的故事」 등이 있다. 물론 위에서 열거한 작품 이외에도 다양한 장르와 시간적 배경에서 한국인의 형상을 찾아 볼 수 있지만 여기에서는 중국문학작품을 통해 중국의 근대적 한국 인식을 알아보고자 하는 것이기에 이를 살필 수 있는 주요 작품들만 다루기로 한다.

이휘영李輝英(1911~1991)은 조선족 작가로서 그의 주요 작품은 주로 1931년 만주사변 이후의 만주지역을 배경으로 전개된다. 1919년 이후 한국인 형상이 등장하는 작품들은 대체로 중국에서 활동하던 지식인이나 항일운동가들을 소재로 삼고 있으며 긍정적인 시각에서 묘사되고 있으나, 이휘영의 작품은 주로 일제의 통치하에 피폐해진 조선의 농촌을 떠나 생계를 위해 만주로 이주한 한국인의 이야기를 다루고 있다. 그는 만주로 이주해 온 가난한 한국인들을 직접 경험하며 성장하였다. 이러한 삶의 경험은 그의 작품 속에서 다양한 한국인상을 그려내는 계기가 되었다. 강인한 정신력의 항일투사와 애국지사가 있는가 하면 중국인과 동포들조차 이용하여 이익을 챙기려는 간사한 인물, 심지어는 일본인의 앞잡이노릇을 하는 비굴한 인물 등 이휘영의 작품 속에 등장하는 한국인상은 매우 다양하다. 이는 작가가 직접 한국인들과 함께 삶의 공간을 공유하면서 경험한 일들을 바탕으로 창작했기 때문에 이휘영 작품의 리얼리즘적 경향을 부각시키는 일면이기도 하다. 「만보산」은 이러한 그의 창작경향을 보여주는 대표적인 작품이라고 할 수 있다. 「만보산」은 21장으로 구성된 장편소설로 1931년 6월 길림성 장춘현 삼성보 만보산에서 있었던, 중국인과 조선인의 갈등에서 촉발된 실화를 바탕으로 하고 있다. 등장인물들 또한 사건 당사자들의 실명을 그대로 사용하고 있다. 작품에서 중국인들의 눈에 비친 한국인들은 자신들의 생활공간에 들어온 낯설고 불쾌한 외부인일 따름이며 심지어 일본 제국주의와 다를 바 없다는 우려까지 하고 있다. 마가둔馬家屯의 중국인들이 우려하던 바는 일본인들의 이간질로 점차 악화된다. 그러나 결국 중국농민과 한국농민들은 무장단결하여 일본경찰에 맞서 싸운다는 줄거리이다. 물론 소설 「만보산」과 실제 만보산 사이에는 결과에 있어서 큰 차이를 나타낸다. 당시 만보산사건으로 인해 중국인과 한국인의 감정은 극단으로 악화되었으며 만주지역에서 중국인들의 한국인 탄압과 국내에서 화교탄압이라는 비극을 낳게 하였다. 소설 「만보산」과 실화 만보산은 중국의 한국 인식에 대해 다음과 같은 두 가지 사실을 시사하고 있다. 첫째, 청왕조가 무너진 이후 만주지역 중국인들에게 있어서 한국인은 이제 생존의 경쟁자로 인식되기 시작하였다는 점이고, 이것이 만보산사건의 원인으로 작용하였던 것이다. 둘째, 이러한 갈등을 악용하는 일본제국주의에 맞서기 위해서는 양국민이 단결해야 한다는 인식에 이르게 되었다는 점이다. 이러한 점에서 볼 때, 이휘영의 「만보산」은 수천 년 지속되어 온 왕정이 무너진 시점에 싹트기 시작한 근대적 한국 인식의 기록이라고 볼 수 있을 것이다.

이휘영의 「새로운 계획」은 일본제국주의의 괴뢰정부 만주국을 배경으로 일본인과 중국인을 등에 업고 온갖 불법을 저지르는 조선인 형제를 묘사하고 있다. 「새로운 계획」은 상해에서 발간되던 문예지 『문학文學』(1937.10)에 발표되었다. 흥성여관을 경영하는 주인 자오싱싱趙興星은 장사가 되지 않아 고민에 빠져 있다. 여관의 지배인 왕라오우王老五는 주인이 장사가 안 된다고 개탄할 때마다 운영방식을 바꿀 것을 제안한다. 그가 제안하는 새로운 방식이란 여관에 아편흡입장과 도박장을 개설하는 등 불법적인 것들이기에 자오싱싱은 동의하지 않는다. 사실 자오싱싱도 왕라오우의 제안에 귀가 솔깃하지만 얼마 전 고려인의 상점에서 아편도구가 발견되고 매춘행위가 발각되어 주인이 총살당했다는 소문을 들었기 때문에 감히 하지 못하고 있을 뿐이었다. 그러나 여관운영이 갈수록 어려워지자 그도 결국 왕라오우의 제안을 받아들이게 되고, 왕라오우는 고려인 형제 김구동金九東과 김구여金九如를 고용하여 위험한 일을 맡기게 된다. 이들은 경찰의 단속을 피하기 위해 홍성여관의 입구에 '니시다西田'라는 일본인의 이름을 걸고 안에서는 아편흡입과 도박, 매춘영업을 한다. 곧 여관에는 손님이 들끓게 되고 입구에는 손님들의 자동차로 줄을 잇는다. 김구동 형제는 점차 거만해져서 마치 자신이 주인인양 행세하며 아랫사람들을 부리게 된다. 중국경찰은 비록 일본인에게는 손 쓸 수 없지만 여관주인 자오싱싱은 중국인이기 때문에 그를 감시하기 시작하고 자오싱싱은 집밖으로 나갈 수 없는 신세가 된다. 여기서 주목할 점은 김구동의 민족우월의식이다. 불과 얼마 전까지만 해도 중국인보다 열등하게 여겨지던 조선인이 오히려 중국인을 멸시하는 태도를 보이는 것이다. 물론 김구동의 우월의식은 실체가 있는 것이 아니다. 일본식민지배의 과정에서 배태된 주변부의 열등감이 중심부와 동일시하려는 욕망으로 나타나고 있는 것이다. 즉, 일본인을 등에 업고 불법영업을 하고 있는 김구동은 어느새 일본인의 시각으로 중국인을 바라보고 있는 것이다. 이러한 김구동의 왜곡된 우월의식은 그가 자오싱싱과 극장에 갔을 때 표출된다. 극장표는 매진되었으나 앞쪽에 비싸고 좋은 자리가 있는 것을 보고 김구동은 자오싱싱에게 좋은 자리를 잡아주게 된다. 그러나 곧 안내원이 나타나서 그 자리는 예매석이니 다른 곳으로 갈 것을 요구하지만 버티고 앉았다. 김구동은 원래 자리를 예매한 중국인이 와서 비켜달라고 요구할 때에도 "중국인이 감히 조선인을 업신여기다니!"라고 소리를 지르며 버틴다. 이러한 김구동의 자기배반적이며 왜곡된 우월의식은 오래지 않아 자오싱싱에 대한 배신으로 나타난다. 홍성여관이 불법영업을 시작한지 한 달이 지나자 2천원이라는 큰 이익을 남기게 되지만, 그 이익금은 모두 일본인에게 빼앗길 처지에 놓이게 된다. 자오싱싱은 일본인에게 자신의 배당이익금을 달라고 요구하지만 번번이 거절당한다. 게다가 자신에게 충직한 것처럼 보이던 김씨 형제조차도 일본인의 편을 들면서 주인을 몰아세우는 것이었다. 어느 날 여관으로 경찰이 들이닥치고 자오싱싱과 왕라오우는 경찰에 체포되었다. 그들 두 사람은 일본인과 김씨 형제의 숙소를 보았으나 이미 모두 도망가고 없었다. 이러한 상황이 되어서야 자오싱싱은 모든 것을 후회하고 왕라오우를 원망한다. 그러나 왕라오우는 오히려 자오싱싱이 일본인과 관계를 제대로 유지하지 못했다고 질책한다. 결국 그들의 '새로운 계획'은 홍성여관을 파멸로 몰고 갔다. 이휘영은 이 작품을 통해 아마 무지한 중국인들을 비판하고자 했을 것이다. 그러나 이휘영의 의도와는 무관하게 이 작품에 등장하는 김씨 형제는 일본인의 권력에 빌붙어서 중국인을 기만하는 매우 부정적이고 비열한 인물로 묘사되고 있다. 이 작품을 통해 당시 만주지역에는 중국인들의 원망을 사는 부정적인 조선인들도 적지 않았음을 알 수 있다. 하지만 이 시기 작품 속에 묘사된 부정적인 한국인상은 식민지배라는 시대상황 속에서 배태된 인물형상이며 기존의 중화주의적 시각의 폄하된 한국 인식이 아닌, 보편적 시각에서 묘사되고 있다는 점에서 근본적으로 다르다는 것을 알 수 있다.

샤오쥔蕭軍(1907~1988)은 요녕성 의현 출신으로 중국현대문학사의 동북작가군[10]을 대표하는 작가이다. 그는 작가 이전에 군인의 길을 걷고 있었다. 그러다가 만주사변 이후 일본군이 만주를 점령하자 항일유격대 활동을 벌이다가 하얼빈으로 피신하면서 작가의 길에 들어선다. 그는 1934년 청도를 거쳐 상해로 와서 루쉰을 만나 문학수업을 받게 된다. 「팔월의 향촌八月的鄕村」은 그가 고향을 떠나 하얼빈에 머물던 시기에 쓰기 시작하여 1935년 7월 상해에서 출판하였다.

이 작품은 만주사변 이후 동북인민혁명군이 일본군과 벌이는 전투를 배경으로 전개된다. 혁명군 사령관 샤오밍蕭明은 애국적인 젊은 지식인으로 일본에 맞서 청년들을 조직하여 항일유격대를 조직하여 활동한다. 소명은 군사령부 비서로 일하는 조선처녀 안나安娜와 사랑에 빠지게 되고 소명은 그녀와의 사랑으로 임무를 소홀히 하게 되지만 결국 이를 극복하고 혁혁한 전과를 올리게 된다. 이 작품에서 안나는 주인공 소명의 인물형상을 부각시키기 위한 주변인물로 등장하지만, 소명과 혁명군에게 매우 헌신적인 긍정적인 인물로 묘사되고 있다. 작품을 통해 당시 만주에 있던 많은 조선인들이 중국의 인민혁명군에 가담하여 함께 항일투쟁을 전개한다는 내용이 그려지고 있다.

수췬舒群(1913~1989)의 「조국이 없는 아이」는 작가 수췬이 소년시절 경험했던 사실을 소실화한 것으로 작품 속의 화자인 중국학생 '나果瓦列夫'는 바로 작가의 자아가 투영되어 있다고 볼 수 있다. 「조국이 없는 아이」는 1936년 5월 『문학』 제6권 제5호에 발표되었는데 이 작품에 대해 저우리뽀周立波는 "1936년 새로운 세대를 개척한 작품"으로 극찬한 바 있다. 또한 이 작품은 조선족이나 만주족이 아닌 중국인의 시각에서 나라를 잃은 조선 아이의 심리를 세밀하게 묘사하고 있다. 1931년 만주사변을 전후한 시기, 흑룡강黑龍江성 하얼빈과 목단강牧丹江시의 중간쯤에 위치한 작은 마을을 무대로 주인공 '나'는 중국인으로 이 마을의 러시아학생들의 중학교에 다니고 있다. 그리고 이 학교 기숙사 앞으로 매일 아침마다 나팔을 불며 소를 몰고 지나가는 15세 정도의 조선인 소년 '꾸오리果里' 알게 된다. '果里'의 중국식 독음이 '꾸오리'이며 이는 한국을 지칭하는 '까오리高麗'를 연상시킨다. 이를 통해 작품 속의 조선소년은 작가가 인식하고 있는 조선인의 보편적 형상임을 엿볼 수 있다. 이 소년은 이 중학교의 쑤뚜어와蘇多瓦 선생님의 소를 돌보는 목동이다. 소년은 부지런하고 선량하며 소를 몰고 초원에 갔다가 들꽃이 피어 있으면 그것을 따다가 마을의 처녀나 학생들에게 나누어주는 아름답고 낭만적인 품성의 소유자다. 그러나 그는 어느 날 러시아 학생들로부터 "高麗라고? 고려라는 나라는 이미 세상에서 사라졌어"라는 말을 듣자 다시는 학교 기숙사 앞을 지나가지 않고 먼 길을 돌아간다. 고려인을 겁쟁이라고 생각하는 러시아학생들에게 '나'는 안중근의 이야기를 예로 들며 설득하려 한다. 꾸오리의 집안은 원래 조선의 한양에 있었다. 그의 아버지는 일본인의 조선노동자 착취에 대항하여 시위를 하다가 살해되었고 그 피해가 자식들에게 미칠 것을 걱정한 꾸오리의 어머니는 아들들을 데리고 만주지역으로 피신한 것이다. 만주를 점령한 일본군의 강제노역에 끌려가던 꾸오리는 일본군을 칼로 찌름으로써 그를 무시하던 러시아 학생들에게 인정받게 되고 중학교에 입학하게 된다. 그러나 일본의 괴뢰정부인 만주국이 수립되자 러시아인들도 소련으로 추방된다. 주인공 '나'도 중국으로 돌아갈 생각을 한다. 그러나 꾸오리는 돌아갈 나라가 없다. 이 작품에서 중국인 주인공 '나'는 여전히 동정주의적 시선으로 한국인을 바라보고 있지만, 이미 전통적으로 한국인을 '까오리빵즈高麗棒子'라고 비하하던 시각과는 상당한 차이가 있다는 것을 알 수 있다. 또한, 한국인을 항일운동의 동지적 관계로 설정하고 있으며 한국인의 강인한 정신과 아름다운 성품을 예술형상으로 재현하였다는 것은 전통적 한국 인식의 변화를 나타내기에 충분할 것이다.

뤄빈지駱賓基(1917~1994)는 길림성吉林省 혼춘琿春에서 사업을 하는 부유한 가정에서 자랐다. 그는 하얼빈청화학원 러시아어과에 입학하여 한때 러시아 유학을 꿈꿨으나 부친의 사망으로 가정형편이 어려워지자 1935년부터 상해에서 작가의 길을 걷기 시작한다. 낙빈기의 작품 속에서는 한국인이 주인공으로 등장하지 않는다. 그러나 그의 작품 속에서 한국인은 대체로 긍정적으로 묘사되고 있으며, 작품 역시 그가 직접 목도한 일들을 바탕으로 하고 있다. 「변경에서」는 함경북도와 접경지역인 혼춘에서 1933년 5월 일본의 만주침략에 분노한 사람들이 모여 구국군을 결성하여 일본군을 공격한 사건을 배경으로 삼고 있다. 소설에서 중국인들로 구성된 구국군은 사실 토비나 다름없는 무리들로 변질되어 가면서 의용군과 갈등을 일으킨다. 의용군에 가담한 주인공 리우치앙劉强은 한국독립군의 도움을 받아 구국군과의 갈등을 해결하고 일본군에 맞서 싸우게 된다. 작품에서 한국독립군은 강한 전투력과 의지를 지닌 세력으로 묘사되고 있을 뿐만 아니라 중국인들의 갈등을 해결해줄 수 있는 중재자로 부각됨으로써 기존의 한국 인식과는 사뭇 다른 한국인상을 그려내고 있다.

궈모뤄郭沫若(1892~1978)의 「목양애화」에서 주인공 민숭화閔崇華는 본래 조선조정의 자작子爵으로 나라가 일본에 침략당하는 것을 걱정한다. 그는 조정의 간신들이 일본과 결탁하여 한일합방조약에 서명하자 한양을 떠나 산사에 은거한다. 아들이 없는 민숭화는 노비의 아들 윤자영에게 나라를 찾으라는 희망을 걸며, 봉건예교의 속박을 타파하고 학문과 무예연마에 힘쓰도록 한다. 이 작품에는 깊은 애국주의와 창조사의 대표작가로서 궈모뤄의 낭만주의적 색채가 짙게 나타나고 있다. 그러나 본 작품은 기본적으로 전통적인 중화주의적 한국 인식의 틀에서는 벗어나지 못하고 있으며 5·4신문화운동이 배출한 진보적 지식인 궈모뤄 역시 중화주의적 한계에서 자유롭지 못한 한계를 나타내고 있다. 작품에서 등장인물의 이름 "閔崇華(중화를 숭상한다)", "閔佩夷(오랑캐에 탄복한다)" 자체가 중국지식인의 전통적 한국 인식을 드러내고 있다.[11] 단지 중국지식인들의 중화주의적 한국 인식에 동정주의적인 시각이 더해졌을 따름이다. 궈모뤄는 중국 현대문학사에서 백화신시 창작의 선구자로 평가받는 진보적 지식인이지만 그의 한국 인식은 전통적 사이주의四夷主義에서 벗어나지 못하고 있다는 아쉬움이 남는다. 사실, 전통적 한국 인식에 일시적인 동정주의적 시각이 채색된 한국 인식은 궈모뤄 이외에도 많은 중국지식인들의 시각일 것이다. 이와 같은 동정주의적 시각은 한일합방 이후 6·25전쟁 시기까지 계속되는데, 이는 중국 역시 경험해야 했던 일제의 침략, 미국과의 적대관계에서 비롯된 동병상련同病相憐과 같은 인식이라고 볼 수 있다.

장광츠蔣光慈(1901~1931)의 단편소설 「압록강에서」는 작가가 1921년

모스크바의 동방공산주의노동대학東方共産主義勞動大學에 유학할 당시 이 학교에서 교분을 갖게 된 한국청년으로부터 그가 소련으로 망명하게 된 과정을 듣고 이를 소설로 작품화 한 것이다. 조선 귀족의 후예인 이맹한李孟漢과 김운고金雲姑는 일본의 침략으로 인해 압록강변에서 은둔생활을 한다. 그런데 이맹한의 부모가 독립운동을 지원한 혐의로 일본경찰에 체포되어 살해당한다. 부모가 없는 이맹한을 김운고의 아버지가 돌봐주고 이러한 가운데 이맹한과 김운고 사이에는 사랑이 싹튼다. 그러나 이맹한은 일본경찰의 수배를 받게 되자 김운고를 남겨둔 채 러시아로 망명한다. 이맹한이 떠난 후 김운고는 항일운동에 투신하게 되고 결국 일본경찰에 체포되어 죽임을 당한다. 이 소식을 접한 이맹한은 슬픔과 분노로 복수의 날을 기다린다. 「압록강에서」에 나타난 장광츠의 한국 인식은 궈모뤄가 「목양애화」에서 보여준 것과는 다른 시각을 나타내고 있는데, 이 작품에서는 기존의 중화주의와 동정주의적 시각을 찾아보기 힘들다. 작품은 조선인 젊은이 이맹한과 김운고를 통하여 피압박민족의 비참한 현실을 묘사하는 동시에 일본제국주의에 맞서는 조선인의 저항정신을 표현하고 있다. 지앙꾸앙츠는 1920년대 말 좌익작가문학단체인 태양사의 주요 멤버로 활동하던 작가로서 좌경노선의 교주주의와 종파주의에 빠져있다는 비판을 받기도 했었다. 그러나 사회주의자 지앙꾸앙츠의 「압록강에서」에 나타난 한국 인식은 이미 주종적 인식의 그림자를 찾아 볼 수 없으며 당시 중국이 처한 반식민지라는 현실에 입각하여 한국인과 국제주의적 연대의식을 나다내고 있을 뿐이다.

타이징농臺靜農(1903~1991)의 단편소설 「나의 이웃我的隣居」은 작가가 미명사未名社에서 활동하던 시기 쓴 작품으로 1928년 11월에 발표되었다. 이 작품은 주인공 '나'라는 일인칭 시점에서 전개되고 있다. 주인공 '나'의 이웃에 낯선 청년이 이사 왔는데, 이 청년은 도대체 '나'와 교류할 의사가 없는 것 같았다. 어느 날 우연히 이 청년과 마주쳐 서로 인사를 나누게 되었는데, 이때부터 '나'는 이 청년이 한국에서 망명 온 사람이고 그로부터 일본에 점령당한 한국의 상황을 자세히 듣게 된다. 또한 일본이 한국을 무력으로 점령한 이후 한국 민중은 일본 제국주의의 압박 가운데서 고통스러운 나날을 보내고 있다는 것을 알게 된다. 어느 날 중국경찰이 이웃 청년의 집을 급습하여 그와 집주인을 연행해 간다. 집주인을 연행한 것은 조선인에게 집을 세주지 못하도록 했는데 이를 어겼다는 이유 때문이었다. 며칠 후 집주인은 돌아왔으나 이웃 청년은 돌아오지 않았다. 그로부터 1년 후 조간신문을 보던 '나'는 매우 놀라지 않을 수 없었다. 왜냐하면 신문에 일본 천황을 암살하려던 조선인이 체포되어 사형 당했다는 기사가 실렸는데 그 사형수의 사진이 바로 내 이웃에 거주했던 청년이었기 때문이다.

이 소설에 등장하는 조선청년의 모델이 누구인지 정확히 알 수는 없다. 김시준은 「나의 이웃」의 모티프에 대해 다음과 같이 추측하고 있다.

> 1921년 11월 조선의 아나키스트 박열朴烈 이 일본천황 암살 미수로 일본경찰에 체포되어 사형을 선고받은 사건이 있었는데, 타이징농은 당시 미명사未名社에 머물던 조선인 김구경金九經으로부터 이 사건을 전해 듣고 소설의 소재로 삼았던 것이 아니었나 추측한다. 김구경은 광복 후 서울대학교 중문과

교수로 재직하였는데, 북경체류시절 미명사에 거처하면서 타이징농 등과 교류를 가졌다.[12]

「나의 이웃」에서 '이웃隣居'은 단순히 옆집을 의미하지는 않는다. 작품 속에서 이웃은 중국의 인방隣邦 한국을 의미하는 것이며, 주인공 '나'의 이웃 청년에 대한 호기심은 근대 이후 새로운 인식대상으로 다가오는 한국인에 대한 호기심일 것이다.

바진巴金(1904~2005)은 그의 단편소설 「머리카락 이야기」를 통해 한국인과 항일운동에 대해 묘사하고 있으며 작품 속에 바진의 한국 인식이 투영되고 있다. 한때 무정부주의자였던 바진은 1933년경부터 교류를 시작하여 1980년대까지 줄곧 친분을 유지해온 류자명을 비롯하여 중국에서 활동하는 많은 한국인 무정부주의자들과 교분을 맺었다. 「머리카락 이야기」에 등장하는 한인은 1930년대에서 중일전쟁에 이르기까지 중국에서 활동한 한인 무정부주의자 류자명을 모델로 한 것이다.[13]

소설에서 류자명은 김金군이라는 한국인 독립운동가로 등장한다. 그는 중국인 여성 밍銘과 결혼하였으나 그의 친구들은 독립운동에 방해가 되리라 여겨 반대한다. 그러나 반대를 무릅쓰고 결혼한 중국인 아내는 일본 경찰에 쫓겨 다니는 남편을 따라 다니다 출산을 하게 되고 아이를 낳은 후 병사하고 만다. 김군과 동료들은 농가에서 회의를 하다가 일본군에게 포위된다. 밤새 싸운 끝에 동료들은 모두 사망하고 그는 추격을 피해 수수밭 속에 숨는다. 이틀간 물 한 모금 마시지 못하고 숨어 있다가 빠져나온 그는 이틀 사이에 머리가 백발로 변하고 만다. 한일합방 이후 많은 한국인들은 일본의 압제에서 벗어나고자 재산을 정리하고 중국(주로 만주지역)으로 이주하게 된다. 이 작품의 모델이 된 류자명은 중국에서 활동하기 위해 중국어를 배웠고 일본어를 비롯해 몇 개의 외국어를 구사하였다. 단지 몇 개의 외국어와 열정만으로 고향을 떠나 국외에서 활동하던 한국인 아나키스트들에게서 바진은 깊은 인상을 받았던 것이다.

10여년이 흐른 후 머리가 희끗해진 '나'는 책갈피에 끼워두었던 김군의 머리카락을 꺼내 자기 머리카락과 섞어버리자 누구의 것인지 구분할 수 없게 된다. 이 작품에서 작중 화자인 '나'는 바진을 대변하는 인물이고 김군은 류자명을 모델로 한 것이다. 이 두 사람은 국적도 다르고 살아온 내력도 다르지만 머리카락을 합쳐버리자 누구의 것인지 구분할 수 없었다고 한 결말에서 아나키스트로서 바진이 지향하는 국적을 초월한 우정을 읽어낼 수 있는 것이다. 바진의 『창작회고록』을 보게 되면 그가 「머리카락 이야기」를 쓰게 된 것은 결코 우연이 아님을 알 수 있다.

> 마지막으로 나는 조선인에 대한 몇 가지 일을 이야기 하고자 한다. 왜냐하면 『불火』의 제1부는 조선혁명가의 활약을 묘사하고 있으며 조선애국지사의 영웅적인 전투와 희생정신으로 소설을 결말짓고 있기 때문이다. 나는 이미 1936년 단편소설 「머리카락 이야기」를 썼는데, 이 또한 조선인 친구에 대한 기억을 작품화한 것이다. 나는 어릴 적부터 조선인들의 고난과 투쟁에 대하여 들었으며 안중근이 이토 히로부미伊藤博文를 척살한 의거는 나에게 깊은 인상을 남겼다. 그는 내가 소년시절 숭배하던 영웅이었다.[14]

바진은 중국 현대문학사에서 6대 작가[15]로 평가받는 인물이다. 물론 앞서 언급하였듯이 6대작가 가운데 한사람인 궈모뤄 역시 1919년 「목양애화」에서 한국인 형상을 묘사하고 있다. 그러나 두 작가의 한국 인식은 근본적으로 다른 양상을 나타내고 있음을 알 수 있다. 바진의 한국 인식에는 궈모뤄가 「목양애화」에서 표출되었던 주종적인 인식崇華의 흔적을 찾을 수 없다. 중국 현대문학의 6대 작가라고 해도 독자들로부터 평가의 비중이 같을 수 없는 것은 이와 같은 보편적 가치를 향한 진보정신과 열린 시각의 차이에서 비롯된다고 할 수 있을 것이다.

위에서 살펴 본 바와 같이 중국문학 작품 속에 투영된 한국인상을 통해 근대 이후 중국의 지식인들이 주목한 한국인은 대체로 두 부류로 볼 수 있음을 알 수 있다. 첫째는 1910년 한일합방 이후 중국으로 망명하여 항일활동을 펼치던 지식인 또는 애국지사들이고, 또 다른 하나는 일제의 압박을 피해, 생존을 위해 중국으로 이주한 농민과 그 가족들이다. 여기서 아쉬운 점은 중국인들의 한국 인식 대상에 한반도 본토에 있는 한국인들의 삶 속에서 한국인상을 그려나간 작품들이 전무하다는 것이다. 물론 한국전쟁 당시 중공군의 문화선전대나 취재기자로 종군한 작가들이 한국인을 묘사한 기록들이 있으나, 앞서 서술하였듯이 이들의 기록은 상당부분 정치적 색채가 강하기 때문에 객관성을 확보했다고 보긴 힘들다. 이처럼 시대상황으로 인해 근대 한국인상에 대한 객관적 정립이 어렵다는 문제를 거론한다면 1931년 만주사변 이전과 이후의 문학에 대해서도 재론할 여지가 있을 것이다. 1931년 이후 중국문단에서 동북작가군의 활동이 활발해지고 항일담론이 본격적으로 문단의 지상과제로 등장하면서 한국인상에 대한 인식 또한 이와 분리해서 생각할 수 없는 상황이었기 때문이다. 그러나 한편으로 만주사변 이후 문단에 확대된 항일담론은 중국인과 한국인을 어떠한 형태에서든 기존의 주종적이고 일방적인 인식이 아닌 수평적이고 상호적인 이해관계로 얽어나가면서 근대적 인식의 시발점을 제공하였다고 볼 수 있을 것이다.

4. 나오며

근대 이전 중국인들의 한국 인식은 중화주의의 틀 속에서 이루어졌으며 이는 한국을 정치적인 종번관계에 놓인 속국으로 인식한 결과이다. 근대의 한국 인식 역시 조선을 하나의 민족이나 국가로 인식하는 문제에 있어서는 중화주의적 한계를 보였고, 이러한 한계는 오늘날까지 잔존하는 문제일 것이다. 그러나 분명한 것은 1919년 이후 중국의 한국 인식에 변화가 감지되기 시작하였다는 사실이다. 이 변화는 대등한 상호인식과 이에 기반을 둔 일종의 연대의식으로 재현된다. 근대 중국문학에 투영된 한국인상을 통해서 우리는 이를 구체적으로 확인할 수 있었다.

하지만 1990년대의 개혁개방의 성과가 가시적으로 나타나면서 중국은 이웃인 우리에게 또 다른 변화를 감지하게 하고 있다. 죽竹의 장막帳幕에 갇혀 있던 중국인의 시선은 다시 세계를 향하기 시작했고, 한나라 때부터 형성되기 시작한 중화주의는 당제국을 21세기의 팍스시니카Pax Sinica로 재현하는 양상으로 치닫고 있다. 중국민족

내부의 계급적 모순해결을 지상과제로 삼아온 모택동의 중국은, 21세기에 들어서면서 지나간 시절의 향수를 자극하는 문화상품으로 재현되고 있을 뿐이다. 오늘날 사회주의적 교조주의에 빠져 있던 비극의 현대사는 이미 아픔이라기보다는 추억의 마케팅 대상일 뿐이다. 이들 21세기의 중국인들에게 세계는 새로운 중화주의를 건설해 나갈 수 있는 무대로 인식되고 있다. 더욱이 서구문명의 위기와 해체의 담론을 배경으로 팍스시니카의 상상과 그 실현이 중국인들에게 당위적 명제로 힘을 얻는 상황에서 그들의 눈에 '나의 이웃' 한국인은 어떠한 모습으로 비춰지고 있는지가 사뭇 궁금해진다. 중국의 패권적 중화주의를 목도하면서 중국의 한국인상이 과거와 현재를 넘어 미래에 어떻게 재현될 것인지는 우려 깊은 의문으로 남는다.

1920년대 한일 소설에 재현된 조선인상*

최강민崔康民

1. 문화통치 시기의 민족성 담론

1919년 3·1운동은 허구적 신화로서의 민족을 실체적 기표로 바꾸었다. 한민족이라는 주체는 일제라는 거대 타자에 의해 무력 탄압을 받으면서 민족적 동질성을 확인할 수 있었다. 근대의 산물인 민족이라는 개념은 민족이라는 주체만이 아니라, 이민족이라는 타자를 필요로 한다. 이항대립체계에 기초한 민족은 배제와 차별을 통해 민족의 동질성을 확보한다. 구한말의 조선과 식민지 조선이라는 주체는 서구와 일제라는 거대 타자를 통해 민족을 발견했다. 1910년 한일합병, 일제의 강압적 무단통치, 3·1운동은 주체와 타자의 끊임없는 대립과 갈등을 통해 상상의 공동체라는 한민족의 개념을 실체화시켰다.

* 이 글은 『현대문예비평연구』(제35호, 2011)에 수록된 논문을 수정 보완한 것임.

일제는 1920년대에 무단통치 대신에 문화통치라는 새로운 지배 전략을 채택한다. 일제는 무력만으로 식민지 조선을 효율적으로 통제할 수 없다고 깨달았던 것이다. 무단통치가 조선이라는 육체에 대한 강압적 지배였다면, 문화통치는 조선이라는 정신에 대한 강압적 지배였다. 일제의 문화통치 담론은 식민주의였다. 일제의 식민주의는 근대의 문명화 담론, 사회진화론, 개조론과 긴밀하게 결부되어 있다. 서구와의 동일시 속에 근대화를 이룩한 일제는 서구에 대한 모방 욕망과 열등 콤플렉스를 동시에 가지고 있었다. 일제는 청일전쟁, 러일전쟁, 한일합병을 통해 서구에 대한 열등 콤플렉스에서 부분적으로 벗어날 수 있었다. 일제는 '서구 = 우월성, 일본 = 열등성'이라는 이분법적 오리엔탈리즘을 변용시켜 조선에 적용한다. '일본 = 우월성, 조선 = 열등성'이라는 민족 우열론은 서구의 오리엔탈리즘을 역으로 적용시킨 일본형 오리엔탈리즘이었다. 이것에 대응해 식민지 조선의 민족 세력은 한민족의 유구한 역사와 전통을 강조하면서 한민족의 정체성을 확보하고자 했다.

1920년대에 일제와 식민지 조선은 민족(성) 담론을 둘러싸고 '지배와 종속 / 독립과 자유'라는 상반된 지점을 점령하기 위해 총성 없는 문화 전쟁을 벌였다. 1920년대 초 식민지 조선을 휩쓴 '개조의 담론'은 '민족(성) 담론'을 둘러싼 양자의 대립과 갈등을 더욱 촉발시켰다. 개조의 담론은 조선의 민족성이 현재를 기준으로 일본과 서구에 비해 열등하다는 것을 전제로 출발한다. 이광수는 1922년에 개조의 담론을 민족의 담론과 결부시킨 「민족개조론」을 발표하여 조선의 민족성이 열등하다는 것을 공식화했다. 이 시기에 열등한 조선의 "민족성을 문제 삼는 것은 민중에게도 패망과 정체의 책임이 없지 않다는 것을 질타하는 것이었다. 이처럼 자기비하와 패배주의를 극복하지 못한 조선민족에 대한 자책은 민중들에게는 자괴감을"[1] 심어주었다. 개조론을 주장했던 민족진영 중 민족 우파는 1920년대 중반에 일제에 타협하는 '민족 자치론'을 옹호하면서 일제에 대해 타협화, 개량화의 길을 걸었다. 이것은 곧 민족진영 내부의 분열과 쇠퇴를 의미했다.

민족국가를 단위로 생존 경쟁이 벌어지는 제국주의 시대에 민족의 담론만으로 독립을 쟁취하기는 어렵다. 식민지 조선이 민족의 담론을 강조할수록 사회진화론의 입장에서 열등한 처지에 있는 자신의 위치를 확인시켜주기 때문이다. 이런 상황에 등장한 것이 사회주의 세력의 계급 담론이다. 계급 담론은 민족 국가의 틀을 넘어 일본의 양심적 계급주의 세력과 연대하여 함께 일제와 투쟁할 수 있는 매개체였다. 계급 담론은 일본인이 우월하고, 조선인은 열등하다는 일본형 오리엔탈리즘을 해체시키는 강력한 무기였던 셈이다. 문제는 계급 담론을 강조하면 할수록 민족 담론 자체도 약화되거나 해체된다는 점에 있다. 이러한 딜레마는 일제에 지배당하는 식민지 조선의 곤혹스러운 처지를 말해주는 것이다. 계급과 민족은 서로가 상대방의 결점을 보완해 줄 때 가장 강력한 시너지 효과를 발산한다. 1927년에 민족 좌파와 사회주의 세력이 연합해 신간회를 결성한 것도 이러한 이유 때문이다. 그렇지만 양자는 상호 협력과 상호 보완의 관계를 지속적으로 유지하지 못한 채 결별하고 만다.

식민지 조선과 일제의 팽팽한 문화 전쟁이 이루어지는 1920년대에 개별 작가들이 선택할 수 있는 여지는 그만큼 협소했다. 일제의 탄압이 자행되는 상황에서 조선과 일본의 민족성 논란이 허구적 기만임을 드러내는 것은 쉽지 않았다. 이 글에서 다룰 한일 작가들은 일제의 식민주의가 왕성하게 작동하는 상황에서 조선의 민족성이 열등하다는 주장의 허구성을 정도의 차이는 있지만 균열시켰다. 우리는 염상섭의 「만세전」, 최서해의 「큰물진 뒤」, 나카니시 이노스케의 「불령선인」, 나카지마 아쓰시의 「순사가 있는 풍경」의 분석을 통해 이것을 확인할 수 있다. 기존의 연구 성과물들은 1920년대 민족 담론이나 계급 담론을 분석하거나 개별 작가의 작품 분석에 치우쳤다. 그 결과 한일 작가의 작품을 함께 고찰하면서 조선인의 민족성을 고찰한 논문들이 거의 없었다. 이 글은 조선인의 민족성을 열등성으로 규정하려는 일제의 식민 권력 앞에 주체적으로 대응하는 한일 작가들의 텍스트를 상호 비교하고자 한다. 이것을 통해 식민주의가 만들어낸 열등성 담론의 기만적 실체를 객관적으로 확인할 수 있을 것이다. 조선민족성 담론에 대한 연구는 과거사의 어두운 기억을 들추어내어 적대적 민족주의를 고취시키려는 목적이 아니다. 조선의 민족성이 식민주의에 의해 어떻게 왜곡되고 발명되었는지 확인함으로써 바람직한 한일의 미래 관계를 위한 반면교사로 삼으려는 것이다.

2. 동일시의 실패와 열등성의 담론—염상섭의 「만세전」

이광수가 쓴 『무정』(1917)의 주인공 이형식은 새로운 서구 학문을 배워 식민지 조선을 일깨우겠다는 희망에 가득 차 미국 유학길에 오른다. 벅찬 희망을 안고 외국 유학을 떠났던 이형식과 같은 유학생들은 1920년대에 식민지 조선으로 돌아오기 시작한다. 작가 염상섭(1897~1963)은 중편 「만세전」(1922)을 통해 근대 학문을 배우러 떠난 외국 유학생이 귀환하는 모습을 보여준다. 그렇다면 과연 외국 유학생들은 계몽주의적 열정으로 무장하고 돌아와 식민지 조선의 새로운 희망이 되었을까.

염상섭은 「만세전」을 통해 이 질문에 우울한 답변을 한다. 소설의 주인공인 이인화는 동경 W대학 유학생으로 아내가 위독하다는 소식에 졸업 시험을 다 치르지도 못한 채 귀국길에 오른다. 이인화는 귀국 과정에서 일제의 강압적 지배 속에 공포, 불안, 궁핍, 절망, 노예화에 빠진 식민지 조선의 암담한 현실을 발견한다. 『무정』의 주인공 이형식과 같은 인물이 불과 몇 년 만에 「만세전」에서 자기 분열과 내면적 고뇌를 안고 있는 지식인 이인화로 변모해 등장한 것이다. 『무정』에서 「만세전」이 창작되기까지 불과 5년 동안 대체 어떤 일이 발생한 것일까. 「만세전」의 시간적 배경은 1918년 겨울이다. 1919년 3·1운동 바로 전해이다. 염상섭이 이 작품을 발표한 시기는 3·1운동 이후이다. 작가는 3·1운동의 실패를 역사적으로 인지한 상황에서 역으로 시간을 거슬러 올라가 「만세전」을 썼다. 염상섭은 동인지 『폐허』 동인이었다. 3·1운동의 실패 이후 『폐허』 동인들은 감상, 퇴폐, 우울, 절망이라는 감상적 낭만주의에 중독되었다. 리얼리즘의 작가인 염상섭도 정도의 차이는 있지만 이 자장에 포박되었다. 등단작인 「표본실의 청개구리」에서 염상섭이 보여준 것도 식민지의 현실에서 무기력에 빠진 식민지 지식인의 내면 세계였던 것이다.

이에 비해 「만세전」은 무기력한 개인의 세계에서 나와 자신을 둘러싼 식민지 현실의 실체와 만나서 새로운 출구를 모색하는 과정을 담고 있다. 「만세전」의 서사 구조는 '일제 = 근대 = 문명 = 선진 = 지배자 = 이인화 / 식민지 조선 = 전근대 = 미개 = 후진 = 피지배자 = 이인화의 아내'라는 이중적 대립 구조 위에서 전개된다. 식민지 조선의 엘리트인 이인화는 일본식 복장과 일본어의 자유로운 구사를 통해 근대성인 일본과의 동일시를 욕망한다. 이인화는 일본에서 이 동일시에 성공했다고 믿는다. 하지만 이러한 이인화의 믿음은 식민지 조선으로 귀국하는 과정에서 붕괴되고 만다. 일경은 귀국하려는 이인화를 끊임없이 검문검색함으로써 일본인과 같은 복장을 했던 이인화를 타자화한다. 이인화가 일본 동경에서 식민지 조선으로 귀환하는 길은 일본이라는 동일시 대상과 점점 멀어지면서 식민지적 타자인 조선의 현실을 발견하는 것과 맞물려 있다. 이인화가 가급적 병든 아내와의 만남을 연기하고자 했던 것도 자기기만적 동일시의 환상이 붕괴될지도 모른다는 무의식적 욕망이 반영된 것이다. 이 소설에서 병든 아내는 비참한 상황에 빠진 식민지 조선이자 전근대적 세계를 상징하는 기호이다. 아내는 구시대적 봉건질서를 숭상하며 현모양처를 지향하는 전근대적 여성이다. 이인화는 중매를 통한 조혼으로 지금의 아내와 결혼했다. 이른 나이에 결혼을 한 이인화는 일본 유학을 통해 근대적 연애를 꿈꾸게 된다. 이런 상황에서 아내는 새로운 근대적 사랑을 방해하는 전근대성의 유물일 뿐이다. 이인화는 '전근대성의 아내 = 식민지 조선'과의 만남을 가급적으로 꺼려한다. 이인화는 여행 중 만난 조선 기생의 머리에서 나오는 머릿내와 향긋한 기름내도 구더기 썩는 냄새로 생각할 정도로 식민지 조선을 부정적으로 바라본다.

이처럼 이인화는 식민지 조선인이라는 현실을 거부하지만 한민족韓民族이라는 차별적 기표가 식민지 조선으로 돌아오면서 다시 각인된다. 이인화는 일본인이 되고자 했지만 조선인이라는 현실에서 한치도 벗어날 수 없었던 것이다. 이것은 이인화에게 외상적 충격이 아닐 수 없다. 일본과의 동일시라는 환상에서 깨어난 이인화의 눈에 비친 조선인의 민족성은 희망이 부재한 열등성 그 자체이다. 소설에서 그것은 공동묘지의 무덤으로 비유된다. 「만세전」에서 이인화가 "발견하게 되는 조선인상은 일본 제국주의가 식민지 지배를 정당화하기 위해 생산해낸 조선인의 이미지와 닮아있다."[2] 일제의 식민지배와 자본가 계급의 이중적 착취 속에 조선인들은 희망을 꿈꾸기 힘들었다. 희망이 부재한 상황에서 조선인들은 흡연, 음주, 게으름, 무지 등 전망부재의 자학적, 허무주의적 모습을 보였다. 이것은 외부의 시각에서 보면 조선인의 열등성이라는 이미지로 수렴된다. 염상섭의 「만세전」도 조선인에 대한 부정적 모습이 압도적으로 많이 등장한다. 작가 염상섭이 식민지 조선을 부정적으로 바라본 이면에는 당대에 유행한 사회진화론, 문명화 담론, 개조론의 흔적이 자리한다. 일본 유학생 출신인 염상섭이 근대성의 서구적 시각을 통해 조선을 바라보는 한 조선인의 민족성은 결핍이라는 열등성에서 벗어나기 어려웠던 것이다. 다음 지문에서 보듯 「만세전」에서 열등한 조선인의 모습은 일제가 유포한 식민주의 시선과 닮아 있다. 조선인은 형식주의적 서열주의에 매몰된 채 무기력한 삶을 보내는 무지한 민족으로 등장한다. 여기에서 민족을 강조하는 작가 염상섭의 딜레마가 존재한다.

朝鮮사람은 外國人에게 對하야 아모것도 보여주지 안엇스나, 다만 날만 새이면 자리ㅅ속에서부터 담배를 피어문다는 것, 아츰부터 술집이 奔走하다는 것, 父母를 처들거나 내가 네 애비니, 네가 내 孫子니 하며 弄지거리로 歲月을 보낸다는 것, 겨오 입을 떼어놋는 어린애가 엇먹는 말부터 배운다는 것, 주먹업는 입씨름에 밤을 새이고 이튼날에는 대낫에야 니러난다는 것……. 그 대신에 科學的 知識이라고는 소당 쑥경이 묵어워야 밥이 잘 무른다는 것도 모른다는 것을, 外國사람에게 實物로 敎育을 하얏다는 것이다. 하기 때문에 그들이 朝鮮에 오래 잇다는 것은 그들이 우리를 輕蔑할 수 잇다는 理由와 原因을 만히 蒐集하얏다는 意味 밧게 안이 되는 것이다.[3]

염상섭은 「만세전」의 결말에서 이인화가 일본과의 순종적 동일시를 거부하고, 식민지 조선이라는 전근대적 세계도 거부하고 제3의 길을 갈 것임을 암시한다. 이인화는 일제라는 강압적, 폭력적 거대 타자에 의해 고통 받고 있는 식민지 조선을 목격하면서 자기 동일시의 기만성을 깨닫는다. 하지만 이인화의 각성은 일본과 식민지 조선의 현실 어디에도 소속되지 않는 고립된 근대적 개인주의로 이어질 뿐이다. 이러한 서사의 전개는 새로운 출구를 구체적으로 찾지 못한 작가 염상섭의 절망적 인식이 반영된 것이다. 이인화의 탈정치적 선택은 개인에게 특별할지 모르지만 당대 조선사회에 어떠한 변화도 창출하기 힘든 자위적 행위에 가깝다. 근대 "시민 사회의 '개인화' 경향은 개인들이 '민족'으로 호명됨으로써 다시 '총체화'"[4]된다. 따라서 근대국가 체제 속에서 이인화의 개별적 개인주의는 민족과 따로 존재하는 것이 아니라 근원적으로 민족이라는 범주에 수렴된다. 이인화가 선택한 개인주의는 조선인의 열등성을 주장하는 일제의 식민지배 전략을 궁극적으로 해체하지 못한다. 염상섭의 「만세전」은 피압박 민족으로서 민족적 정체성이 중요하다는 작가의 관념적 선언만을 소극적으로 보여주었을 뿐이다.

이처럼 1920년대의 염상섭은 민족을 강조했지만 「만세전」에서 민족적 정체성의 확인 이상의 모습을 보여주지 못했다. 염상섭은 이 소설에서 일제가 유포한 식민주의의 열등성론은 거부했지만 그렇다고 그 열등성론을 극복할 수 있는 뚜렷한 길을 제시하지 못한다. 무덤으로 전락한 조선을 구출하려면 무장 투쟁을 통해 독립을 쟁취하거나 일제의 식민 담론을 해체시켜야 한다. 하지만 염상섭은 어느 것 하나 제대로 하기 어려웠다. 염상섭은 일본 유학, 신문사 취직 등 비교적 안정적인 제도권의 길을 걸었기에 비제도권의 전면적 투쟁은 낯설 수밖에 없었다. 비제도권의 길이 막힌 상태에서 근대성을 동경에서 학습하고 돌아온 염상섭이 서구적 근대성 자체를 거부하고 새로운 패러다임을 제시하기는 힘들었다. 일제와의 동일시는 거부했지만 그렇다고 새로운 길도 제시하지 못한 채 어정쩡한 상태에 머문 것이 「만세전」이다. 그렇지만 조선인의 열등성론을 식민주의의 기만적 실체를 형상화하여 보여줌으로써 일정 부분 균열시켰던 것은 「만세전」의 공로가 아닐 수 없다.

3. 타자적 순종성과 주체적 저항의 담론

—최서해의 「큰물진 뒤」

최서해는 1920년대 중반 신경향문학을 선도했던 대표적 작가이다. 함경북도 성진 출생인 최서해는 생활고로 인해 만주의 간도 등을 방황하며 빈곤하게 살았다. 가난과 만주의 간도 체험은 최서해 문학의 근원을 형성한다. 최서해의 소설에서 가난은 민족 모순과 계급 모순이 동전의 양면처럼 상호 결합되어 발생한다. 간도를 배경으로 한 최서해의 소설에서 중국인들은 흔히 마적, 의사, 지주라는 신분으로 소작농인 조선인을 착취하고 폭력을 휘두르는 가해자로 등장한다. 이러한 중국인은 소설 속에서 조선인에게 민족적, 계급적 정체성을 일깨우는 악역의 역할을 한다. 외국인으로서 일본인보다 중국인이 자주 등장한 것은 작가의 자전적 체험에서도 기인하지만 일제의 검열을 의식한 작가의 내부검열이 만들어낸 것이기도 하다.

최서해의 소설에서 일본인이라는 타자가 등장하는 것은 「큰물진 뒤」(1925)와 「폭군」(1926)이다. 이 중에서 「큰물진 뒤」는 폭우와 홍수로 인해 집과 토지 등이 잠겨 생존의 위기에 처한 조선의 농민들을 다루고 있다. 이 소설의 주인공인 윤호는 홍수의 범람으로 집을 잃고 농사를 망쳤을 뿐만 아니라 갓 태어난 아들까지 죽고 만다. 윤호의 아내는 아들의 죽음과 출산 후유증이 겹쳐 병을 앓는다. 최서해의 소설에서 서사의 진행 속에 갈등과 위기는 증폭한다. 윤호가 사는 마을에 홍수가 난 것은 방축이 제 구실을 못했기 때문이다. 이것은 철교가 건설되면서 물길이 방축을 향해 바로 흐르게 되었기 때문이다. 일제 시대에 철도는 근대문명을 상징하는 대표적 문명의 이기利器였다. 일제는 식민지적 근대화, 조선 통치, 만주 침략을 효율적으로 하기 위해 철도를 건설했다. 철도라는 근대문명의 건설과 확장은 조선적인 것으로 대변되는 전통적 전근대성의 세계를 축출시킨다. 일제에 의한 철도의 건설과 확장은 식민지 조선의 농민들에게 홍수의 범람과 같은 피해를 야기했다. 식민지적 근대화는 일제, 친일세력, 부자들에게 이익을 주었지만 대다수의 조선 민중은 그 혜택을 받지 못했고 오히려 더 궁핍해졌다. 작가 최서해는 이 소설에서 큰물이라는 홍수의 범람을 통해 일제의 침략에 의해 더욱 궁핍해져 생존의 위기까지 내몰린 식민지 조선의 농촌 풍경을 우회적으로 표현했던 것이다.

홍수의 범람 이후 윤호는 소작농에서 철도 공사장의 일용직 노동자로 전락한다. 이곳에서 윤호는 지게가 망가져 공사장에 늦게 갔다가 일본인 감독에 의해 낮잠을 잤다는 누명을 쓴다. 일본인 감독은 윤호의 사정을 제대로 듣지도 않고 물리적 폭력을 행사한다. 일본인 감독은 다음 지문에서 보듯 '도오모 죠센징와 다메다! 쯔루구데 다메다!'라고 윤호에게 말한다. 이 말은 '아무래도 조선인은 틀려 먹었다. 교활해서 못 쓴다'라는 의미이다. 식민지의 주체인 일본인 감독관은 '일본인 = 근대성 = 부지런함 = 성실함'이고, '조선인 = 전근대성 = 게으름뱅이 = 불성실'이라는 이항대립적 도식에 사로잡혀 있다. 일본인 감독이 조선인의 열등성을 주장하는 말에 식민지의 타자인 조선인들은 세내로 내응하지 못한다. 소설 속에서 윤호는 식민지의 주체에 대해 말하는 주체가 아니라 침묵하는 타자로 존재한다. 윤호의 코에서 흘러내리는 시뻘건 선지피는 마치 강간당한 여성의 처지를 떠올리게 한다. 남성 우월의 가부장제 구조 속에 일본인 감독의 폭력과 권력은 성별화된 남성으로, 피해자인 윤호는 성별화된 여성으로 상징된다. 윤호가 폭행을 당한 사건은 일제의 성별화된 규율권력 앞에 조선인 남성이 서열화된 하위주체의 여성과 같은 처지에 있음을 보여준다. 최서해의 소설에서 민족적, 계급적, 성별적 착취는 중층 구조로 식민지의 조선인을 짓누른다. 그 결과 식민지 조선인들은 극한상황으로 내몰리고 만다.

> 윤호는 울면서 지게진 채 땅에 거꾸러졌다. 그의 코에서는 시뻘건 선지피가 콸콸 흘렀다. 일꾼들은 모두 이편을 보았다. 같은 지겟꾼들은 모두 이편을 보았다. 같은 지겟꾼들은 무슨 승수나 난 듯이 더 분주하게 져나른다.
>
> "이놈아, 가! 가거라!"
>
> 감독은 독살이 잔뜩 엉긴 눈으로 윤호를 보더니 사방을 돌아보면서,
>
> "뭘 봐? 어서 일들 해! 도오모 죠센징와 다메다! 쯔루구데 다메다!"
>
> 하는 바람에 일꾼들은 조심조심히 일에 손을 대었다.[5]

최서해의 소설에서 주인공은 서사의 중반까지 지배자의 권력에 제대로 대응하지 못하는 순종성을 보여준다. 그러나 침묵하는 타자의 피해가 임계치를 넘는 극한상황이 오면 조선인의 순종성은 저항적 폭력성으로 변질된다. 최서해 소설의 대표적 특징 중의 하나는 피지배층인 조선인 노동자, 소작농 사이에 공동체적 연대가 보이지 않는다는 점이다. 어디에도 도움을 얻기 힘든 최서해의 작중인물들은 극한상황으로 내몰리자 미치광이, 살인자, 방화범 등의 극단적 인물로 변신한다. 조선인의 반사회적 저항성은 가해자와의 동일시

를 거부하고 투쟁하는 반체제적 민족성과 계급성으로 나타난다. 「큰물진 뒤」에서 주인공 윤호는 홍수로 집과 일터를 잃고, 일용직 노동자도 못하게 되는 극한상황에 처하자 강도로 변신해 조선인 부자 이 주사의 집을 턴다. 여기에서 이 주사의 집을 도둑질하는 것은 필연적인 서사가 아니라 우연성의 개입이다. 이것은 일제의 검열 시스템을 작가가 의식한 결과이다. 최서해가 일본인 감독의 집을 강탈하는 장면으로 서사를 전개시켰다면 검열에 의해 삭제되었을 가능성이 높다. 최서해는 조선인 지주의 집을 터는 행위를 통해 검열을 피하면서 반체제적 저항성을 간접적으로 노출시켰던 것이다. 이러한 최서해의 소설은 일제의 폭압적 규율권력이 욕망하는 조선인의 순종성과 열등성을 거부하고, 저항하는 조선인상을 창출했다는 점에서 그 의미를 찾을 수 있다. 체제 저항의 조선인상은 일제가 생산하는 식민지 조선인의 열등성론에 대한 거부이기도 했다. 최서해의 소설에서 체제 저항의 조선인상은 1919년 3·1운동에서 보여준 조선인상을 계승한 것이다.

지배체제와 가해자의 폭력에 대해 또 다른 폭력으로 대응하는 최서해의 방식은 눈에는 눈, 이에는 이라는 식의 원초적 복수이다. 하지만 이러한 복수의 방식은 작중인물이 처한 극한상황의 모순을 근원적으로 해결하지 못한다. 많은 연구자들도 최서해의 소설이 보여준 일회성의 폭력이 지닌 한계를 지적한다. 최서해의 중요 작중인물들이 일회성의 저항적 폭력으로 치달았던 것은 다른 해결 수단을 충분히 갖지 못한 당내의 민족직, 계급직 모순에 기인한다. 최서해의 소설에서 공동체적 연대가 등장하지 못한 것도 기초적 여건이 부실한 당대 상황에서 연유한 것이다. 따라서 일회성의 저항적 폭력이 지닌 문제점을 작가 최서해의 몫으로만 전가하는 것은 온당하지 못하다. 최서해 소설이 보여준 일회성의 저항적 폭력은 당대 식민지 조선의 열악한 현실을 반영한 것이다. 1920년대 후반에는 카프의 활성화에서 보듯 무력한 개인을 넘어서는 연대의 조직이 활성화되기 시작한다. 따라서 일회성의 저항적 폭력에 의존하는 최서해식 소설은 시대적 유효성을 상당 부분 상실한다. 최서해가 「홍염」(1927) 이후 주목할 만한 작품을 생산하지 못한 것도 이러한 상황과 연결되어 있다. 최서해는 문제의식의 쇠퇴 속에 총독부 기관지 『매일신보』의 학예부장이 되면서 카프를 탈퇴하고, 안락한 일상에 젖어 방탕한 생활을 하다가 1932년에 병사하고 만다.

4. 타자의 시선에 비친 조선인 — 나카지마 아쓰시의 「순사가 있는 풍경」과 나카니시 이노스케의 「불령선인」

후쿠자와 유키치福澤諭吉가 「탈아론脫亞論」(1885)에서 일본을 제외한 중국과 조선의 열등성을 지적한 이래로 조선민족의 열등성은 일제에 의해 지속적으로 확대 재생산되었다. 1920년대에 일본 작가들도 일본이 우월하고 조선은 열등하다는 일본형 오리엔탈리즘을 생산해냈다. 구한말 이래로 일본의 시선에 포착된 조선은 일본에 비해 근대성의 측면에서 늘 결핍된 타자였다. 일본형 오리엔탈리즘의 확산 속에 일제는 '조선 = 자연 = 낙후, 일본 = 문명 = 발전'이라는 서열

체계를 유포시켰다. 그런데 소수지만 근거없는 일본 우월성과 조선 열등성이라는 도식을 해체하고 식민지 조선을 이해하려고 노력한 일본 작가도 있었다. 나카니시 이노스케와 나카지마 아쓰시는 조선을 이해하고자 노력한 대표적인 지한파 작가들이다.

나카지마 아쓰시中島敦(1909~1942)는 11살 때인 1920년에 아버지가 식민지 조선의 교사로 부임하자 같이 따라와 초등학교 고학년부터 중학교 시절까지 조선에 체류했다. 조선에서 중학교를 마친 나카지마는 1926년에 다시 일본으로 돌아간다. 조선 체류의 경험은 나카지마에게 깊은 영향을 준다. 나카지마가 1934년 조선을 배경으로 한 「호랑이 사냥」을 통해 등단한 것도 조선 체험이 작가에게 지대한 영향이 있었음을 보여준다. 박광현은 식민지 조선을 형상화하는 나카지마 아쓰시의 문학을 "식민지주의의 '국민국가'에 살면서도 그 경계를 넘어서려는 의식에 근거한 '나'라는 존재"[6]를 문제화했다며 긍정적으로 평가한다.

나카지마 아쓰시의 「순사가 있는 풍경－1923년의 한 스케치」(1929)는 작가로 등단하기 이전의 습작품으로 시간적 배경은 1923년 겨울이다. 일제는 1923년 9월 관동대지진이라는 재앙을 맞아 인명과 재산에서 막대한 피해를 경험했다. 당시에 일제는 조선인 폭동설을 조작 유포시켜 수많은 조선인들과 일본인 사회주의자들을 희생양으로 삼아 정권의 위기를 탈출하고자 했다. 이 과정에서 조선인과 일본인 사회주의자들은 분노한 일본인에 의해 살해되는 비극을 경험했다. 나가지마의 소설은 바로 이렇게 민감한 시기를 시간적 배경으로 한다. 소설의 주인공은 일본인이 아니라 조선인인 순사 조교영이다. 일본과 동일시되어 있던 조교영은 일련의 사건을 경험하면서 민족적 정체성을 깨닫는다.

「순사가 있는 풍경」에서 일본인과 조선인은 '지배자 대 피지배자, 문명인 대 야만인'이라는 서열적 권력 구도로 설정되어 있다. 내선융화로 대변되는 일제의 식민주의는 일본인과 식민지 조선인을 동등하게 취급하는 것이 아니라 차별화된 서열화로 나타났다. 작가 나카지마는 일제의 내선융화가 얼마나 기만적 허구의 담론이었는지 이 소설에서 여러 사례를 통해 보여준다. 예를 들어 일본 여자는 조선 남학생을 향해 조선인을 비하하는 '요보님'이라고 호명한다. 조선인 남학생은 이것에 대해 분개해 일본 여자에게 항의하지만, 일본 여자는 그 항의를 이해하지 못한다. 요보와 관련한 말싸움은 일본인과 조선인 사이에 존재하는 일상적 권력 관계와 소통의 단절을 보여준다. 소설의 주인공 조교영은 조선인 남성이 여성처럼 소변을 앉아서 하는 것을 보고 일본의 우월성과 조선의 열등성을 확인한다. 나카지마는 이 장면을 통해 일본인과 조선인의 서열 관계가 성별화된 가부장제의 권력 구조에 놓여 있음을 보여준다. 일제는 조선을 여성화하여 남성인 일본이 조선을 지배하는 것이 당연하다는 가부장적 일본형 오리엔탈리즘을 생산했던 것이다.

일본 순사 조교영의 시선에 비친 조선인들은 일제의 강압적 지배 속에 존재하는 열등성의 타자이다. 왜곡된 식민지의 질서를 무너뜨리기 위해 어떤 조선 청년은 총독을 암살하려고 하지만 실패한 채 잡히고 만다. 이 청년을 붙잡은 조교영은 민족의 배신자 역할을 뜻하지 않게 하게 된다. 조교영은 민족적 정체성의 혼란 속에 괴로워하지만 생계 문제로 순사 직업을 그만두지 못한다. 그렇지만 조교영은 과거처럼 일에 전념하지 못하면서 끝내 해고된다. 조교영이 자진 퇴사가 아니라 해고라는 형식을 통해 타의적으로 순사를 그만두었다는 점에서 그의 고민과 행위는 일정한 한계를 갖는다. 해고된 조교영은 식산은행 옆에 누워 있는 조선인 지게꾼에게서 민족적 동질성을 확인하며 새로운 길을 모색한다. 하지만 친일 순사라는 지위를 가졌던 조교영이 민족적 정체성의 확인만으로 식민지의 모순을 해결하기는 어렵다. 조교영의 반성적 성찰과 행동은 일제와의 동일시를 해체하는 첫걸음일 뿐이다. 또한 이원회[7]도 지적했듯이 「순사가 있는 풍경」은 일본인의 시선에서 보면 상당한 수준의 형상화라고 볼 수 있지만, 식민지 조선인의 입장에서 보면 피상적 수준의 나열에 가깝다.

나카니시 이노스케中西伊之助(1893~1958)는 1910년경 조선에 건너와 기자 활동을 하면서 식민지 조선에 애정을 갖게 된다. 나카니시는 일본인들이 조선인 광산 노동자들을 학대하는 것을 비판한 기사를 쓴 죄목으로 감옥에 투옥되기도 했다. 일본의 대표적인 프롤레타리아 문학 작가인 나카니시는 일본으로 돌아가 노동운동과 농민운동을 전개했으며, 조선을 배경으로 한 「불령선인」·『적토에 움트는 것』 등을 썼다. 이 중에서 「불령선인」(1922)은 일본인 에이사쿠가 3·1운동으로 인해 소중한 딸을 잃은 한 중년 조선인 남자를 만나는 과정을 그린 소설이다. 일본인 에이사쿠가 도시와 떨어진 외진 곳에 사는 조선인 남자를 찾아가는 여정은 쉽지 않다. 에이사쿠가 조선인 남자를 찾아가는 길이 쉽지 않은 것은 양국 사이에 놓인 소통 단절의 벽이 그만큼 높다는 것을 의미한다. 조선인 뱃사공은 에이사쿠를 위해 배를 운행할 수 없다고 거절한다. 이에 대해 에이사쿠는 항의하지 않고 목숨을 걸고 넓은 강을 단독으로 수영하여 건넌다. 조선인과의 열린 소통을 위해 몸을 던지는 에이사쿠의 모습은 조선인들에게 깊은 감명을 준다. 조선인 남자를 만난 에이사쿠는 일본인의 우월성을 말하지 않는다. 에이사쿠는 오히려 조선 청년의 용감성과 일본 청년의 비겁을, 조선인 연장자들의 강인성과 일본인 연장자들의 나약성을 대조시켜 말한다. 이것은 '일본인 = 우월, 조선인 = 열등'이라는 식민주의가 만들어낸 서열 체계의 해체를 의미한다.

> 우리들은 다 쓸모없습니다! 일본 청년들은 다들 겁쟁이입니다. 저는 조선의 청년이 용감하다고 생각합니다. 남자도 여자도 특히 따님과 같은 분은 정말 대단하지 않습니까! 실로 우리들은 부끄럽기 짝이 없습니다.[8]

나카니시 이노스케는 「불령선인」에서 "모든 것은 우리 민족이 책임져야 할 죄"[9]라고 말한다. 민족과 국가를 경계로 적과 아군으로 갈렸던 일본인과 조선인은 에이사쿠의 성찰적 반성 앞에 경계를 허물고 허심탄회하게 소통한다. 식민지 주체와 타자의 벽이 한순간에 무너지면서 수평적 공감의 연대를 만들어낸다. 조선인 남자는 문명화 담론과 함께 조선의 침략이 시작되었다면서 근대 문명을 거부한다. 조선인 남자가 거주하는 집이 외딴 자연적 공간이라는 설정도 문명화 담론의 거부를 상징적으로 보여준다. 근대 문명을 거부하는 조선인 남자는 근대 문명화 담론, 사회진화론 등을 통해 일제의 조선 지배가 정당화, 합리화 되는 과정을 파악하고 있었던 것이다. 물론 이것은 엄밀하게 말해 조선인 남자보다 작가 나카니시 이노스케의 비판적 시선이 포착한 것이다. 서구의 근대문명을 재빨리 수용한 일본 프롤레타리아 지식인 나카니시는 서구의 근대문명이 지닌 이중성의 하나인 제국주의적 침략성을 간파해 소설적 형상화에 반영했던 것이다.

나카지마와 나카니시의 작품은 일본인 우월의 식민주의를 비판하면서 조선인의 열등성론에 이의를 제기한다. 이들은 자기중심의 맹목적 애국주의를 거부하고 타자인 식민지 조선과 소통하려는 열린 자세를 보인다. 나카지마는 일본인임에도 불구하고 작중 주인공으로 조선인을 설정하여 식민지 조선의 입장에서 식민지를 형상화하려고 노력했고, 나카니시는 일본인 우월성의 담론을 해체해 양자의 진정한 대화를 이끌어내고자 한다. 문제는 이런 생각을 지닌 양심적 작가들은 소수였고, 대다수의 일본 작가들은 극우적 논리로 무장한 채 조선인의 민족성이 열등하다는 담론을 지속적으로 생산했다는 점이다.

5. 우승열패의 열등성론과 조선인의 민족성

1920년대에 발행된 다카하시 도루의 『조선인』(1921)과 조선 총독부가 펴낸 『조선인의 사상과 성격』(1927)이란 책에서 조선인의 민족성은 종속성, 형식주의, 당파심, 부화뇌동, 무기력 등 부정적으로 언급된다. 일본인들만 조선인의 열등성을 지적한 것은 아니다. 1920년대에 대표적 민족지인 『동아일보』도 「조선인의 단처를 논하여 반성을 촉하노라」(1920.8.9~1920.8.23)와 「폐습누관부터 개혁하자」(1926.9.11~1926.9.21)라는 시리즈 사설에서 조선인의 열등성으로 게으름, 당파열, 족보열, 양반심, 관존민비의 사조, 황금숭배열, 문약 퇴영, 노동의 천시 등을 언급했다. 『동아일보』 사설은 자기반성의 차원에서 조선인의 단점을 지적한 것이지만 결과적으로 조선인의 열등성을 확인시켜주었다. 반면에 국학자인 안확의 「조선인의 민족성」,[10] 『개벽』의 「조선인이 본 조선의 자랑」[11]이라는 설문, 『별건곤』의 「외국인이 본 조선의 자랑거리」[12]라는 설문은 조선인의 장점을 부각시켰다. 1920년대에 조선인의 열등성과 우월성 담론은 상호 경쟁하였지만 전반적으로 조선인의 열등성론이 우세했다. 국권을 상실한 한민족의 입장에서 조선인의 민족성은 장점보다 단점이 더 부각될 수밖에 없었던 것이다.

1920년대에 식민지 조선에서 일본형 오리엔탈리즘은 근대성의 문명화 담론을 통해 일본인의 우월성을 자명한 진리로 유통시켰다. 식민지 조선에서 유학온 학생들은 바로 일본형 오리엔탈리즘의 영향권 속에 서구의 학문을 학습했다. 그 결과 "식민주의에 필요한, 서구인이 구성한 동양인의 자아상이 일본을 통해 수입되고 이것이 한국인들에 의해 그 일부분이 내면화되면서 –'자아 오리엔탈리즘'– 한국인의 자아상으로 구체화되었다."[13] 열등한 조선인은 우월한 일본인에게 문명화 담론을 배워야만 생존할 수 있다는 식민주의는 일본형 오리엔탈리즘이 식민지 조선에 적용된 결과물이다. 일제는 각종 홍보 수단을 총동원해 일본인의 우월성과 식민지 조선인의 열등성을 학습시켰다. 군중심리를 논한 귀스타브 르봉Gustave Le Bon은 『군중심리』(1895)에서 위엄을 지닌 강력한 지도자가 간결한 확언, 메시지의 반복, 감염력을 통해 여론을 장악할 수 있다고 말한 바 있다. 일제의 총독부와 문명화 담론에 중독된 식민지 조선의 일부 지식인들이 생산하는 '조선(인)의 열등성'이라는 확언은 책, 교육기관, 여론

기관 등을 통해 지속적으로 전파되면서 허구적 담론에서 실체적 담론으로 변신했다. 근대문학의 아버지로 불리는 이광수는 「민족개조론」에서 개조의 담론과 문명화 담론에 입각해 조선인의 열등성을 지적하면서 개조의 필요성을 제기한 바 있다. 이러한 이광수의 주장은 일제의 식민 담론과 상호 닮아 있다.

이런 상황에서 식민지 조선 대신에 일본과의 동일시를 꿈꾸는 존재들이 출현한다. 작가 염상섭은 「만세전」에서 조선인의 정체성을 부정하고 일본과의 동일시를 지향한 일군의 인물을 등장시켰다. 일본 유학생인 이인화, 한일 혼혈아인 요리집 어린 기생, 일본인처럼 행세하며 일본어를 구사하는 위장한 조선인 등은 조선인의 열등성을 자연스러운 것으로 받아들일 가능성이 높다. 물론 이인화는 조선으로의 귀환 여행을 통해 민족적 정체성을 확인하며 조선인의 열등성론의 극복 가능성을 관념적으로 모색하는 단계에 도달한다. 하지만 근대성의 문명화 담론을 포기하지 않는 상황에서 이인화가 조선인의 열등성 담론에서 궁극적으로 벗어나기는 어렵다. 조선인의 열등성론을 무너뜨리려면 일제가 내세우는 문명화 담론을 함께 해체시켜야 한다. 문명화 담론은 사회진화론, 식민주의와 연결되어 조선인의 열등성과 식민지배를 정당화하는 논리적 토대를 제공했기 때문이다. 일제의 문명화 담론은 일본을 산업화된 문명으로, 조선을 산업화 이전의 순수성이 있는 자연으로 형상화한다. 대다수의 "일본 작가들은 조선 풍경과 일정한 거리를 두고, 그 조선 풍경에 고대 일본이라는 전근대성을 투영함으로써 자기가 근대적 인간임을 자각"[14]했던 것이다.

나카니시 이노스케는 이러한 일본 작가들의 주류 경향과 떨어져 있는 별종의 존재이다. 나카니시는 「불령선인」에서 근대문명이 발전적인 건설이 아니라 오히려 인류를 멸망시키는 도구라는 생각을 드러낸다. 서구는 자신들이 가진 근대 문명을 문화적 보편성으로 설정했다. 그러면서 서구는 보편주의라는 명목 하에 자신의 문명을 다른 나라에 강요했다. 문명화의 사명은 제국주의적 침략으로 연결되었다. 서구를 모방한 일본도 자신의 문명을 아시아적 보편성으로 생각하면서 조선 침략을 합리화시켰다. 일제는 조선을 식민화하면서 일본적 보편성이라는 이름 아래에 조선적 특수성을 전근대성이라고 명명하면서 배제했다. "일제는 근대화와 문명화라는 미명하에 조선 문화를 폭력적으로 파괴시켜 나갔다."[15] 나카니시는 이러한 문명화 담론의 문제점을 「불령선인」을 통해 드러낸다. 서구인들은 서구적 보편성을 비백인非白人 국가에, 일본인들은 일본적 보편성을 아시아에 적용하는 것이 행복한 것이라고 생각했다. 나카니시는 「불령선인」에서 다양한 특수성을 인정하지 않는 획일적 문명화 담론은 사람을 행복으로 인도하지 않는 자멸의 도구라고 말하면서 새로운 길의 모색을 촉구했다. 그것은 민족성의 측면에서 보면 우열에 기반을 둔 '일본인 = 우월성, 조선인 = 열등성'이라는 서열 구조의 해체를 의미했다.

"인간이 스스로를 멸하게 하는 도구를 만드는 것이 지금의 문명이라고 생각합니다."

"아, 그렇습니까……? 그렇지만 일본인은 문명이 행복하다고 말합니다."

"아, 그것은 지금 무서운 문명 속에서 살고 있어서 자신이 대단히 행복하다고 생각하는 사람들이 그렇게 말하는 거지요."

"아, 그렇습니까? 그렇다면 우스이 씨도 그렇게 생각합니까?"

"아닙니다. 저는 지금의 문명을 결코 행복하다고 생각하지 않습니다. 남들이 아무리 행복하다고 하더라도 제 자신이 행복하다고 믿을 수 없기 때문입니다. 행복이라는 것은 결국 자신이 느끼는 것이기 때문에 문명이든 야만이든 남들이 뭐라고 하던 자신이 행복하다고 느낄 때 진정한 행복이라고 생각합니다."[16]

조선인이 자신의 열등성을 인정하고 일본의 우월성을 찬양한다면 과연 그것은 행복의 지름길이었을까? 일제의 식민주의가 내세운 동화주의의 기만적 실체는 염상섭의 「만세전」과 나카지마 아쓰시의 「순사가 있는 풍경」에서 적나라하게 드러난다. 이 소설에서 내지연장주의, 내선융화, 내선일체화, 황국신민화로 호명된 일제의 식민주의는 열등한 식민지 조선의 노예화를 의미했다. 일제의 식민지배는 대다수의 조선인을 더욱 불행의 늪으로 밀어넣었던 것이다. 염상섭과 나카지마의 소설을 보면, 식민지의 지배자인 일제가 피지배자인 조선을 이해하기보다 우월성 대 열등성이라는 차별화로 위계적 질서에 감금시켰다는 것을 알 수 있다. 일제는 온갖 부정적인 속성을 조선인에게 투사하여 열등한 인종으로 만들었던 것이다. 반면에 최서해의 소설은 열등성론을 구성하는 하나의 요소인 식민지적 순종성을 거부하고 불온한 저항적 폭력성을 보여주었다. 문제는 최서해가 저항하는 조선인상을 넘어 긍정적인 조선인상을 만들어나가는 데에 실패했다는 점이다. 이것은 그의 문학적 한계이자 시대적 담론의 한계이기도 했다.

일제의 식민주의는 조선(인)의 열등성론을 확산하는 작업을 통해 일본(인)의 우월성론도 함께 생산했다. 이것을 통해 일제는 일본인의 민족적 동일성을 함께 강화시켰다. 이마무라 히토시는 『근대성의 구조』에서 "강한 집단이 배제함을 통해서 자기의 집단적 동일성을 만들어내고 있다"[17]라고 주장한다. 일본은 타자인 식민지 조선을 탄압하고 자신의 식민 권력을 확인하는 과정에서 일본인의 우월성을, 민족적 동일성을 확인했던 것이다. 반면에 식민지 조선은 일제라는 거대 타자를 통해 식민지 조선의 정체성을 깨달으면서 민족적 동일성을 확보해나갔다. 염상섭도 「만세전」에서 "敵愾心이나 反抗心이란 것은 壓迫과 虐待에 正比例하는 것이요, 또한 活路를 엇는 唯一한 手段이다"[18]라고 언급하고 있다. 일본의 제국주의와 식민지 조선의 민족주의가 생산하는 상호 배제와 차별은 자국의 민족 동일성을 강화시키는 핵심적 역할을 수행했던 것이다. 이때 일제는 과거와 현재까지 이어지는 일본의 우월성을, 식민지 조선은 과거의 우월성을 주로 강조하는 차이점을 드러냈다. 이것은 식민지 지배와 피지배라는 권력 구도와 입장 차이가 반영된 것이다.

6. 연역법적으로 만들어진 민족성

1920년대 식민지 조선에서 민족과 계급 모순은 최대의 화두였다. 일제는 1920년대에 문화통치의 전략에 따라 식민주의를 통해 일본인의 우월성과 조선인의 열등성을 유포시켰다. 일제는 우월성의 식민주의를 앞세워 조선 침략을 합리화·정당화하면서 자신과 동일시하는 것이 행복의 지름길이라고 선전했다. 각국의 민족성은 귀납법적인 방법으로 추출되어 결론이 도출되어야 객관성을 확보한다. 하지만 일제시대에 민족성의 논의들은 특정 목적에 따라 민족성의 내용들을 선험적으로 추출하였다. 다시 말해 자신의 입맛대로 민족성의 담론이 연역적으로 구성되었다는 것이다. 목적은 달랐지만 일제와 식민지 조선은 자신이 욕망하는 자료들을 취사선택하여 자국의 우월성을 주장하는 민족성의 동일성 담론을 만들었다.

조선인의 열등성을 주장하는 식민주의가 한민족에게 반드시 부정적 영향을 끼쳤던 것은 아니다. 염상섭은 「만세전」에서 "愚劣感이 單純한 個人과의 關係를 버서나서 集團的 背景이 잇슬 때에는, 純全한 敵對心으로 變하는 同時에, 좁고 깊게 사람의 마음 속에 파고드러 안저서, 惑은 露骨的으로 暴發되기도 하고 惑은 은근히 一種의 勢力을 길으게 되는 것이다"[19]라고 말한 바 있다. 일제가 유포하는 일본 우월성과 조선 열등성이라는 식민주의 공세는 민족적 정체성을 일깨우는 강력한 매개체이기도 했던 것이다. 그렇지만 1920년대에 민족진영은 과거의 찬란한 전통과 유산을 강조하면서 민족의 우월성을 강조하는 수세적 차원을 벗어나지 못했다. 민족진영은 일본인의 우월성론과 조선인의 열등성론을 논리적으로 해체하지 못했다. 근대성의 담론 구조 속에서는 우열성의 담론을 비판적으로 접근하기 어려웠던 것이다.

1920년대의 근대성을 구성하는 지배적 사상은 문명화 담론, 사회진화론, 개조론, 사회주의였다. 이 중에서 문명화 담론은 문명화 되지 못한 조선의 미개한 처지를 부각시켰고, 사회진화론은 문명화 되지 못한 약자인 조선이 강자인 일제에 종속되어야 한다는 식민주의를 합리화시켰으며, 개조론은 열등한 조선의 민족성을 전제로 하여 열등한 민족성을 개조해야 한다는 식으로 논리를 전개했다. 이러한 담론들은 열등한 민족성을 지닌 조선의 독립이 아직 시기상조라는 논리들을 형성하면서 식민지배를 강화시켰다. 이광수가 소속된 민족 우파는 조선인의 현재적 열등성론에 기초해 일제와 타협해 자치론을 주장하는 퇴행성을 드러내기도 했다. 반면에 염상섭, 최서해, 나카지마 아쓰시, 나카니시 이노스케는 정도의 차이는 있지만 '일본(인) 우월 / 조선(인) 열등'이라는 우열성의 담론에 이의를 제기하는 저항을 보여주었다. 염상섭은 민족적 정체성의 자각을 통해 일본과의 동일시를 거부했고, 최서해는 불온한 저항적 폭력을 통해 순종성으로 규정된 조선인의 민족성을 부정했고, 나카지마 아쓰시는 내선일체라는 일제의 식민주의가 지닌 기만적 허상을 폭로했고, 나카니시 이노스케는 날조된 조선인의 열등성론을 해체시켰다. 이들의 글쓰기는 현실 세계에서 조선인의 열등성론을 붕괴시키지는 못했다. 그렇지만 이들의 작업은 '일본(인) 우월 / 조선(인) 열등'이라는 이항 대립체계를 균열시킬 가능성을 보여주었다는 데에 문학사적 의미를 찾을 수 있다.

근대 중일 언론매체의 조선여성 표상*

이선이李宣坭

1. 머리말

이 글은 근대 아시아 지역의 조선여성 담론이 어떠한 양상을 띠고 전개되었는가를 살펴보는데 일차적인 목적이 있다. 필자는 앞의 글에서 근대 중국에서의 조선인 담론에 대해 고찰하여, 근대 중국지식인들에게 있어서 조선(인)은 중국의 근대화 실현을 위한 "실패적 교훈" = 반면교사이거나, 사회진화론에 입각하여 노력이 결여되어 도태되는 본보기로 주로 논해졌다고 밝혔다. 이와 같은 중국지식인의 조선(인)에 대한 인식은 일본의 학지가 구축한 아시아에 대한 지식체계인 오리엔탈리즘의 영향권 아래 있었는데, 일본의 '오리엔탈리즘' 특히 조선(인) 관련 담론이 동아시아 권역 내에 유포되었다는 결

* 이 글은 『동양사연구』(제116집, 2011)에 수록된 논문을 수정 보완한 것임.

론에 이르면서 필자는 근대 일본에서 조선(인) 관련 담론이 어떻게 전개되었는가에 대해서 살펴볼 필요를 느꼈다. 물론 식민지정책과 밀접한 연관 속에서 조선인 담론이 산출되었을 것이라는 것을 상상하기는 어렵지 않지만 그것이 구체적으로 어떠한 의미구조 속에서 전개되었는지 살펴보는 것은 흥미로운 일이라고 하지 않을 수 없다.

일본의 '오리엔탈리즘'은 서구 오리엔탈리즘에 대한 '반응'이라고 할 수 있다. 서구는 서구의 문명적 기준에 따라 아시아 지역을 '야만' 또는 '반야만'으로 규정하는 담론을 산출했다. 이때 아시아는 '여성화'되며, 그곳에 살고 있는 "여성들은 무한한 관능의 매력을 발산하고, 다소간 어리석으며, 무엇보다도 그들은 순종"하는 존재가 된다.[1] 일본의 '오리엔탈리즘'이 서구 오리엔탈리즘에 대한 반응이라고 할 때 일본의 오리엔탈리즘은 과연 서구의 오리엔탈리즘을 액면 그대로 받아들였을까? 아니면 이에 '저항'하면서 '능동적'으로 아시아 담론을 산출했을까? 물론 여기서의 관심은 일본의 아시아인식 구성의 중핵이 되는 조선(인) 관련 담론이다. 일본이 조선에 대해 이야기 할 때 '조선 여성'에 대한 담론은 어떠한 양태를 띠게 되었을까? 근대 일본에서의 조선여성에 관한 담론은 필자의 학문적 관심 사안이라는 것을 넘어 당시 일본사회가 추구한 비전의 향방을 보여주는 중요한 요소라고 할 수 있다. 왜냐하면 근대화란 사회시스템과 '문화젠더'라는 이원체제화와 아주 밀접하게 연결되고, 여성과 식민주의 정치는 상호 구성적인 관계에 있기 때문이다. 그렇기 때문에 당시 일본에서 유포된 '조선여성'담론은 일본제국의 식민통치의 전략을 보여줄 뿐만이 아니라 '일본여성'에 대한 일본제국의 젠더전략도 동시에 보여주는 것이다. 그리고 당시 제국 일본의 학지가 제국주의의 논리를 아카데미즘의 권위를 토대로 양산하여 국가정책에 기여하였고, 활자 미디어, 연극, 영화, 라디오 등의 문화매체는 그러한 국가 구상을 전파, 강화하는 역할을 담당하였다. 그렇게 근대 일본의 학지와 문화매체가 제국주의적 국가구상과의 상호연관 속에서 구축되었고 그러한 가운데 '타자'로서의 조선인(아시아) 인식이 형성되었다고 할 수 있다.[2] 이에 이 글에서는 근대 일본의 언론매체에서의 조선여성 담론을 주로 다루고자 한다.

그리고 일본의 오리엔탈리즘이 아시아 내에서 유포되었을 때 아시아 각국의 담론에 어떠한 변용이 일어났을까하는 의문이 생겨난다. 일본이 산출한 조선여성관련 논의는 중국으로 상당 부분 유입했던 것으로 보인다. 중국에서 소개되고 있는 조선인에 대한 논의의 상당 부분이 중국인이 제기한 것이 아니라 그 내용은 물론이고 주요 개념어 역시 일본 문장의 번역인 경우가 많았지만, 그렇다고 해서 일본의 조선여성담론이 중국에 액면 그대로 '수입'되었다는 것을 의미하는 것은 아니다. 중국에서 일본의 조선여성 논의는 문화적 선별 과정을 거쳐 취사선택되고, 중국인들 스스로가 자신들이 지향하는 사회를 논하기 위한 하나의 방법으로서 진행되었을 것이다. 따라서 이 글에서는 우선 일본에서의 조선여성 담론에 대해서 살펴본 후 중국에서의 논의를 고찰하여 양자가 어떻게 다르고 같은가에 대해서 서술하고자 한다. 이를 위해서 이 글에서는 일본의 『부녀신문婦女新聞』[3]과 중국의 『부녀잡지婦女雜誌』,[4] 『동방잡지東方雜誌』[5]를 중심으로 살펴보고자 한다. 이 글은 1920년대까지 『부녀신문』의 조선여성 관련 담론을 총체적으로 다루고 있으며, 그 담론을 제국 일본의 식민정책과 젠더가 어떻게 연동하고 있는지 밝혀내고 있다. 중국의

『부녀잡지』에 대한 연구는 상당히 많은 부분 행해지고 있으나 조선 여성 인식을 다룬 글은 아직 나와 있지 않다. 또한 이를 '일본의 조선여성담론 = 오리엔탈리즘'과 비교사적으로 분석하고 있다는 점에서도 이 글의 의의를 찾을 수 있다.

2. 『婦女新聞』이 그리는 조선여성

『부녀신문婦女新聞』에서 처음 조선(한국)[6]의 여성에 대해서 논한 글은 1901년 후쇼 이쿠오扶桑生의 「韓國の婦女子」[7]이다. 이 글은 『부녀신문』에서의 조선여성 표상의 원형과 같으며 이후 조선 여성에 대한 담론에서 비슷한 내용이 반복적으로 나오고 있기 때문에 다소 긴 문장이지만 인용해 두고자 한다.

> 고려시대에는 남비여존男卑女尊의 풍속이 있어 혼인 시 남자는 여자의 집으로 장가가는 습관도 있었고 일가의 재산은 여자가 관리하였기 때문에 남자는 여자에 대해 위세를 떨 수 없는 약점이 있었다. 세월이 흘러 유교가 점차 한국에 침투함에 따라서 여자는 남자에게 시집가는 습속이 생기고 남녀의 지위가 일변하기에 이르렀다. 게다가 그 시대에 여자의 재혼을 금하는 법령이 새롭게 시행되어 부녀는 어떠한 학대를 받아도 남편의 집을 떠날 수 없는 경우에 빠졌다. 오늘날 조선의 부녀자는 감옥 같은 주거에서 거처하며 최근 조선에서 돌아온 자들에 따르면 지금도 여전히 일생동안 내방의 어둡고 깊은

곳에 거주한다고 한다. 모르는 손님은 지인일지라도 남자인 경우에는 나와 응대하는 일이 전혀 없으며 손님이 오면 부인은 홀연히 귀신이라도 만난 듯이 낮도깨비처럼 내방에 숨어서 손님의 시선을 피한다. 게다가 손님을 병풍 틈으로 훔쳐본다. 소위 내방은 치외 법권 아래 있으며 (…중략…) 유교주의의 가르침은 남녀 7세가 되면 동석하지 않으며 이후 혼인 때까지 여자의 눈에 비치는 남자는 오로지 아버지와 형제만이며, 일단 혼인이 성립되면 부인은 한 남편이외 이 세계에서 남자라는 이름이 붙는 사람을 볼 수 없으며, 외출 시에는 반드시 밀봉한 가마를 타 바깥세상을 볼 수 없다. 게다가 가마에 타고 외출하는 일도 지극히 드물며, 단지 일 년에 한번 관례처럼 외출하는 것이 허락된다. 번화가를 산보해서는 안 되며 인적이 드문 산등성이에 올라가 사람들이 개미처럼 보이는 정도에서 멀리 하계를 내려다본다. 이조차도 엄숙한 감독자가 따라오며 (…중략…) 한국 부인의 경우 또한 불쌍하다.

이어서 게재된 속편에서 그는 조선의 '내외법'이 조선 여성들에게 미친 악영향에 대해서 서술한다.

조선에서는 상류층 부인이 병에 걸려도 의사를 찾는 일이 거의 없다. (…중략…) 여의가 아니면 진찰할 때 환자와 의사 사이에 발을 치고 손과 발을 내놓고 맥을 잰다. 만약 왕궁의 여성은 (…중략…) 이리하여 조선 상류부인의 병은 경증도 중증이 되고, 구할 수 있었던 것도 구하지 못하는 경우가 일상사이다. 정말 어리석고도 불쌍하다고 할 수 있다. (…중략…) 내방에 감추어진 몸은 스스로 그 마음이 음험해서 간계가 뛰어나고 애교가 많고 질투가 많다. 한국의 남자보다 여자가 훨씬 현명하다고 하는 것은 부인이 음험하고 사악한 지혜에 밝아 종종 남자들로 하여금 혀를 내두르게 하기 때문이다. (…중략…)

한국의 부인은 따라서 육아법에서 지극히 졸렬하여 쾌활하고 취미 있는 교육은 꿈에서도 거의 볼 수 없으며 한국이 쇠퇴하는 것 또한 이 때문이다.[8]

이 글은 고려시대에 남비여존이었던 것이 유교가 전래되면서 남존여비로 역전되었다고 하면서 조선여성의 열악한 상황의 근저에 유교가 있음을 역설하고 있다. 이는 이 글이 당시 일본에서 청나라와 조선의 열악함을 설명하는 데 있어서 자주 유교의 '폐해'가 거론되었던 흐름 속에 있었음을 보여준다. 일본의 여성학자 하야가와는 "전근대 중국에서는 유교 도덕 중 '삼종사덕'과 '남녀유별'이 여성을 가장 억압했으며 전족의 습관도 있었다. 조선에서는 '내외법'과 '재가 금지'가, 일본에서는 '삼종칠거'가 여성을 가장 억압했다. 일본에서는 '남녀유별內外法'과 '재가 금지'는 실천되지 않았다"[9]고 하였다. 그러나 이는 당시 한중일 삼국의 '실제' 상황이라기보다는 가장 많이 비판의 대상이 된 담론적 상황이었을 수도 있다. 후쇼 이쿠오扶桑生도 "최근 조선에서 돌아온 자들에 따르면"이라며 기존의 담론을 유포하고 있으며, 그 외의 주요한 조선관련 담론 생산자 중 하나인 야스다 야스코安田靖子의 이야기 또한 그렇다. 당시 『부녀신문』에 조선의 진남포에 거주하면서 슈란秀蘭이라는 필명으로 「진남포에서」를 연재했던 야스다는 조선인에 대해 논하고자 하면서 "한인의 모습"에 대해서 "우리는 알기 어렵기" 때문에 "힘닿는 한 써볼" 수밖에 없음을 고백하고 있다. 실제 야스다는 조선은 " '남녀 7세가 되면 동석하지 않으며'라고 하는 규칙이 얼마나 극단적으로 엄수되는가"에 대해 논하는데, 이 역시 '그렇다고 한다'라는 담론의 재생산에 지나지 않는다.

인적이 드문 시골길을 젊은 부인이 안심하고 걷고 있을 때 만약 남성과 마주치는 일이 생기면 그들은 마치 무서운 것이라도 본 듯이 뒤로 돌아 길 한쪽으로 피해 그 남자가 지나가는 것을 기다리고 있다. 또한 남자가 어느 집을 방문했을 때 주인이 부재하고 하인도 없을 시에 주부가 손님에게 직접 이야기하지 않고 '남편은 출타 중이라고 합니다', '공교롭게도 남편은 집에 없다고 아뢰어라' 라든가 자신이 하인의 말투를 흉내 내거나 간접적으로 명령하는 것처럼 (실제 그곳에 연결해주는 사람이 아무도 없어도) 들리도록 **말한다고 한다.**[10]

단정하듯 이야기하는 조선사회의 '내방'은 식민권력의 강압 하에서도 좀처럼 엿볼 수 없는 세계였다.[11] 어쨌든 『부녀신문』에서 거론되는 조선여성의 상황은 과거 "동양의 야만" = 유교의 영향권 아래 있었으나 '문명화'되어 이로부터 탈피한 일본이라는 자기 정체성에 기여하며, 언론매체는 그러한 일본제국의 시선을 내재화하고 반복적으로 논함으로써 강화시키는 역할을 한다. 『부녀신문』은 유교의 내외법에 근거한 '남녀칠세부동석', 외출금지, 가마, 장옷 등에 대한 담론을 반복적으로 싣고 있다.

일본의 30~40년 전의 일을 생각나게 하는 한국 여자의 외출은 지극히 어려우며, 귀부인은 탈것과 하인이 필요하며 근처라고 해도 용이하게 나올 수 없으며, 여자가 외출 중 모르는 남자가 있으면 피하여 다른 곳으로 도망하고, 또한 같은 나라 사람일지라도 미지의 사람과는 용이하게 면회하지 않으며, 최근에 당국의 어떤 유명인사는 한국 부인이 남사를 보는 것을 호랑이 보듯 한다고 하였다.[12]

조선의 부인은 남자와 접하지 않고 낮에 외출할 때에는 중류의 여성은 장옷을 머리부터 뒤집어 써 남자들에게 얼굴을 보이지 않고 상류 사람은 가마에 타서 남자의 눈을 피한다. 조선에서는 남녀의 세계가 완전히 달라서 낮에 외출했던 남자도 저녁 무렵에 마을의 종이 울리면 서둘러서 집으로 가고 이번에는 바꿔서 여자가 외출한다. 남자의 세계는 낮이고 여자의 세계는 밤이다. 집안에서도 남녀는 방을 달리하고 식사까지도 함께하지 않는 (…중략…) 실로 놀랄 만한 일이다. (…중략…) 먼 곳에서 얼굴을 보는 것조차도 문제가 될 정도로 남녀유별이 엄중하기 때문에[13]

이와 같은 조선 남녀유별의 엄중함은 '중·상류층' 여성들에 대한 담론으로 하층여성들의 삶에 대해서는 이와는 다른 차원에서 이야기된다.

하류下流사회는 어느 나라나 부부가 함께 돈을 버는 관습이 있으나 조선은 그렇지 않다. 남편은 놀며 즐기지만 아내는 힘닿는 대로 일한다. 일가의 생계를 꾸리는 것은 완전히 부인의 힘이다. 세탁은 하류부인 필수의 업이며 물이 흐르는 곳이면 어디나 한서寒暑에 상관없이 세탁을 하고 있으며, 한국인들이 흰 옷을 즐겨 입는 이유는 필경 그 집의 부인을 바빠 죽도록 한 것이 일상의 습관이 된 것이 아닐까 의심하는 외국인도 있다고 한다.[14]

노동자들은 물론 긴 두루마기도 입지 않으며 흰 옷이라고 해도 실로 더럽다. 따라서 조선 부인의 일생 동안의 일이라고 하면 우물 혹은 조금이라도 물이 고인 곳이 있으면 더러워진 옷을 가지고 가 빨래 방망이로 두들겨 빠는 일이다.[15]

어디에서나 흰 천을 보면 물이 있는 곳을 알 수 있으며 여자가 있으면 대부분은 세탁 중이든가 그 중 어떤 것을 위해 일하고 있다. 적토에 물도 땔감도 없는 지방에서 흰옷을 입고 남자들은 긴 담뱃대를 입에 물고 살아가야 해 여자는 세탁으로 일생을 보내는 것이 아닐까. 삶고 물에서 때리고 빨고 말려서 색깔을 내고 풀을 먹인다고 한다. 세탁은 보존의 수단, 거기에 진취도 없고 기세를 낳지도 못한다. 이렇게 조선 전체는 구석구석 닳아버린 것이 아닐까[16]

물가에서 세탁하는 부인, 다듬이질 하는 소리, 흰 옷—이것이 부인의 생활을 표시하는 언어다. 그 정도로 종래 조선부인은 세탁이 일과로 날이 새도 져도 세탁, 세탁 이외에는 자기의 사회적 지위가 어느 정도인지조차 생각하지 않는다.[17]

인간 가는 곳마다 세탁소리 있어서 세계 속의 세탁을 일거에 책임을 지고 있는 듯 나라 전체에서 탁탁탁. 강이 있으면 반향이 있고 냇가가 있으면 샘을 알려주듯이 때리고 또 때린다. 그 소린 단조롭고 면면히 이어진다.[18]

위의 인용문들에서처럼 조선관련 글들은 '하류여성'이라고 구체적인 지칭을 행하든 혹은 반드시 여성을 가리키는 것이 아니라고 해도 거의 모든 글에서 조선의 흰옷과 세탁에 대한 언급이 있다. 이처럼 비슷한 조선여성관련 담론이 반복적으로 유포되고 재생산되면서 재차 담론이 힘을 받아 강화되고 있었음을 알 수 있다.

그리고 세탁으로 '날이 새고 지고' 하루 종일 바쁘게 일을 하여 '생계를 꾸려' 가족과 남편을 먹여 살리는 '하류여성'에 대한 담론과 대비적으로 조선의 남성들에 대한 논의가 이루어지고 있으며 어딘가 무기력하고 '여성'스러운 조선 남성의 사진들도 종종 실려 있다. 먼저 아래에 몇 개의 문장을 인용하고자 한다.

세 명의 어른 남자들이 대거 빈둥거리고 있으며[19]

흰 옷의 세탁으로 여성들이 바빠 지식을 습득할 여유조차 없을 정도로 일상생활의 개량이 필요 (…중략…) 여자가 일 잘하는 것에 비해 남자는 항상 긴 담뱃대를 입에 물고 놀고 있다.[20]

일반 인민은 어리석고 비굴하며 놀기 좋아하고 게을러서 거의 손을 쓸 수가 없다. 더러운 옷을 입고, 더러운 집에 살면서도 어떻게 해서든 놀면서 살고 싶다는 것이 그들이 바라는 바이다. 따라서 하루 벌어서 얼마간의 소득이 생기면 그것이 없어질 때까지 좌식坐食하기 때문에 저축심이라는 것은 거의 없다. 또한 일하는 것이 싫어서 놀면서 돈을 벌 수 있는 법을 생각하니 도박이 성행하고 있다. 심심하니까 시간에 관계없이 술을 마신다. 이렇기 때문에 그들에게는 내일의 희망도 오늘의 불평도 없다. 이른바 진정한 취생몽사이다. 그러나 여자들은 감탄할 정도로 일을 하며 대부분의 남자들은 그 덕분에 아사하지 않는 것 같다.[21]

도대체 세계 어느 나라를 가도 조선의 여자만큼 편리한 부인은 없다. 특히 성가신 남자에게 있어서 필시 이 만큼 이용하기 편리하게 생긴 여자는 어디에도 없다. 그리고 내지內地와 달리 여자 자신이 열심히 일해서 남자 한 사람 정도는 훌륭하게 아무런 고생 없이 놀게 하고 먹여준다. (…중략…) 자기 아내를 저당으로 금전 거래가 가능하고 (…중략…) 또한 내가 느낀 가장 기이한 일은 그들 하층사회의 일상적 습속이다. 그들은 항상 금전으로 자신들의 아내를 서로 매매하고도 아무렇지도 않다.[22]

인용한 글들을 보면 세탁으로 표상되는 '여자'들의 고된 노동과 장죽의 담뱃대로 상징되는 '남자'들의 '놀기 좋아하고 게으르고' 무기력함으로 조선인이 이분화되어 도식적으로 그려지고 있는 것을 알 수 있다. 그런데 조선'남자'를 '오늘날처럼 놀기 좋아하고 게으른 국민성'으로 만든 것이 "병합 전까지 아주 횡포했던 특권계급"인 양반과 그 "양반이라고 하는 특권계급을 존치시킨 당시의 제도였다"는 담론이 이어진다.

대체로 조선인은 긴 담뱃대를 입에 물고 유유자적하는 듯이 보인다. 밖을 걸으면 가는 곳마다 이러한 모습의 사람들이 보인다. (…중략…) 정부를 도둑으로 생각한다. (…중략…) 지금까지 정치가 미치지 못했기 때문에 생각하면 실로 가엾다. 합병이전에는 관리라고 하는 자는 부자나 물건을 지닌 자들에게서 물건을 빼앗았고 만일 이들에게 내놓지 않으면 목숨마저 위험한 일이 적지 않았다. (…중략…) 관은 인민에게서 물건을 빼앗은 자들이며 인민을 위해서 선정을 베푼다는 것은 꿈에도 생각하지 못했다. 그 때문에 저금을 장려해도 빼앗길 것을 두려워하여[23]

실제 조선인은 노는 것이 본업이며 일하는 것은 먹기 위해 어쩔 수 없이 하는 것……. 그들은 (…중략…) 주머니에 돈이 있으면 그것이 없어질 때까지 일을 하지 않는다. 무일푼이 되면 처음으로 일하러 간다. 불시를 대비하여 저축한다거나 재화를 불리는 일을 찾는다거나 하는 일은 전혀 없다. 그것은 병합 전까지 양반이라고 하는 특수한 계급이 있었는데 조금이라도 저축한 것이 있으면 구석구석 빼앗아간 결과 저축하면 손해라는 생각에 익숙해져 급기야 오늘날처럼 놀기 좋아하고 게으른 국민성이 되었다고 한다. 그렇게 보면 조선을 망하게 한 것은 양반이라고 하는 특권계급을 존치시킨 당시의 제도였다고 할 수 있다.[24]

그러나 국민소유권이 명확하지 못하기 때문에 커다란 담뱃대로 담배 피는 것을 주요 일과로 삼고 그날그날 살아가는 것을 생각하면 불쌍한 생각이 든다. 소유권이 확립되지 않은 인민이어서는 안 된다. (…중략…) 앞으로 우리 진취적인 국민은 만한滿韓은 물론 남양, 서양으로 대대적으로 나아갈 필요가 있다.[25]

위와 같이 당시 '관리' 혹은 '양반'에 대한 묘사도 적지 않게 조선인 담론의 내용을 구성하고 있다. 이는 조선의 '남자'와 '여자'를 둘러싼 담론 즉 식민지의 젠더비판이 결국 병합 후에 양반과 그 계급제도를 없앤 식민화의 정당화로 수렴되는 구조이다. 식민지를 지배하는 자는 지배당하는 자의 '무력함'을 증명해내야 한다. 이때 종종 식민지의 젠더가 이용되는데, 영국은 인도를 식민지화하면서 '문명'이라는 이름 아래 '야만적'인 인도의 사티제도, 과부의 재가 금지, 여아결혼, 여아살해 등에 대한 비판을 행하였다. 이를 통해 이와 같이 '보호'해야 할 여성을 억압하고 성적 착취를 일삼는 인도의 '야만'적 남성을 대신하여 '영국신사'가 인도를 통치하는 것이 바람직하다는 담론을 유포시켜 식민화를 정당화했다.[26] 『부녀신문』의 조선여성관련 담론도 '내외법'에 지배받거나 고된 노동을 강요받고 있는 '여성'과 무기력하고 무능한 '하류남성' 그리고 '횡포적' 지배계급인 양반이라는 도식이 조선의 무력을 증명하는 것이고 '문명화'된 일본에 의한 조선의 식민화는 그 정당성을 획득한다. 식민주의가 젠더를 어떻게 활용하고 있는가를 보여주는 하나의 예를 『부녀신문』이 보여주고 있다고 할 수 있다.

3. 관광—제국주의 시선

2장에서 논의된 조선여성에 대한 담론은 많은 부분 일본인의 조선 관광의 결과물이었다. 야스다 야스코安田靖子[27]가 비교적 장기간 조선의 진남포라는 곳에 체류하면서 조선관련 기사를 통신의 형태로 내보낸 것 외에는 대체로 단기 체류와 관광이라는 형태로 조선을 방문한 후 남긴 관광담이라고 할 수 있다.[28] 그런데 관광은 기본적으로 근대의 산물이자 제국주의의 산물이다. 근대 관광이 탄생한 유럽에서도 19세기가 되어서야 '관광'이라는 개념을 쓰기 시작하였다. 이때 관광은 제국주의 국가의 국민들인 관광객에게 '문명'화된 시선으로 '야만'사회를 직접 볼 수 있는 기회를 제공함으로써 제국주의적 시선을 더욱 강화하는 구실이 되었다.[29] 일본의 경우 관광과 조선의 식민지는 아주 밀접히 연관되어 있었다. "일본 역사상 최초로 해외여행이 시작된 해는 1906년이다. 같은 해 6월 『조일신문朝日新聞』은 일본 최초로 만주와 조선을 유람하는 관광여행을 기획하였다(만한순

유단滿韓巡遊團). 이 여행은 요코하마-고베-모지-부산-인천-경성-진남포-다롄-랴오양-뤼순-나가사키로 이어지는 30일간의 일정으로 약 350명의 인원을 모집할 계획이었다." 일본제국은 "전쟁을 통해 획득한 새로운 '영토'에 대한 자부심을 고취하고 일본이 서구 열강과 어깨를 나란히 하는 '제국'으로 발전하고 있음을 선전하는데" 조선과 만주를 적극적으로 활용하고자 하였다. 따라서 "일본 최초의 관광 사업은 제국 일본의 정체성을 확립하는데 목적이 있었다"[30]고 할 수 있다.

『부녀신문』의 조선 관련 기사는 전체 기사의 양에 비해서 많은 편이라고 할 수는 없다. 대체로 1905년 을사조약이 맺어진 전후시기에 약간 증가하고 강제병합이 이루어진 1910년과 1911년에 조금 더 늘어나고 있을 뿐이다. 그 외에는 한 해에 5차례 이내로 조선관련 기사가 다루어지고 있다. 조선여성관련 기사들은 관광담의 형태를 띤 경우가 많은데, 이는 조선여성에 대한 담론이 제국주의의 시선에 노출된 것으로, 즉 식민주의적 성격이 농후하였음을 시사한다. 관광은 "보이는 대로 보는 것이 아니라 보이고자 하는 대로 보는 것이 하나의 특징"[31]이라고 논한 연구자도 있지만 『부녀신문』의 담론을 분석해보면 '보이고자 하는 대로 보는' 것이 아니라 '보고 싶은 대로 보는 것'은 아닐까 생각한다. 왜냐하면 조선여성을 둘러싼 담론이 정형화되어 반복되고 있는 것은 관광객들(담론의 생산자)이 제국주의적 지에, 특히 조선관련 지의 체계에 지배당하고 있기 때문에 조선을 관광한다는 것은 이미 획득한 지식을 추인하는 정도의 의미였던 것은 아닐까 생각되기 때문이다.[32]

『부녀신문』의 관광담 중에는 주필 후쿠시마 시로福島四良가 춘보

春甫라는 필명으로 연재한 「선만 여행기鮮滿旅行記」와 「선만 트렁크鮮滿トランク」라는 글이 있다. 후쿠시마는 1921년 11월 13일부터 약 50일간 조선과 만주 각지를 여행한다. 위에서 서술한 관광담의 제목에서도 알 수 있듯이 조선은 만주지역과 하나의 범주로 간주되어 여행코스로 만들어지고 있었다. 일본 정부도 만주와 조선으로의 해외관광을 적극적으로 지원하였다고 하는데, 청일전쟁과 러일전쟁 이후 만주와 한국은 전쟁승리라는 역사적 기억이 묻혀있는 땅이고 앞으로 제국 일본의 위세를 확대해 가야할 땅이라고 인식했기 때문이다. 이 지역에서의 관광은 일본국민이라는 의식을 확고하게 하고 나아가 제국의식을 심기에 적절한 이벤트였다고 한다.[33] 후쿠시마를 보내면서 『부녀신문』은 "신천지 조선과 만주鮮滿는 우리 동포가 활약하는 무대로 자연과 인사가 내지와 취향이 다른 점이 많아서 취미가 끊고 논의가 일어난다"[34]라는 글을 실었다. 이는 관광이 전승지 유람을 통한 제국의 아이덴티티 구축이라는 정책적 차원과 연동하고 있음을 암시한다. 실제 후쿠시마는 조선인 아동의 유치원을 방문했을 때 "모두 꽃처럼 예쁘고 구슬처럼 귀여운"아이들이 "큰 소리로 '삐딴코 삐딴코 오쇼가즈의 오모치츠키'라고 국어(일본어-필자) 노래를 부를 때에는 눈물 날 정도로 기뻤다"며 제국의 국민으로서의 정체성을 드러내고 있다. 카와하라 하루코河原晴子도 "포기인가 자기위로인가, 나라를 잃고 눈을 잃은 사람들 한 무리"를 보면서 "조선에 왔다는 만족과 내지인으로서의 무거운 짐을 얻어 역을 향해서 걸어갔다"[35]라고 마찬가지의 사부심과 책임감을 서술하고 있다. 후쿠시마의 여행목적은 각지를 돌아보고 아울러 『부녀신문』의 독자와 부인단체 등과 교류하며 부인문제에 대한 강연을 하는 것이었다. 그는

여행의 일정을 신문에 자세하게 게재하고 있는데, 이는 당시 만선여행의 코스를 이해하는데 도움이 된다.[36]

그는 경성에서 "유치원 어머니회, 용산부인회, 애독자회 애국부인회 경성지부 등에서 강연"을 하고 개성의 선죽교, 만월대 등 유적지를 돌아보았다. 평양에서는 평양 '기생양성소'에 들러 기생에 대해 소개하면서 사진도 함께 싣고 있다. 『부녀신문』에 실린 글 중 기생에 대한 소개를 하고 있는 글의 필자는 모두 남성인데, 당시 기생이 일본 여성의 관심 대상이 되지 않은 것은 기생이라는 존재양태에 대한 문제의식의 결여를 보여준다고 할 수 있다. 기생은 주로 일본의 예기藝妓와의 비교 속에서 서술되며, "주요한 예능은 음곡과 무용이며 고등한 자는 서화에 뛰어나다"면서 수준에 한계는 있지만 일본의 "예기보다는 고상한 예를 지니고 있다"라고 말한다. 나아가 후쿠시마는 "대담하고, 쾌활한 듯" 보이는 "그들을 교육한다면 20년이 지나지 않아서 조선 부인계를 혁신하기에 충분할 것이다"라고 하였다.[37] 기생은 1930년을 전후로 관광자원으로 적극적으로 활용되면서 "청순한 외모" 등 "기생의 외모 자체를 부각시킨" 이미지가 주류를 이루기 시작했으며, 그 이전에는 "기예를 보여주는" 풍속적 이미지가 주류를 이루고 있었다.[38] 『부녀신문』에 게재되고 있는 기생관련 기사는 후자에 해당된다고 할 수 있다.

다음은 임진왜란의 전적지에 관한 야스다安田의 묘사이다.

> 비발도섬에 한해서 이처럼 수목이 무성하고 게다가 커다란 상반수까지 있는 데에는 재미있는 이야기가 있다. 사실인지는 알 수 없지만. 도요토미 타이코豊臣太閤(도요토미 히데요시의 관명－필자)가 조선 정벌을 하고자 하였을

때 가또 키요마사加藤清征가 이곳에 진을 치고 있었는데 그 후 이곳을 떠나자 이처럼 삼림이 우거졌다. 조상의 무덤을 유린당하였다고 하여 이 울창한 수목을 베어버리고자 하자 다행인지 불행인지 도끼를 처음으로 휘둘렀던 사람이 갑자기 복통을 일으켰다. 미신을 믿는 그들은 반드시 귀신장군 키요마사 공이 벌이라고 두려워해 바로 벌목을 중지하였고, 그 결과 지금과 같은 나무가 우거지게 되었다.[39]

유적지는 일본의 역사와 관계있는 곳들에 대한 서술이 눈에 띄는데, 특히 임진왜란 관련 부분은 "과거 조선을 침략했던 기억을 소생시켜 제국 일본의 자격을 확인하고자 하는 멘탈리티가 투영"된 것이라고 보는 연구가 있다.[40] 그러나 나아가 일본 역사와의 관계 속에서 조선의 유적지를 돌아보면서 서로의 "관계성" 혹은 "친밀성"을 확인하고자 하는 시도로 이해할 수도 있다. 남쪽지역에서는 임나, 부여, 경주 등지의 유적지를 돌아보며 과거의 "조선은 문화적으로 우리나라보다도 훨씬 앞서 있었다"거나 안압지를 보며 "우리나라의 정원 축조술도 원래는 신라나 백제로부터 전해진 것이다"라는 이야기를 하고 있다. 또한 유적지 소개를 통해 식민화라는 폭력행사에 대한 '떳떳치 못함'을 암암리에 드러내는 글도 보인다.[41]

한편 조선(인)은 불결하고 게으르고 무기력한 = '야만'으로 표상되며 여행객이 마치 조선(인)을 이해가능한 조형물로 만드는 듯한 담론도 자주 보인다.

구릉 위에서 흰옷의 조선인이 늘어서 가만히 있는데 도기로 만든 풍속인형가게의 앞을 보는 것처럼 (…중략…) 국물을 우려낸 후의 건더기들처럼 혼이

빠져있지만[42]

나무도 아무것도 없는 민둥산, 넓은 들판, 온돌식 민가, 선량 그 자체인 듯한 주민, 이것이 조선의 전면입니다. 그리고 물가에서 세탁하는 부인, 다듬이질을 하는 소리[43]

요컨대 조선은 의식주 모두 자연에 가깝고 원시에서 벗어나지 못하였으며 생존에 필요한 것만으로 멈춰있어서 별로 문명의 숨결이 느껴진다고 할 수 없다.[44]

어쨌든 아주 잠깐 둘러보았기 때문에 잘 모르겠지만 조선이라는 나라는 더러운 나라이다. 그리고 인민은 태평한 인민이다. 여자가 세탁하고 있는 것을 보아도 정말 감질난다. 무엇보다도 물이 자유롭지 못한 나라이기 때문에 그렇겠지만 도랑 같은 지저분한 개천에서 조금 적셔서 비벼 빨고 있는 것은 무어라 말할 수가 없다.[45]

당시 조선을 여행했던 일본 여행객은 위생과 청결이 문명이라는 인식하에 조선(인)을 불결한 '야만'적 존재로 만들고, 근면 저축하는 일본인에 대비되는 나태하고 미래가 없는 정체된 인간으로 그리고 있었다. 『부녀신문』에서 그려지는 조선(인)의 경우도 이러한 일반적 조선(인)담론의 유형에서 벗어나지 않았다고 할 수 있다. 게다가 2장에서 논했던 조선여성의 세탁으로 인한 고충이 상당히 강조되는 것은 4장에서 다룰 일본의 식민정책 속에서 일본여성에게 요구된 조선여성의 계몽자로서의 역할과 밀접한 연관이 있다고 할 수 있다.

이와 같이 조선여성을 '야만'으로 표상하는 것은 '문명'화된 일본인들이 "아시아 제국의 모든 무지몽매와 싸워야 하는 전쟁"의 수행자로서의 자기 정체성 확립에 기여하는 효과를 낳았을 것이다. 또한 여행객의 시각과 담론의 지적 폭력은 조선여성을 이해가능한 조형물로 만듦으로써 가능했다고 할 수 있다.

조선을 여행 온 일본인들의 조선여행담을 통해 조선여성에 관한 식민주의적 담론을 산출하고 이를 통해 조선을 '야만'으로 타자화했던 일본 제국은 당시 '문명'화된 일본을 조선인들에게 시찰하게 함으로써 제국주의 시선을 내면화하도록 촉구하였다. 따라서 마찬가지로 일제에 의해 조선에 이식되어 '근대'에 탄생한 '관광'은 제국주의 침략 정책의 산물이라는 성격을 지닐 수밖에 없다. 조선 귀족 조중응趙重應에 따르면 일본관광의 성격을 띤 조선인 시찰단이 만들어진 것은 1909년으로, 경성일보사가 200여 명을 내지 시찰단으로 파견한 것이 효시라고 한다. 이후 경성일보사가 1910년에 52명의 시찰단을 일본에 파견한 것을 비롯하여 시찰단은 동양척식주식회사나 매일신보사, 경성일보사 등 조선총독부의 주변 단체에 의하여 조직되었을 뿐만 아니라 각지에서 개인 관광단의 형태로 속출하였다. 특히 일제는 '조선 귀족령'을 반포하여 조선에 귀족을 탄생시킴과 동시에 구래의 지배층을 일제의 식민지 지배에 순응시키기 위해 병합을 전후하여 이들을 '내지시찰'이라는 명목으로 일본을 시찰 혹은 관광시킨 것이다.[46] 이러한 흐름 속에서 1910년에 귀족관광단이라는 명칭으로 일본에 갔던 사람들 중에 '조선의 귀부인'이 다수 포함되어 있었다. 『부녀신문』은 이들 '20여 명의 조선 귀부인'을 환영한다는 사설을 싣고 있다.

조선의 귀부인 20여 명이 관광단을 만들어 관광을 겸해 내지 귀부인과의 친교를 꾀하고자 경성을 출발하여 2~3일 안에 도쿄로 올 것이다. (…중략…) 조선부인은 우리 신 자매이며 우리 국민성으로 동화시켜 신문명의 은택에 푹 젖도록 하는 것은 선지자인 내지 부인의 의무일 뿐만이 아니라 우리 일본의 정책으로서 시급하고 긴요한 일이다. (…중략…) 우리 부인이 이 기회를 충분히 이용하여 선지자의 의무를 다하여 아울러 우리 정부의 조선경영을 간접적으로 원조하기를 바란다. (…중략…) 우리 가정의 장점, 고유의 여덕, 특히 우리 문명의 발달사 및 고대 일선日鮮 관계 등을 숙지시키고자 노력하는 것이 가장 유효한 방법이라고 믿는다.[47]

이 글은 조선 강제 병합 후 일본 정부의 방책을 언론매체가 어떻게 전파하고 일본의 국민에게 이를 숙지시켜 어떻게 협조하도록 유도했는가를 보여주는 글이라고 할 수 있다. 『부녀신문』은 이처럼 국가 구상에 일본부인들의 적극적 참여를 유도함으로써 일본부인의 '국민화'에 관여 하였고, 이 때 식민지의 '부녀'들이 일본부인들의 '국민화'에 어떻게 활용되었는가를 보여준다.

『부녀신문』은 조선귀부인에게 올리는 글이라는 사설을 이어서 게재하고 있는데, 여기서는 앞의 글에서 '고대 일본과 조선의 역사를 숙지시키는 것'이 조선귀부인의 '동화'에 유효할 것이라는 주장에 충실하다.

우리 일본의 국사에 의하면 2500여 년 전 진무神武 천황이 건국의 위업을 열어 이전의 조선과 우리 이즈모出雲와의 교통은 이미 열려있었다. 우리나라에서 천조天祖 아마테라스오미가미天照大神의 동생 소잔남존素盞男尊이 아들과 함께 조선으로 건너갔으며 신라의 왕자 천일창天日槍이 일족을 이끌고 와서 귀화하여 이 지역의 사람이 되었다고 하는 일도 명기되어 있다. 조선의 기록에는 그 정도로 오래된 일은 보이지 않지만 그래도 오늘날로부터 약 2000년 전(우리 스진천황조崇神天皇朝)에 일본인이 신라의 중직에 있었던 일은 명기되어 있다고 들었다(오기노荻野 박사의 연구). 이들 양쪽의 역사에 대해서 생각해보면 조선과 일본은 적어도 2000년 이상의 오랜 교류가 있었으며 초기에는 조선의 대부분이 일본의 치하에 속하고 있었다는 것은 의심의 여지가 없을 정도이다. (…중략…) 한번 교류가 끊어진 것을 진구神功황후 시기에 복구해서 임나일본부(지금의 총독부와 같은 것)를 두었던 것은 양쪽의 역사에 명기되어 있다. (…중략…) 메이지 시대가 되어 천우를 보전해주신 우리 천황 폐하의 성덕으로 2000년 전으로 돌아가 국적을 같이하고 문명의 다스림에 빠질 수 있게 된 것은 마찬가지로 경하해야 할 일이다.[48]

조선을 식민화한 직후 그것을 합리화하기 위해서 일본제국은 조선과 일본의 역사적 관계가 얼마나 깊은지에 대한 주장을 담은 글들을 지속적으로 유포하고 있다. 『부녀신문』도 위의 인용문 외에 조선과 일본의 고대사 관련 기사를 적지 않게 게재하고 있다.[49] 이는 '역사'가 일본제국의 국가 구상을 위한 자원으로 동원되어 어떻게 정치적으로 이용되고 있는가를 보여준다. 이러한 예는 일본만이 아니라 영국의 인도 지배의 경우에도 보인다. 초기에 인도인과 영국인의 유사성을 강조하는 담론이 왕성하게 만들어지고 유포되었다.[50] 『부녀신문』은 일본과 조선의 역사적 관계성을 논의한 후 '조선의 부인'들에게 '문명을 진보시킬 임무'인 식민화사업을 지지해야 한다며 다음과 같은 요구사항을 제시하고 있다.

문명의 진보는 부인의 임무로 점점 더 중대해진다. 지금까지 부인은 단지 청소하고 주방 일을 관리하면 되었지만 앞으로는 아내로서 남편 사업의 내조자가 되고 어머니로서 자녀교육상의 대책임을 져야한다. 여력이 있다면 사회적으로 풍습을 가르치고 자선에도 힘을 쏟아야 한다. 지금까지는 거의 남자의 애완물에 지나지 않았다. 앞으로 부인은 다음 시대를 낳을 어머니가 되기 때문에 학문을 지속해야하고 사회 사정에도 밝아야 하며 특히 정신수양의 뜻을 가지고 매일매일 향상되어야 한다. (…중략…) 여러분은 조선부인의 선지자로 가장 많이 문명의 공기와 접하고 있다. 내방에서 한발도 나가지 않는 것을 부인의 미풍으로 삼고 있는 조선에서 이렇게 수백 리 외지로 견문을 넓힐 목적으로 여행하는 여러분의 용기에 우리는 감복한다.[51]

여기서 관광이라는 이름으로 일본내지를 방문한 '조선부인'들에게도 당시 일본의 젠더전략으로 추진된 '양처현모良妻賢母'의 역할이 요구되었음을 알 수 있다.[52] 즉 일본의 '문명'을 접한 '조선부인'들에게 조선을 '문명화'하는 사업이 부과된 것으로, 남편과 자녀교육에 힘쓸 것을 요구했다고 할 수 있다. 『부녀신문』은 이어서 이 '관광단'에 참여했던 조선부인들의 감상과 영향을 게재하고 있다.

어디를 가도 대대적 환영에 놀랐다. 오카야마에서는 밤 1시인데도 부인들은 말할 필요도 없고 8~9세의 어린 여아까지도 나와 주어서 감사한다. 한밤중이라 모두 잠들었을 텐데도 걸음을 헛되이 하지 않겠다며 모두 일어나 답례를 해주었다. 다음은 산 푸르고 물 맑은 풍경이다. 이렇게 일본의 토지는 인공적으로 만든 소나무와 삼나무가 있으나 우리 조선은 민둥산, 말라버린 강. 지금부터 얼마 후에나 이러한 아름다운 산천을 얻을 수 있을까. 우리가 살아있는 동안에는 도저히 그처럼 자연의 아름다운 광경을 볼 수 없을 것이다. 그리고 그 풍경 속에서 일하고 있는 농부의 모습이나 거리의 아이들의 풍채까지 살아있는 것처럼 활기차다.[53]

이어지는 글에서는 일본의 유치원 아이들은 "즐거워하면서 신나게 놀고 있는 사이에도 일정한 규율이 보인다. 그런데 우리나라 아이들은 언제나 그러한 교육을 받게 될지 부럽다"라고 하면서 앞으로 이러한 교육제도가 '일본의 선물'이 될 것이라고 논하고 있다. 또한 손수 요리를 하는 일본 귀족 딸과 "밖에 나가지도 않으면서 집안에서 하인을 시키는 조선의 딸들을 비교"하면서 "여자가 가정의 기둥으로 가족의 중심이 되어 나아가기 위해서는 가정 가사 교육을 받지 않으면 안 된다"라고 하였다. "일본이 부국강병을 통해 세계로 비약할 수 있었던 데에는 유치원과 여자교육"이 있었다며 조선도 앞으로 이러한 일본의 '선물'을 적극적으로 고취 장려할 것이라는 각오를 밝히고 있다.[54]

위의 감상은 일본을 관광했던 조선인들이 남긴 정형화된 관광담[55]과 유사하지만 일본제국의 젠더전략에 상당히 충실한 감상이라고 할 수 있다. 『부녀신문』은 이렇게 열의를 다한 귀부인 관광단의 효과에도 관심을 보였다. 관광의 효과가 단시간에 드러나는 일이 아님에도 불구하고 "조선부인의 사상계는 이전의 내지관광단으로 어떤 변화가 있었을까"라는 의문에 답하고 있다. 관광단을 이끌었던 조중응 사작이 한 달 늦게 도착하였는데 이때 남대문 정차장의 환영인파 속에서 관광단에 참여했던 귀부인들이 담화를 나누고 악수를 하는 등의 사교적 행위를 하고 있었다면서 이는 "모국부인의 환영이

조선부인의 사상을 개발한 것"이며 "내방생활에서 사교계로 나오는 동기"를 부여한 일이라고 평가한다.[56]

이처럼 조선의 여성은 값싼 노동력으로 활용될 수 있는 경제적인 가치로서 뿐만 아니라 '사회적 융합'의 차원과 식민지 조선의 각 가정에서 일본 내지인의 성질을 이해시켜 일본인과 동화하는 조선인을 길러낼 어머니의 효율적인 육성이라는 차원에서도 세심하게 관리하고 통제해야 할 대상으로 간주되었고,[57] 위의 『부녀신문』의 예들은 이러한 국가의 시책에 언론이 어떻게 대응했는가를 보여주는 일례이다.

4. 일본 식민정책의 주요 고리 조선

—일본여성의 역할 vs 조선여성

『부녀신문』의 조선여성 담론은 일본이 서양근대 문화와의 조우 이후 어떻게 '열등성'을 극복하고 자기 정체성을 확립하면서 '근대화'를 성취해 갔는가를 보여주는 중요한 예증처럼 생각된다. 강상중은 "유럽의 역사를 본 뜬 듯 '일본적' 오리엔탈리즘의 지적 지배는 아시아를 자국 본위의 '규율 = 훈련질서의 분류체계' 속에 가둬 넣으려고 했다"라고 하면서 그 가운데 "일본이 아시아라는 장의 일부"라는 딜레마를 극복하기 위해 '동양'과 그 속의 조선·만주(만선) 및 '지나'의 심상지리와 역사를 만들어내었다고 하였다. 이때 조선의 식민지화는 제국의 심상지리로서의 아시아를 구축하는데 있어서 상당히 중요한 역할을 하였다.[58] 『부녀신문』의 조선여성 담론을 통해 조선의 식민지화가 제국의 심상지리로서의 아시아를 구축하면서 일본을 주체화하는데 어떠한 역할을 했는가를 엿볼 수 있을 뿐만 아니라, 또한 일본이 근대화 과정에서 어떠한 젠더 전략을 취했는가를 살펴볼 수 있다.

일본은 서양문화와의 조우 이래 동양의 '문명화'를 책임질 아시아의 선구자로 정체성을 확립하고자 했다. 여기에는 "나아가 시야를 넓혀 동아東亞의 형세를 살펴보면 지나라는 노쇠한 대제국은 빈사의 상태에 놓여있고, 구미 각국의 해군이 모두 이곳에 힘을 모아 한 번 연기 오르면 우리나라는 강 건너 불구경일 수 없는 위치에 있다"[59]는 위기의식이 자리 잡고 있다. 이는 자신들이 하루 빨리 거듭나서 동양의 패권을 쥐어야 한다는 각오로 이어진다.

후쿠자와福澤는 "우리 일본도 언젠가 한번은 일본의 국위를 떨쳐 인도나 지나인을 마음대로 다룰 수 있도록 영국인을 모방해야 할 뿐만 아니라 그 영국인들도 꾸짖어 동양의 실권을 우리 손에 쥐어야 할 것이다"(『時事新報』, 1882.12.11)[60]라고 비교적 노골적인 표현을 했다. 후쿠자와가 이야기한 '동양의 실권'을 획득하기 위한 식민화는 '문명', '계몽', '문화', '교육' 등으로 전환되어 일본의 침략정책을 미화한다. 『부녀신문』에 「우리 국가의 사명을 돌아봐라」라는 글이 실려 있는데 이 글을 통해 당시 일본이 아시아에서 자신들에게 부여한 역할이 무엇이었는가를 엿볼 수 있다.

> 지금 일본은 식자들이 주창하듯이 청한清韓 양국을 시작으로 아세아 제국諸國에 대해서 하나의 특별한 사명을 담당하고 있다고 할 수 있다. 즉 아세아

> 제국의 문화는 결국 우리 일본의 손에 의해서 개척되어야 한다고 믿는다. 과거 15년간 우리나라는 청국과 싸우고, 러시아와 싸우고 공전의 대승리를 얻었지만 여전히 금후 일대 전쟁을 눈앞에 두고 있음을 깨달아야 한다. 이것은 실로 아시아 제국의 모든 무지몽매와 싸워야 하는 전쟁이다. 이에 대항하는 무기는 용맹이 아니라 지식일 뿐이다. (…중략…) 우리나라에 부여된 사명을 완수하기 위해서 전사인 국민 교육을 완전하게 행할 수 있도록 일치 협력해야 한다.[61]

동양의 '문명화'라는 사명은 조선의 식민지화를 포함한 일본의 식민정책을 합리화시키기 위한 담론이라는 것은 굳이 재차 언급할 필요가 없을 것이다. 이때 동양의 '문명화'를 위해 일본의 부인에게 부과된 역할은 '동양부인이 세계를 위한 주인이 되도록 노력해야 한다'는 원대한 것이었으며, 거기에는 남녀에 따른 차이 = 젠더가 있었음을 알 수 있다. 『부녀신문』은 일본이 근대화 이후 취한 젠더전략이 어떠했는가를 보여주고 있으며, 나아가 『부녀신문』의 조선여성 담론은 일본의 젠더화 전략에 '아시아'가 어떻게 이용되고 있는가를 보여준다. 따라서 『부녀신문』의 조선여성 담론에 대한 분석은 단지 근대 일본의 조선여성관을 보여주는 일례라는 의미를 넘어 일본 근대화의 특질, 일본의 오리엔탈리즘 등을 규명하는 중요한 주제라고 할 수 있다. 『부녀신문』에는 일본의 조선 강제점령을 전후하여 일본의 부인들에게 요구하는 자세와 임무 등에 대한 글들이 다수 보인다.

> 한국문제는 현재 최대의 문제이다. 일러 전쟁의 대부분은 거의 한국문제로 인해서 일어났다. (…중략…) 일한 의정서는 이루어졌지만 한국의 정부에는

배일파세력이 완전히 제거되지 않아 (…중략…) 때문에 어업문제, 황무지 개간문제, 탄광문제 등이 얼마나 어려운지 (…중략…) 우매한 그들을 (…중략…) 세상 사람들은 한국 경영을 단지 위협적으로 두려워하도록 하면 된다고 한다. 그러나 최상의 수단은 아니다. 영원한 책략은 아니다. 영원하고, 최상의 수단으로 적당한 것은 교육으로 그들의 완고 고루한 사상을 타파하여 계발해야만 한다. (…중략…) 학식과 식견을 갖춘 여자는 오늘날 호기를 놓치지 말고 우리 고기 중의 고기, 뼈 중의 뼈인 한국을 위해 분투해야한다.[62]

일본의 식민정책 속에서 조선이 차지하고 있는 위치를 "고기 중의 고기, 뼈 중의 뼈"라고 묘사한 부분은 상당히 통속적이지만 당시 조선 식민화의 성공여부가 얼마나 중요한지를 이야기하고 있다는 점에서는 핵심을 찌르고 있는 것인지도 모르겠다. 이렇게 "새로운 영토인 조선의 개발경영은 금후 국가 최대의 사업"이라 하면서 "국가・풍속・습관・역사가 다르고 명의만 일본 국민일 뿐 아직 진정한 일본국민성을 알지 못하는"[63] 조선인(여성)들을 '교육시켜' 일본에게 협력할 수 있는 인재(남편과 자녀)로 길러내는 역할을 조선부녀들에게 할당시키고, 그런 조선부녀를 길러내는 사명을 일본의 부인들에게 부과하였음을 알 수 있다. 실제로 『부녀신문』에는 조선의 부녀교육과 여기서 해야 할 일본부녀의 사명에 대한 글들이 적지 않게 보인다.

한국의 교육이 곤란하다고 누구나 말한다. 그리고 상류층 혹은 중등 가정과 접촉하는 것의 어려움을 드는 경우가 많다. 즉 한국인의 마음을 바꾸기 위해서는 우선 첫 번째로 가정 (…중략…) 부인을 변화시키지 않으면 안 된다. (…중략…) 남자는 쉽게 부인에게 접근할 수 없다. 따라서 이들 부인에게 접

> 근하여 변화시키기 위해서는 이들에게 비교적 접근하기 쉬운 부인의 손을 빌릴 수밖에 없다. 여기서 (…중략…) 한국교육의 제일보를 견고히 하기 위해서는 우리나라에서 우선 일, 이백의 여자 교육가를 보내서 이 일을 맡기는 것이다. (…중략…) 한국에서 교육을 빠르게 보급시키기 위한 가장 유효한 방법이라고 믿는다.[64]

앞의 1장에서 서술한 것처럼 조선의 내외법이 '여자교육'을 가로막고 있어 이들 조선부인의 교육을 통한 문명의 전파를 위해서는 바로 일본의 부녀들이 나서야 한다는 주장이다. 이로써 조선부녀와 일본부녀 사이에는 피교육자와 교육자의 구도가 만들어진다. 또한 『부녀신문』은 문명화를 간절히 바라는 조선부녀의 탄원서를 실어 교육에 대한 요구가 강압적인 것이 아니라 조선내부의 자발적인 요청임을 밝히고 있다. 오소파吳小坡라는 소녀는 "우리나라는 불행히도 세계 문명에 접촉하지 못하여 오랫동안 미개의 경우에 처해있었으나 귀국의 유도로 은혜를 입어 지금은 다행히도 문명의 서광을 보기에 이르렀다. 그런데 오랫동안 암흑에 쌓여 있던 우리나라의 교육에 아직 진척이 없고 산업 역시도 일어나지 못하고 사람들의 대부분은 무지하고 가정의 대부분은 빈한하기 짝이 없다"[65]라고 밝히며, 이를 극복하고자 조선의 '여자교육'에 힘쓰고자 하니 '문명국' 일본의 '신사숙녀분들의 조력을 구한다'라고 하였다.

그리고 일본의 여교사들에게 조선부녀의 교육을 담당해줄 것을 요청함과 동시에 조선의 내외법의 폐해로 부녀들이 의사접촉이 어려워 그것을 해결하기 위해 여의사의 도한渡韓을 적극적으로 권유한다.

그들을 (…중략…) 일본화하여 문명의 민民으로 만드는 것은 지극히 곤란한 사업 (…중략…) 우리는 부인들이 이 국가적 사업의 이면에서 일해 줄 것을 희망한다. (…중략…) 특히 그들의 풍속은 남녀가 완전히 별거하여 여자는 가정에서 남자 손님과 접하는 일도 없다. 그러한 여자를 지도하여 감화하기 위해서는 절대적으로 우리 부인의 힘이 필요하다. (…중략…) 점차로 우리를 부러워하고 모방하게 하는 것이 필요하다. (…중략…) 여의女醫와 여교사가 이들을 지도하는데 가장 좋은 직업이다. (…중략…) 내지에서 개업할 여지가 거의 없기 때문에 도한하는 것은 개인으로서도 이익 (…중략…) 교사는 내지도 부족하기 때문에 고상한 학과 교사보다도 직품세공물 등 초보적 수예면 된다. (…중략…) 조선인을 진정한 일본인으로 만드는 것은 불가능한 일이 아니다.[66]

여기서 식민지 조선은 '일본 내지'에서 개업할 길이 닫혀있는 여자 의사들의 일자리가 되고 교사 부족은 초보적 수예정도를 가르칠 수 있는 교사라고 못 박음으로써 "일반적으로 여자가 배우는 것은 언문, 재봉, 요리, 제사"[67]인 조선여성에게 별로 필요가 없는 일자리 창구에 지나지 않았음을 엿볼 수 있다. 실제로 재봉법이나 청소법 등은 학교에서 굳이 배우지 않아도 되는 것들이므로 쓸데없는 교육이라는 비판이 있었음에도 불구하고 식민당국은 식민 통치 내내 '가사'를 강조했다.[68] 무엇보다도 『부녀신문』에서 조선부인에 대해 묘사할 때 자수의 탁월함을 강조하는 글들이 적지 않게 보이고 있기 때문에 더더욱 그러하다. 그럼에도 불구하고 그러한 '초보적 수예'교사가 "조선인을 진정한 일본인"으로 만드는 심대한 사업의 담당자라는 사실의 비대칭성이 눈에 띤다. 이는 당시 일본 '부인'의 지위 향상이 식민주의와 밀접하게 결탁하고 있음을 보여주는 부분이다.

그리고 적극적으로 조선으로의 식민을 유도하기 위해 아무런 부자유가 없는 살기 좋은 지역이라는 담론들도 눈에 띈다. 조선은 일본인들이 "상상했던 것만큼 기후도 나쁘지 않고 (…중략…) 비교적 건강지역으로 편리하며 (…중략…) 남녀노소 모든 사람들이 다수와 있어서 외롭지도 않다. 아무런 부자유도 없으며 지극히 살기 좋은 곳"이다. 따라서 "세계에 유례가 없이 팽창적"인 제국의 "국민인 우리 동포들은 뼈를 한국 땅에 묻을 각오로" 한국으로 오라고 권유한다. 그런데 이와 같이 국가적 편의에 따라 일본인의 이민을 유도하면서도 한편으로는 건너오는 '내지 부인'들의 자질에 대한 염려가 없지 않았던 것 같다. 이러한 염려는 '문명'화란 결국 무엇이었는가를 보여준다.

> 어떤 주의나 목적 없이 조선에 가기만 하면 황금이 땅에 떨어져 있는 것처럼 젖은 손으로 밤을 줍는 소위 일확천금을 탐내는 것 같은 성실치 못한 생각을 가진 자만큼은 곤란하다. (…중략…) 광대한 해외발전을 위해 나가는 데에 있어서 언제나 우리나라의 체면을 손상시킬 것 같은 남녀가 먼저 앞서면 부끄러울 뿐만 아니라 개탄할 상태가 아닐까? (…중략…) 일한문제에서도 여러 문제가 끊임없이 생기지만 잘 살펴보면 서로의 의지가 충분히 소통하지 않는 데 기인한 것이다. 그리고 이를 적당하게 조화시키기 위해서는 남자들의 일도 일이지만 대체로 부인의 힘을 기다리지 않으면 안 된다. 교육과 견식을 갖춘 인격이 고귀한 분들이 뜻을 세워서 마땅한 길을 걸어 자진해서 도한渡韓할 것을 간절히 바랄뿐이다.[69]

위의 글은 '문명'화의 허울을 벗기고 본질을 있는 그대로 노골화한다. 식민화사업은 어쩌면 단지 '황금' 혹은 '일확천금'의 기회를 얻는 일 그 이상도 이하도 아니었음을 드러내 보여준다.

> 한국에서 일본부인은 구미나 청국 등지의 부인보다도 일본국민으로서의 책임이 한층 중대하다. 청국에는 단지 이웃집의 손님처럼, 구미에서는 옛 스승의 집에 놀러가는 것처럼, 한국에는 불행한 일이 있는 친척집에 도와주러 가는 것 같은 정황이다. (…중략…) 한국에 있는 일본부인은 정말로 이 불쌍한 자녀를 감화하여 유도해서 가명家名을 부흥시켜 이로써 우리 본점과 상응해서 사업을 발전시키는 지위로 나가야 한다. (…중략…) 진정으로 한인을 동정하여 또한 한인의 선화악화善化惡化가 제국의 장래에 중대한 관계를 지니고 있음을 생각해 그들을 일본화하여 선도하는 일이 국민적 일대 책무임을 믿고 (…중략…) 그들을 정신적으로 감동시켜야 하며 그리고 한 사람을 움직이는 힘이 집적되면 급기야 모든 한인을 움직이는 힘이 될 것이다.[70]

조선여성 = '자녀'와 지점, 일본여성 = 부모와 '본점'으로 비유되는 관계 속에서 '일본부인'은 '한인'을 '정신적으로 감동'시켜 '일본화'하는 지극히 젠더화된 '국민의 책무'를 짊어지라는 것이다. 이는 '조선부인(한인)'이 일본 '부인'의 치유와 교육의 대상이 되어야만이 성립 가능하다. '책무'를 성공적으로 다한 예로 숙명여고를 창립한 후치자와 노에淵澤のえ에 대한 소개가 간간히 보이는데, 그녀가 양성한 "학생은 민첩하고 쾌활하며 필경 조선 장래 문화는 이들 새로운 부인이 신구자 역할을 할 것"이라고 낙관적으로 논한다.[71] 그러나 여자교육을 통한 계몽이 불러 올 결과에 대한 염려가 없었던 것은 아니며 조선의 여학생들이 앞으로 어떤 행동에 나설지도 모른다는 위

기의식을 드러내기도 한다. 중국의 예를 들어, 조선과 "옛 관계 면에서나 사회적 지위 면에서 가정의 각종 습관이 거의 같았던" 중국에서 "신교육을 받은 여성들이 혁명소란이 났을 때 낭자군을 조직하고 노방연설을 하고, 참정권을 요구하는 등 도당이 생겨"났다. "현재의 조선은 아주 위험한 과도시대에 있으니까" "지나의 무리처럼 되지 않도록" 각별한 주의가 필요하다고 역설한다.[72]

근대 일본은 서구와 조우하면서 계서화되는 '세계체제'에서 열위를 점하지 않기 위해 아시아의 식민화에 적극적으로 나선다. 아시아의 일원이면서 동시에 아시아를 계몽하는 주체로 거듭나면서 서구와 '대등한' 존재로 자기 정체성을 확립하고자 한 것이다. 이때 일본의 자기존재를 과시 혹은 증명하는 본보기로서 조선과 '정치적·법률적·경제적'으로 종속관계를 유지하고자 하였을 뿐만 아니라 '실질적 식민'을 꾀했다. 일본은 자신의 우월함을 '만세일계의 천황제'와 여성천황, 그리고 '일본부덕' 등 '전통'에서 찾았으며 그 과정에서 젠더가 상징적인 의미를 획득해 갔다.[73] 조선의 식민화 과정에서 일본의 여성에게 요구된 역할 역시 바로 일본 '부덕'의 전파를 통한 조선여성의 감화였다. 특히 내외법이 완고한 조선에서 여의와 교사가 치료와 교육을 통한 계몽에 나서줄 것을 기대하였으며, 이로써 조선부인의 계몽은 남편(양처)과 자녀(현모)에게로 연결되어 일본 정책 지원의 백그라운드가 되어줄 것이라고 보았다. 이러한 식민정책을 여성언론매체도 (일본) 여성의 지위향상이라는 이름 아래 적극적으로 유포하였다고 할 수 있다.

5. 중국에서의 조선여성 표상

본장에서는 중국에서의 조선여성 표상을 1915년 상무인서관商務印書館이 간행하여 1931년까지 발행했던 『부녀잡지』와 마찬가지로 상무인서관에서 1904년 3월에 창간하여 1948년 12월에 정간된 근대 중국의 대표적인 종합잡지인 『동방잡지』를 분석하고자 한다. 그러나 두 잡지 모두 조선여성에 관한 담론이 압도적으로 부족한데, 이는 당시 중국에서 조선인 관련 담론이 상당히 적었던 것과 동일하다. 이러한 부족은 중국의 조선여성에 대한 '무관심'을 보여주는 것이라고 생각한다.

우선 『부녀잡지』의 경우, 약 17년간 간행되면서 '조선부녀'에 관해 다룬 글로는 1923년 6월에 「조선의 신부녀朝鮮的新婦女」, 7월에 「세계부녀상황世界婦女狀況」 연재의 일환으로 「조선부녀상황朝鮮婦女狀況」이, 마지막으로 1931년 4월에 「조선부인운동朝鮮的婦人運動」 세편이 실려 있다. 『동방잡지』의 경우 1904년 3월 창간이후 당시 러일전쟁의 격전지였던 조선의 상황을 전하거나 을사조약 체결 후 일본의 통감부 설치와 조선지배 등을 주로 그리고 있다. 주요 내용을 보면 "속방의 상실로 인한 '순망치한脣亡齒寒'적 상황을 초래할 수밖에 없는 청조의 '무능'에 대한 분노와 중화제국 질서의 결정적 붕괴를 지켜보는 통한"을 드러내는 기사가 주를 이루고 있다. 그 중에 조선여성론으로 살펴볼 만한 글은 15권 8호(1918.8)에 실린 「조선민족성朝鮮的民族性」 정도에 지나지 않는다. 게다가 이글은 일본 잡지 『개척자開拓者』의 글을 번역게재 하였다고 되어있다. 『부녀잡지』에 게재된 세 편의 글 중 「조선부녀상황」은 1923년 7월의 무라카미 미노루村上寬의 『가정家政』 속에 있는 「신부녀新婦女」의 일부를 번역게재 하였다고 되어있으며, 「조선부인운동朝鮮的婦人運動」은 일본의 『여인예술女人藝術』(1931.1)에 게재된 조선인 이정명李貞鳴의 글이라고 소개되어 있다.

먼저 「조선부인상황」의 주요 내용을 아래에 인용해 보겠다.

> 부녀의 노동(강도)이 아주 극심하며 (…중략…) 그녀들의 노동은 거의 남자들(의 노동량)을 넘어 선다. 남자들은 긴 담배 파이프를 입에 물고 하얀 옷을 걸치고 모자를 쓰고서 저쪽을 거닐고 있거나 이쪽의 거리와 석상에 앉아 있다. 더욱이 여름이면 남자들은 나무 그늘 혹은 탁상에 앉아 있거나 침상에서 낮잠을 잔다. 부녀들은 목숨을 걸고 땀을 흘리며 노동을 한다.
>
> 조선에서 행하는 사업 중에는 세탁업이 아주 유명한데, 물이 있는 곳에는 반드시 부녀가 있다. 바꿔 말하면 만약 들판에 부녀가 앉아 있다면, 여기는 반드시 물이 있다고 상상할 수 있다.
>
> 여자들 중 극단적인 경우는 외부인이 보기만 해도 이를 치욕으로 여긴다. 이는 마치 여자의 자제력인 것 같지만 실제로는 모두 부모 혹은 사회가 처녀의 자유를 허락하지 않기 때문이며, 그녀들을 사람으로 대우하지 않기 때문이다.
>
> 조선의 목하 부녀 교육은 남자에 비해서 한참 떨어지며 중국이나 일본과 비교하여 통계를 내보면 (그 차이가) 더욱 심하다. 중국과 일본의 남녀 교육정도에는 차이가 있으며 (여성 교육의 부족 원인은) 대부분 학제가 불량한데서 그 원인을 찾는다. 그러나 조선은 가정의 몰이해에 기인하는 바가 크다. 부녀를 기계로 보는 동양 풍속이 고쳐지지 않아 부녀를 집안에 가두고, 밥짓

기, 빨래, 재봉 일을 여자의 본분으로 삼는다. 상당한 자산가의 집안에서도 여성 교육을 별로 중요하게 여기지 않는다.

이로 인해 조선 가정의 개선은 불가능하다. 부녀의 교육은 조선은 물론 전 인류 모두에게 촌각을 다투는 급선무이다. 부녀가 인류 평등의 대우를 받지 못하고 시종 남자의 노리개와 기계로 간주되는 한 근본적 발전에 대한 희망은 희박하다.[74]

『동방잡지』에 실린 「조선민족성朝鮮的民族性」의 주요 내용 역시도 「조선부녀상황朝鮮婦女狀況」과 그다지 차이가 없다. 우선 사농공상의 신분제도와 중인, 기녀・무당, 백정 등의 특수 신분이 있으며, 가족주의가 상당히 공고하며 미신을 믿는 종교 관념이 있다고 이야기를 한 후 신분제도(계급제도)는 일본 문명이 수입되면서 점점 변해가고 있다고 보았다. 그러나 정치의 힘으로 수백 년간 전해온 풍속 및 습관을 폐지하는 일은 궁극적으로 불가능한 일이라고 하면서 (여기에는) 풍속습관 뒤에 숨어있는 정신 상태의 문제가 있다고 말했다. 그리고 아래와 같은 이야기를 서술하고 있다.

조선인은 남자를 중시하고 여자를 경시한다. 한 가정의 전제 군주에게 아내는 절대적으로 복종할 의무가 있다. 부인은 아들을 낳고 집안을 돌보아야 한다. 부인은 가족에게 필요한 기계로 여겨진다. 그들 개인의 인격적 가치는 부인된다. 결혼이란 여전히 편의便宜적 결합이다. 서양처럼 연애 결합은 꿈과 같다.

내실(안방)은 엄격하게 밀폐되어 있다. 만약 어떤 사람이 들어가면 사회적 예법을 범한 큰 죄인이 된다. 조선인의 부잣집은 극히 화려한 반면에 가난한 집은 상당히 불결하다. 사람들은 흰 옷을 많이 입는다. 빨래할 때 옷을 세탁한 후 다듬이질을 하며 불로 다림질을 하지는 않는다.

대부분의 사람들은 조선인이 게으른 민족이라 생각한다. 이것은 공평하지 않다. 그들은 많이 활동하지 않는다. 자신의 생활에 필요한 재물만 있으면 만족한다. 이것만으로 그들의 민족성을 판단할 수는 없다. 그들이 생활비 이상의 재산을 가지고 있다는 사실이 양반에게 알려지면 빼앗기는 것이 비일비재하다. 그래서 그들은 부지런히 일하지 않는다. 만약에 그들이 확실한 보호를 받게 되면 안심하여 사업에 집중할 것이다. 그들을 절대 게으른 사람이라 단언할 수 없다.[75]

중국의 언론매체에서 번역 소개된 조선여성 담론의 내용을 분석해보면 일본의 『부녀신문』 담론의 구조와 상당히 유사하다는 것을 알 수 있다. 유교의 폐해로 인한 내외법의 강한 영향력 아래 있는 상층여성, 고된 노동을 감내하고 있는 하층여성, 게으르고 무기력한 조선남성, 이러한 게으르고 무기력한 남성을 만든 조선의 양반관료사회의 폭거 등에 관한 문제를 서술하고 이와 같은 제반 문제들이 일본의 통치에 의해 해결되기 시작하였으나 보다 깊은 내면적 개선을 위해서 교육의 중요성을 역설하고 있다.

이러한 글들이 중국의 언론매체에 실리고 있는 것을 어떻게 이해해야 할까. 이는 중국민족성 개조 담론의 일환으로 이야기되는 것으로 보인다. 이런 글들은 주로 당시 잡지들의 계몽적 성격과 연관이 있다. 근대 중국의 지식인들은 소멸하는 민족에 대한 동정심을 표시하면서도 우승열패를 진화론의 숙명으로 받아들이는 경향이 있었다. 당시 중국의 지식인이 황종 중에서의 우열을 겨루면서 특정민족(조선)을 낙오자로 소외시켜 '일본'을 의식하는 것은 '중국인'이 중국인일 수 있는 자기인식의 양태였다고 할 수 있다.[76] 그리고 중국의 조선 여성에 대한 인식이 압도적으로 일본이 구축한 아시아에 대한 지식체계(=오리엔탈리즘)의 영향권 아래 있었음을 여지없이 보여준다.

이때 '열종'은 숙명적으로 결정된 것이 아니라 노력 여하에 따른 것으로 상정됨으로써 '진화'노력이라는 긴장감을 유지할 수 있었다. 반면교사로서의 '조선여성'이 어떠한 노력을 통해 '진화'의 가능성을 열 수 있는가를 보여주는 한편의 글이 『부녀잡지』에 실려 있다. 저우젠런周建人이 쓴 「조선의 신부녀朝鮮的新婦女」이다. 저우젠런(1888~1984)은 작가 루쉰의 동생으로 상하이 상무인서관에서 근무하는 한편 『동방잡지』, 『부녀잡지』, 『자연自然』에서 일하면서 주로 여성해방과 우생학관련 글을 발표하였다. 우생학에서도 특히 교육을 통해 '인종개량'의 중요성을 설파하였듯이 '기독교'와 '일본관립학교'의 교육에 의해서 조선에서 '신부녀'가 탄생되었다고 서술한다.

그는 이렇게 탄생한 '신부녀'들이 1919년 3·1운동에 참여하였으며, 그 여성들에 대해 "봉건시대 프랑스 오를레앙스Orleans 소녀들의 승리와 장작 위에서 화장을 당하는 정신에 20세기 조선 소녀들을 비교해도 뒤떨어지지 않는다"라고 격찬한다. 그리고 이 소녀들의 "용감 혹은 냉철이 앞으로 새로운 조선을 열어 줄 것이며", "타인의 영혼에 타오르는 불을 잉태하고 신조선이 되도록 격려하고 분기하도록 열정을 다하고 있다"라고 하였다. 저우젠런은 당시 조선의 '부녀'상황에 대해서 상당히 구체적인 사실들을 서술하고 있지만, 조선이 처해진 식민지상황에 대한 비판적 언급은 하지 않고 있다. 단지 평소의 지론대로 교육을 통한 계몽의 효과로서 조선의 '신부녀'를 다루고 있다.

『부녀잡지』에 게재된 또 한편의 조선 관련 기사는 「조선의 부인운동朝鮮的婦人運動」[77]으로, 이 글은 당시 조선의 부녀운동계를 비교적 구체적으로 소개하고 있다. 소개하는 이유가 "유교의 속박을 받고 이어서 기독교에 의해 마취를 받는 정황이 중국과 같기 때문"이라고 한다. 이 글은 조선시대의 유교가 "정치, 경제, 법률, 교육 등 일체를 장식"하면서 여성들을 "삼종지도, 칠거지악, 매매혼, 남녀칠세부동석"의 질곡으로 내몰았다고 쓰고 있다. 그리고 광명으로 찾아온 것이 기독교 교육의 세례였으나 "오로지 전도에 목적이 있으며, '아담의 갈비뼈로 만든 이브'라는 교의는 여자를 독립된 주체로 보지 않고 남녀불평등을 정당화, 합리화한다"면서 기독교의 여성교육에 대해 비판한다. 그리고 이어서 3·1운동이 조선의 '여성운동'에도 새로운 전기를 만들었으며 그 후로 민중이 해방되어야만 여성의 해방도 가능하다는 것을 깨닫게 되어 사회주의 여성운동이 활기를 띠게 되었다고 말한다. 아직은 분파투쟁과 "독특한 주장 없이", "계몽운동에 주력하고 있어" 그다지 성과를 올리지 못하고 있으나 "공장으로 내몰린 부녀들이 각성하여 진정한 해방을 추진할 것이다"라고 논하고 있다.

이 글의 주요 내용을 보면 한국의 저자는 사회주의 경향을 띠고 있었던 것으로 보인다. 당시 『부녀잡지』의 다른 글들에서도 사회주의와의 친화성을 자주 발견하게 된다. 『부녀잡지』의 부편집장이었던 저우젠런도 우생학과 사회주의는 서로 보완적일 수 있다는 주장을 한 바 있다. 따라서 이러한 사회주의 친화성이 이 글의 소개에 영향을 미치고 있다고 보아도 무관할 듯하다. 그리고 당시 조선의 3·1운동에 대해 중국지식인들의 관심이 적지 않았으며, 조선에 대한 긍정적 평가를 보인 글들은 주로 3·1운동과 관련된 것들이 많은데 이 글과 저우젠런의 글 역시도 3·1운동에 대해 높은 평가를 하고 있다.

이렇게 한정된 자료를 통해서 어떤 단정적 결론을 내리기는 어렵지만 적어도 근대의 지적 흐름의 한 단면은 엿볼 수 있다고 생각한다. 특히 조선여성의 글이 일본 언론에 게재되고 그것이 재차 중국의 언론에서 소개되는 것은 당시 한중일 담론의 생성과 유포 역학을 엿보게 한다.

6. 맺음말

이상 일본의 『부녀신문』과 중국의 『부녀잡지』, 『동방잡지』에서 '조선여성' 담론을 살펴보았다. 일본의 『부녀신문』은 당시 일본의 다른 매체에 비해서 조선관련 기사가 비교적 많았다고 평가된다. 이 매체의 조선여성 관련 담론을 분석하는 일은 당시 일본사회의 근대화와 젠더전략, 그리고 그 젠더화 전략에 '조선여성'인식이 어떻게 이용되었는가를 살펴보는 일이라고 생각한다. 그리고 그렇게 일본의 근대화, 식민화를 위해서 만들어진 '조선여성' 관련 담론이 아시아 특히 중국으로 유입되면서 무엇이 취사선택되고 어떻게 변형되는가를 살펴보고자 하였으나 압도적 사료의 부족으로 인해 성공적이었다고 하기는 어렵다.

『부녀신문』을 분석해본 결과, 조선의 상층 여성은 유교의 폐해로 인한 내외법의 강한 영향력 아래 놓여있고 하층여성은 고된 노동을 감내하며 게으르고 무기력한 조선남성을 부양하고 있다고 보았다. 그리고 이러한 게으르고 무기력한 남성을 낳은 것은 양반관료가 만든 사회제도의 억압과 착취라고 한다. 이에 따라 '야만'적 상황에 놓여 있는 조선을 '문명'화하는 사명을 일본인이 짊어졌다는 담론의 구조가 형성되었다. 이와 같은 '야만'의 상황은 일본의 통치에 의해 해결의 실마리가 보이기 시작하였으나 보다 깊은 내면의 개선을 제안하기 위해서 교육의 중요성을 강조하고 있다. 특히 내외법에 묶여 있는 조선여성이 교육을 통해 일본제국에 협조하는 것이 중요하며 이를 위해 일본의 부녀들이 의료와 교육 사업을 위해 도한渡韓하여 조선 여성을 감화시키는 것이 필요하다고 논한다. 이러한 담론들은 대체로 깊이 있고 심도 있는 조선 관련 논의 속에서 나왔다고 보기는 어려우며 대체로 '관광'이라는 근대적이고 제국주의적인 시선에 의해 전형화되어 있다. 즉 조선에 도착하기 전에 이미 조선에 대한 이미지를 갖고 있어 조선여성을 자신들의 정치적, 경제적, 문화적, 종교적, 민족적 범주로 구성한다.

그런데 이렇게 산출된 일본의 조선여성 관련 담론은 당시 일본이라는 일국가 안에 머물러 있었던 것은 아니다. 일본의 근대화가 당시 동아시아에서 특히 중국에서 '정면교사'로서 관심의 대상이었으며, 따라서 일본에서의 여러 논의는 중국인들의 상당한 관심을 끌었다. 조선여성 관련 논의도 마찬가지로 일본에서의 논의가 중국으로 유입되었다. 분석 자료가 상당히 부족한 상황에서 내리는 결론의 한계성을 인정하지만 중국의 조선여성 담론은 일본인들의 조선여성 관련 논의에 상당한 영향을 받았던 것 같다. 그러나 한편에서는 중국 당시 부녀계 혹은 부녀관련 논의의 관심사안 즉 우생학, 교육, 계몽, 사회주의 등과의 관련 속에서 받아들이고 있었다. 특히 사회주의계열 인사들은 조선의 3·1운동이 갖는 의의를 높게 평가하여 거기서 조선의 가능성을 보고자 하거나 신여성의 움직임에 주목하고 있었다고 할 수 있다.

서양인의 눈에 비친 한국인의 초상*

이돈수 李燉帥

1. 들어가는 말

개항은 다양한 목적을 가진 서양인들이 한국[1]을 방문할 수 있는 계기를 마련했고, 이후 일제강점기로 접어들기까지 한국을 둘러싼 동아시아 국제 정세는 서양인들에게 한국에 관심을 갖게 하는 촉매 역할을 하였다. 한국과 한국인에 대한 다양한 텍스트와 이미지를 기록물로 제작하여 서구사회에 전파했던 이들이 바로 개항과 함께 한국을 방문한 서양인들이었다. 개항 후의 기록물들은 개항 이전에 비해 양적인 측면에서 괄목할 만하게 늘어났는데, 사진 기술과 이미지 복제 기술을 통한 이미지 기록물의 대량 생산은 이 시기에 나타난

* 이 글은 2011년 '동아시아에서의 근대 한국인상 비교'라는 주제로 경희대 비교문화연구소가 개최한 학술대회에서 발표한 논문을 수정 보완한 것임.

특징이라 할 수 있다.

역사적으로 거슬러 올라가면 17세기 중반 표류로 인해 뜻하지 않게 한국 생활을 하며 그 경험을 담은 하멜Hamel의 기록은 다양한 언어로 번역되어 현재까지 소개되고 있어 고전의 반열에 올랐다. 그러나 하멜의 기록을 제외하면 개항 이전 한국을 단독으로 다룬 기록은 그리 많지 않다. 18세기까지 서양인들의 기록에 나타난 한국은 일본과 중국에 파견된 서양인 선교사가 이들 국가를 기록한 자료 가운데 한 부분으로 소개하는 경우가 많았다.

19세기에 접어들면서 탐사나 통상을 목적으로 한 이양선의 출몰이 잦아짐에 따라 한국에 관한 지리 및 항해 정보는 더욱 세밀하게 기록되었다. 이와 더불어 박해를 받으며 한국 생활을 한 선교사들에 의해서도 서구세계에 한국과 관련된 정보가 전해졌고 기록으로 남겨졌다. 그러나 이들 기록은 선교사라는 신분적으로 제한된 개인의 경험에 토대를 두고 있어 양적인 측면에서나 내용적인 측면에서 그 다양성을 기대할 수 없었다. 개항 이전 19세기의 기록을 살펴보면, 익숙하지 않은 장소와 사람에 대한 서양인의 호기심과 흥미, 그리고 관심을 끌만한 기묘한 정보가 많이 포함되어 있다. 그러나 여기에는 한국을 문명국 서구로부터 먼 곳에 위치하고 있는 미개한 나라로 바라보는 서구의 동양에 대한 전형적인 시선이 그대로 담겨 있다. 그 결과 한국을 기록한 자료는 원시적이며 자의적인 내용을 담아내는 가운데 상상적인 요소도 많아 한국과 한국인에 대한 실체를 파악하기에는 미흡한 점이 많다.

개항 이후 공식적인 외교인사에서부터 선교사, 상인, 극동아시아의 국제정세를 파악하기 위해 파견된 특파원, 여행자와 한국학을 연구하는 학자 등 여러 직업군의 서양인들이 소정의 목적을 달성하기 위해 한국을 방문하였다. 방문 목적이 다양해진 만큼 이들이 기록한 자료 또한 내용면에서 풍성해졌고 점점 구체화되고 세밀해졌다. 근대 시기 한국인의 인종적 특성이나 성격을 읽어낼 수 있는 구체적인 텍스트와 이미지에 관한 기록이 만들어지기 시작한 것이다. 이들 기록들 속에서 반복적으로 나타나는 이미지는 서양인의 인식 속에 한국과 한국인에 대한 정형화된 인상을 만들어냈다. 정형화된 인상은 한국을 방문하지 않은 서양인들에게 한국에 관한 특정한 시각을 만들어냈으며, 시간이 지남에 따라 이들 시각은 고정관념으로 굳어졌다. 이후에도 서양인의 이러한 인식은 지속적으로 한국과 관련된 기록을 통해 재생산되었다. 서양인들이 한국을 바라보는 시각은 단순히 개인적인 경험뿐만 아니라 다양한 이익관계나 국제정세 속에서 한국의 입지 등을 바탕으로 형성되었다. 서양인의 시각은 타자를 극단적으로 격하시키거나 경시하는 적대감에 기반을 둔 제국주의적 태도와 동정의 시선으로 대상을 관조하는 온정주의적 태도로 나누어진다. 그러나 한국에 대한 서양인의 정형화된 시각은 온정주의적 태도보다 제국주의적 태도가 더 지배적이었다.

여기에서는 개항 이후 서양인들이 서구사회에 소개한 한국인의 민족성에 대한 정형화된 인식을 살펴보고자 한다. 민족성이란 민족을 바탕으로 하고 있는데, '민족'이라는 개념의 형성은 크게 어네스트 겔너Ernest Geller, 베네딕트 앤더슨Benedict Anderson 등의 '근대주의설'과 앤서니 스미스Anthony Smith의 '역사주의설'을 통해 설명할 수 있다. 전자는 근대 이후에 네이션nation이 형성되었다는 것이고, 후자는 근대적 네이션 이전에 그 역사적 토대로서 문화와 역사를 공유하는 에스

노스ethnos, ethnic group가 있었다는 것을 강조한다.

'근대주의설'을 주장한 베네딕트 앤더슨은 '민족은 한 인간이 태어나 접하게 되는 범위를 넘어선 거대 개념으로서의 '상상 공동체'라고 표현하였다. 그는 본질적으로 민족이 정치적 실체라는 견해를 피력하며, 문화적 동질성보다 오히려 시민의 충성과 정치적 신의를 강조하는 것에 중점을 두고 시민의식에 의해 결합되는 일단의 공동체 구성원을 민족으로 규정하였다. 이에 비해 한국의 민족 개념은 비교적 역사가 짧아 조선시대처럼 인구의 상당수가 노비인 사회에서 양반과 노비 같은 계층은 서로를 '우리'라는 연대의식 속에서 인식하지 않았을 것으로 결론짓고 있다. 그러므로 근대주의설에 입각해서 보면 오랜 기간 우리에게는 근대적 관점에서 '정치적 공동체로서의 민족'은 존재하지 않는다. 설상 존재한다 해도 일제강점기 이전 정치적 공동체로서의 민족을 규명해내긴 쉽지 않다. 1898년(광무 2) 3월 10일 종로에서 개최된 만민공동회에서는 신분에 관계없이 제국주의 침략에 반대하는 각계각층의 사람들이 모여 정치적 공동체를 형성했다고 볼 수 있지만, 근대주의설에 입각한 민족성에 대한 연구를 서양인의 기록을 통해서만 진행한다는 것은 불가능해 보인다.

실제로 한국인은 언어, 지리, 경제, 역사, 종교, 풍습, 종족 등의 원초적 요소를 바탕으로 일정한 지역 내에서 장기간에 걸쳐 공동생활을 하였다. 우리 민족은 여러 문화 내용을 공유하는 가운데 집단감정에 따라 결합된 공속의식共屬意識을 가진 '역사주의'에 입각한 문화공동체인 것이다. 이때 민족은 'ethnos'의 개념으로도 볼 수 있는데, 이것은 대체로 생물학적 개념에 속한 '종족race'으로 국가의 성원으로서 정치적 개념인 '민족nation'과는 구별된다. 문화공동체로서의 민족은 본질적으로 공동체를 이루는 종족의 역사문화적 실체이다. 여기에 주목하여 이 글에서는 정치적 실체가 아닌 문화적 실체로서의 민족, 특히 개항 이후 서양인의 다양한 기록을 참조하여 그 속에 나타난 한국인의 민족성(인종적 특징과 성정)을 텍스트와 이미지 기록을 통해 분석할 것이다. 개항 이후 서양인들은 한국에 관한 정보가 희박했기 때문에 개항 이전에 축적된 한국과 관련된 다양한 기록에 준거하여 기초적인 정보를 얻을 수 있었으며, 개항 이전의 기록물이 개항 이후 한국을 방문하는 서양인들이 획득할 수 있는 유일한 정보였다는 점에서 개항 이전의 서양인이 바라본 한국인의 민족성에 대해서도 간단히 정리해 볼 것이다.

2. 개항 이전 서양인의 기록에 나타난 한국인의 민족성

개항 이전 서양인의 한국에 관한 기록은 중국과 일본에 비하면 그 양이 매우 미미하다. 한국(고려)에 대한 최초의 기록은 플랑드르 출신 프란체스코회 수도사 기욤 드 루브룩Guillaume de Rubrouck이 1255년 라틴어로 출판한 '중세유럽 여행기' 중 백미로 알려져 있는 『몽골제국 여행기*Itinerarium ad partes orientales*』에서 찾을 수 있다. 1253년부터 1255년까지 몽골제국과 그 주변국가들을 여행한 루브룩은 한국에서 온 포로와 왕손과 외교사절을 만났고, 한국인에 대한 정보를 최초로 유럽에 전한 인물이었다. 루브룩은 한국에 대해 구체적으로 소개하고 있지는 않지만, 짧은 문장으로 'Solanga(몽골인들이 부르던 고려 명칭)'의 외교 사절을 만났던 일화를 소개하면서 한국인에 대해 '체구가 작고 피부 색깔이 스페인 사람처럼 까무잡잡한 사람들이 까만 니스 칠을 해 빳빳해진 윤이 나는 갓을 쓰고 다닌다'고 묘사하였다. 북구 유럽 출신인 그가 최초로 소개한 한국인은 그들보다 까무잡잡한 유럽 인종인 스페인 사람과의 비교를 통해 인종적 특징이 기술된 것이다.

이후 한국인에 대한 정보는 임진왜란이 일어나기 전까지 찾을 수 없다. 임진왜란은 당시 선교활동을 목적으로 일본에 머문 포르투갈 예수교신부들의 관심을 끌기에 충분하였다. 일본에서 활동한 예수회 선교사 루이스 프로이스Luis Frois는 『일본사*Historia de Japan*』를 집필했는데, 임진왜란에 참전한 사람들로부터 전해들은 이야기를 기반으로 한국에 대해서도 서술하였다. 여기에는 한국인에 대한 인종적 특징과 성정에 대해서도 언급되어 있다. 그는 '사람들은 피부색이 하얗고 명랑하며 대식가들이다. 힘이 세며 활과 화살을 다루는 것에 매우 능란하고 수공품은 완벽하고 끝 처리를 아주 잘하여 좋은 솜씨를 보여주고 있다'고 기술하였다. 아울러 포로가 된 용감한 장수의 일화를 소개하면서 한국장수는 명예를 중요시한다는 말도 덧붙였다. 이렇듯 프로이스는 한국인을 하얀 피부를 가진 건장한 사람이자 명랑하며 명예를 중요시하는 용감한 사람으로 묘사하였다.

네덜란드 동인도회사의 선원인 하멜Hendrik Hamel 일행이 1653년 8월 16일 제주도에 표착하여 1666년 9월 일본으로 탈출하기까지 13년 동안 한국에서의 생활과 견문을 기록한 『하멜보고서』에는 한국인의 인종적 특징은 전혀 묘사되어 있지 않지만, 한국인의 성정에 대해서는 솔직하고 적나라하게 기록되어 있다. 그는 '한국인들은 너무나 착하여 남의 말을 쉽게 듣는 대신에 훔치고, 거짓말하고 사기를 치는 습성이 있어 그들을 지나치게 믿어서는 안 된다'며 한국인을 부정적으로 그리고 있다. 또한 네덜란드인 얀스 벨테브레J. J. Weltevree(박연)는 한국인에 대해 언급하면서, 청이 나라를 점령했을 때, 적에게 붙잡혀 죽임을 당한 자들보다 스스로 목을 매 자살한 자들이 더 많다는 것을 지적하였다. 그는 한국인들이 자살을 죄악으로 여기지 않을 뿐만 아니라, 오죽하면 그랬겠느냐고 역성을 들며 동정까지 했음을 기록하고 있다. 이어 양반과 탐관오리로 인해 야기된 사회문제를 지적하는 한편, 한국인이 가지고 있는 교육에 대한 열정과 교육과 관련된 문화와 풍습에 대해서도 기록으로 남겼다.

17세기에는 하멜의 보고서가 한국을 서구에 알리는 직접 체험을 바탕으로 한 유일한 기록이었다면, 18세기에 한국을 서구에 알린 대표적인 기록은 두 권의 저술 속에 삽입된 글이다. 하나는 뒤 알드Jean Baptiste Du Halde가 1735년에 발간한 『중국통사*Description géographique, historique, chronologique, politique, et physique de l'empire de la Chine et de la Tartarie chinoise*』에 실린 「레지스 신부의 관찰기」이며, 나머지 하나는 프레보Antoine François Prévost가 1746년에서 1756년까지 저술한 『여행의 역사*Histoire générale des voyages*』 중 제6권에서 500~546쪽에 걸쳐 다룬 한국과 관련된 내용이다. 이들 자료는 서양에서 중국 열풍을 대변하는 책으로 자리매김하고 있지만, 18세기에 한국을 단독으로 다룬 저작이 없다는 점에서 이들 출판물에 기록된 한국에 관한 내용은 중요한 가치를 지닌다.

청에 머물면서 한국의 정보를 파악한 「레지스 신부의 관찰기」에서는 한국인의 성정에 대해 매우 합리적이며 쾌활하고 유순한 기질을 가지고 있으며 학문에 대한 관심이 많다고 기술하고 있다. 이에

그림 1 1806년 프랑스 화가 생 소배(St. Sauveur)가 그린 〈한국남녀〉(채색 동판화)

그림 2 1813년 파리에서 발행된 『아시아 여행기』에 삽입된 〈한국남녀〉(채색 동판화)

더하여 가무의 자질 또한 천부적이며, 남쪽 지방보다는 북쪽 지방에서 뛰어난 사람들이 많이 태어난다고 기술하며 북쪽 지방의 사람들은 대체로 호전적이며 우수한 병사가 될 가능성이 많다는 점을 덧붙였다.

프레보는 자신이 직접 쓴 서문에 이어 하멜의 『제주도 난파기』와 『조선왕국기』를 소개하고 있다. 그는 「레지스 신부의 관찰기」에 나타난 한국인의 성정을 그대로 인용하고 있다. 또한 세종은 너무도 훌륭한 법을 세워서 한국인들은 간통과 도둑질이 무엇인지 모르고 밤에도 대문을 닫지 않는 등 다른 나라들의 모범이 될 만하다고 기술하고 있다. 또한 한국의 공정한 행정체계의 긍정적 측면을 강조하는 한편, 방탕한 여자들이 많고 젊은 남녀들은 지나치게 자유분방하다는 부정적인 측면도 지적하였다.

19세기에 접어들면서 한국에 관한 기록은 텍스트에만 머무는 것이 아니라 이미지로까지 그 영역이 확장된다. 이미지 기록은 서양인의 상상 속에 존재하는 한국인의 모습을 그린 것과 한국인을 만나서 직접 본 한국인의 모습을 그린 것으로 대별된다. 상상 속 한국인의 모습과 관련된 대표적 기록물에는 프랑스 화가 생 소배St. Sauveur가 그린 1806년판 채색 동판화가 있다. 판화에 나타난 한국인은 체형적으로 강인해 보이는 골격이 인디언이나 서구인과 다를 바 없이 묘사되고 있으며, 아기를 안고 가슴을 드러내 보인 여성의 모습에서는 문명과는 거리가 먼 미개한 한국여성의 모습을 읽어낼 수 있다(그림 1, 2).

1813년 파리에서 발행된 『아시아 여행기』에 삽입된 채색 동판화는 루이스 프로이스Luís Fróis가 언급한 활을 다루는 민족이라는 점을 강조하듯 활을 쥔 한국인을 묘사하고 있다(그림 3).[2] 1814년 이태리에

그림 3 1814년 이태리에서 발간된 서적에 삽입된 〈한국의 두 남자〉(채색 동판화)

서 발간된 서적에 삽입된 채색 동판화도 활을 쥔 한국인을 그렸다는 사실에서 짐작해 보면 비록 상상 속 한국인을 묘사한 것이지만, 그 당시까지 유통되었던 한국인에 관한 정보에 준거하여 한국인을 묘사했을 가능성이 크다.[3] 위에 소개한 세 장의 채색 동판화를 보면, 서양인들이 한국인의 특징을 잘 포착해 내지는 못하였지만, 적어도 한국인에 대한 관심이 증폭되어 가고 있었음을 알 수 있다.

19세기 초에는 『조선왕조실록』과 『일성록』에서 이양선 출몰과 관련된 기록을 찾아 볼 수 있다. 1816년 영국 군함 알세스트Frigate Alceste 호와 리라Sloop Lyra호가 한국의 서해안 일대의 탐사 목적으로 충청도 마량진에 왔고,[4] 1832년 몽금포 앞바다에 나타난 영국 상선 암허스트

Lord Amherst호는 외교사상 처음으로 통상을 요구했으며, 1845년에는 영국군함 사마랑Samarang호[5]가 무단으로 제주도와 전라도 서남 해안을 측량했는데, 이들 배와 관련된 인물들이 귀국 후 한국에 대한 기록을 남겼다. 이양선을 타고 온 선원들은 짧은 시간 동안 한국에 체류하며 겪었던 경험들을 귀국 후 그들 자신의 여행을 소개하는 책으로 출판하였다. 이들 출판물에는 텍스트와 함께 이미지 기록도 포함되어 있다. 이는 기존의 상상으로 그린 한국인의 모습이 아닌 그들이 직접 한국을 방문하여 실질적으로 접촉한 한국인의 모습을 그린 것이다. 책에 삽입된 몇 점 되지 않는 그림들은 한국에 도착하여 만난 관료의 모습이 주류를 이루고 있다(그림 4, 6, 7). 그림 5는 예외적으로 길거리에서 만난 평범한 한국인의 모습을 그리고 있는데, 담배를 태우는 한국인의 모습을 그리고 있어 하멜의 기록에 나타나는 '골초의 나라'를 연상하게 한다. 이 그림들은 한국인의 모습을 보다 구체적으로 서구 사회에 전달하는 역할을 하였다. 이양선의 기록에 의하면 이 시기에 최초로 성서가 한국에 전래되었음을 알 수 있고, 당시의 관료들이 한국인으로서는 처음으로 제리 브랜디를 마신 사실이 확인된다. 또한 서양인들은 한국의 관료들이 외국인 혐오증이 있어 외국과의 통상은 불가능하다고 상정하는 가운데, 이러한 결과를 야기한 주요 원인을 중국으로 보았다. 이를 근거로 하여 이들은 당시 한국에는 외교권이 없다는 것을 유추하였다. 아울러 관료들이 보인 서양인 혐오증과 달리 그들이 야만적이라고 보았던 주민들의 친절함에 대해서도 언급하고 있다.

1832년 영국 상선 암허스트호를 타고 한국을 최초로 방문한 의사 겸 개신교 선교사인 귀쯔라프Karl F.A.Guzl-aff[6] 목사는 한국인을 세상에

그림 4 멕레오드 책에 삽입된 브랜디 잔을 손에든 한국관료의 모습을 그린 그림

그림 5 멕레오드 책에 삽입된 길거리에서 담배를 즐기고 있는 한국 남성의 모습

그림 6 리라호의 선장 바실 홀 대령의 책에 삽입된 한국 관료들의 모습

그림 7 벨쳐의 책에 삽입된 재주도 관료들의 모습

서 가장 사람을 싫어하는misanthropical 민족이라 평가했지만, 협박과 상처를 입혀서라도 침략자를 충분히 물리칠 수 있는 용기를 가진 민족이라고도 하였다. 그는 하멜의 기록에 근거하여 서양에 형성된 한국에 대한 선입관과 달리 한국인들을 매우 용감하고 인정이 많은 민족으로 언급하였다. 또한 술을 좋아하고, 천성적으로 의심이 많은 민족으로 기록하고 있다. 그러나 그가 탐사나 통상 요구의 목적으로 한국에 짧은 기간 체류했던 사실로 미루어 보면 실제로 한국인과의 소통이 거의 불가능했을 것으로 판단된다. 때문에 그의 기록은 한국과 한국인을 깊이 있게 이해한 정보를 서양사회에 소개한 수준은 아니라 할 수 있다. 하멜의 기록에 근거하여 한국과 한국인의 모습을 묘사한 많은 기록들이 실제 하멜의 시각과는 차이가 있음을 추가적으로 덧붙이고 있지만, 그 이해의 깊이에 있어서는 한계가 있었다.

이 시기 이양선과 관련된 인물들이 기록한 자료의 한계를 뛰어넘는 보다 깊이 있는 학문적 기록은 뜻하지 않게 한국 어부들의 표류를 목격한 서양인에 의해서 작성되었다. 1828년 3월 17일 나가사키 앞바다에 있는 데지마 부근에서 전라도 출신의 어민과 선원 그리고 상인 등 36명이 난파를 당하여 구조된 사건이 있었다. 이때 하멜과 같이 네덜란드 동인도회사 소속 군의관으로 1823년 8월 11일 일본 나가사키에 부임한 독일인 의사 폰 시볼트Phillip Franz von Siebold는 한국인들과 처음 만나게 되었고, 이를 계기로 표류인들의 정보를 토대로 한국과 한국인에 관한 연구를 시작하였다. 그는 1823년에서 1830년 사이에 인공적인 섬인 데지마出島 안에서 활동하였지만 한국을 한 번도 방문하지는 않았다. 시볼트는 일본에 머물면서 수집한 자료를 정리하여, 1832년부터 호프만Hoffmann의 협력을 얻어 『일본지*Nippon*』를 발간하기 시작하여 1858년에 완성하였다. 전체가 7개 부분으로 나누어진 이 책의 제7부에는 한국의 지리학, 민족학, 언어학, 의학, 자연과학 등과 같은 다양한 분야가 다루어지고 있다. 시볼트는 한국인을 처음으로 만났을 때 '그들의 태도가 나의 마음을 사로잡았다'고 호감을 표시하며, 이런 연유로 한국인의 신체적 특징과 습관, 언어, 문자 등에 관해서 관찰하기 시작하였다고 밝히고 있다. 그는 전속화가를 두어 그의 연구에 관한 대상을 그리게 하였고, 이때 그린 그림들을 석판화로 제작한 후 그의 저술 『일본지』에 수록하였는데, 여기에는 한국과 관련된 그림도 다수 포함되어 있다. 내용적 측면에서 동시대의 한국인에 대한 기록과 비교하여 볼 때, 그의 기록은 가장 학자적인 태도로 한국인에 접근하고 있다. 해부학적인 측면에서 한국인의 외형과 인종적 특징을 그리면서, 그는 외형화할 수 없는 특징인 한국인의 성질과 사고temper and mentality에 대해서도 기술하였다. 이처럼 그의 텍스트와 이미지 기록은 그 당시까지 한국인을 파악한 서양인의 기록 중 가장 돋보이는 작업이라 할 수 있다.

시볼트는 한국인이 일본인에 비해 키가 크고 체격이 더 좋은 것으로 보았다. 이어서 그는 한국인이 건장한 체구와 균형 잡힌 몸매를 가지고 있으며 활기차고 민첩하다고 기술하고 있다. 이에 더하여 한국인의 행동은 신중하고 명랑하며 일본인보다 더 독립적이고 자유로울 뿐만 아니라 걸음걸이도 안정적이고 민첩하며, 일본인과 중국인보다 더 에너지가 넘치고 전투적인 정신을 가지고 있다고 덧붙였다. 이를 통해 하멜의 기록과는 달리 시볼트는 한국인을 정직하고 충성스러운 민족으로 여기고 있음을 알 수 있다. 아울러 그는 임진왜란 무렵 루이스 프로이스의 기록에 나타난 한국인의 특징 중 하나인 대식가적 면모를 소개하면서 술을 좋아하며 활을 잘 다루고 문학을 매우 사랑하여 어디에서나 "노래"를 듣는 민족이라고 하였다. 그러나 한국인이 청결과 정리정돈에 있어서는 취약한 민족임을 기술하기도 하였다.

한편 시볼트는 그가 만났던 한국인을 두 가지 유형의 인종으로 구분하기도 하였다. 그는 한국인이 돌출된 광대뼈를 가진 넓고 거친 얼굴형에 튼튼한 턱과 펑퍼짐한 코, 두터운 입술, 한쪽으로 치우쳐 찢어진 눈, 장밋빛 피부, 적갈색으로 보이는 검은 머리털 그리고 적황색 또는 약간 흰 피부의 얼굴을 한 몽골족의 용모를 가졌다고 하였다. 시볼트는 대부분의 한국인이 몽골족의 특징을 지녔으나 한국인 가운데 용모가 준수한 사람들은 유럽인에 가까운 용모를 갖고 있다고 보았다. 그래서 그가 만난 사람 중 일부 사람을 코카서스 인종 Caucasian race으로 간주하였다. 이어 그는 코카서스 인종으로 보이는 한국인의 외모가 교육을 잘 받은 엘리트적인 인상을 지녔다고 덧붙였다. 몽골족과는 달리 광대뼈의 돌출이 적고 얼굴 측면의 뚜렷한 선, 코끝은 다소 처져 있고 코가 돌출된 사람은 그 용모에 있어 코카서스족에 가까워 보이고 눈의 모양도 유럽인들과 많이 닮았다는 것이다. 이렇듯 시볼트의 한국인에 대한 인종적 묘사는 지금까지 서양인의 기록에서는 볼 수 없었던 세밀한 관찰에 토대를 둔 정밀묘사라는 점에서 그 의미가 크다. 이후 시볼트의 기록은 서양인의 한국인에 대한 인종적 기술에 많은 영향을 주었다.

시볼트의 한국인에 대한 인종 연구는 통상요구를 위해 1868년 4월 남연군의 묘를 도굴한 사건으로 한국 역사에 이름이 기록된 오페르트Ernest Jacob Oppert에 의해 계승되었다. 그는 1880년 출판한 『금단의 나라 조선*A Forbidden Land : Voyages to the Corea*』에 한국에서의 경험을 기술하

그림 8 시볼트의 『일본지 *Nippon*』에 수록된 '한국의 상인'(석판화)

그림 9 시볼트의 『일본지 *Nippon*』에 수록된 '한국의 선장'(석판화)

였다. 인종에 대한 기술에 있어 오페르트는 시볼트에서 한 걸음 더 나아가 한국인의 사회계층을 인종과 관련지어 적고 있는데, 상류층은 코카서스 인종, 중·하류층은 몽골인종의 특징을 갖는 것으로 나누어 파악하였다.

이렇듯 오페르트는 시볼트의 의견을 그대로 수용한 측면도 있지만 실제로는 시볼트보다 좀 더 과장하여 한국인에 대해 묘사하기도 하였다. 한국인 중에는 푸른 눈동자와 준수한 용모를 가진 사람들이 상당수 있는데 유럽인(코카서스 인종)과 구분하기 어렵다는 것이다. 그는 한국인의 인상을 자세히 들여다보면 중국인과는 다른 종족에 그 기원을 두고 있다는 것을 알 수 있으며, 두 민족과의 혼혈로 인해 상이한 인종적 특징을 가진 것이라 하였다. 한국인이 중국인이나 일본인보다 더 크고 건장하며 대체로 활달한 인상을 보이고 있기 때문에, 두 나라에 비해 훨씬 더 몽골이나 북아시아의 야만적인 유목민을 연상시킨다는 것이다. 오페르트는 한국 여행 후 한국인에 대해 '인상이 고매하고 차분하게 보이는 사람들을 꽤 많이 보았는데, 만일 그들이 유럽풍의 전통 복장을 입고 있었다면 그들을 유럽인으로 착각했을지도 모른다'며 한국인에 대한 시볼트의 시각을 그의 기록에 고스란히 담아내고 있다. 이어서 그는 잘 생기고 준수한 용모와 장밋빛의 피부 그리고 적갈색의 머리털과 푸른 눈동자를 가진 많은 어린이들은 유럽의 어린이들과 구별하기가 대단히 어려웠다는 내용을 덧붙였다. 그러나 그는 한국의 방방곡곡을 돌아다니며 많은 사람들을 접한 후에야 '나는 조선 사람들을 유럽인의 후예로 여겼던 생각을 바꾸게 되었다'며 시볼트와는 다른 견해를 피력하기도 하였다.

오페르트는 그의 책에 시볼트의 『일본지*Nippon*』에 수록된 석판화

그림 10 오페르트 책에 〈코카서스인종–상인〉으로 소개된 삽화

그림 11 오페르트 책에 〈몽골인종–한국의 하류계층의 남자〉로 소개된 삽화

그림 12 오페르트 책에 〈코카서스인종—선주〉로 소개된 삽화

그림을 그대로 축소해서 삽입하였다. 시볼트가 '한국의 상인', '한국의 선장', '한국의 어부'와 같이 인물의 특성에 토대를 두며 직업과 이름을 관련지어 그림의 제목을 붙였다면, 오페르트는 여기서 한 걸음 더 나아가 직업과 신분계층에 따라 인종을 분류한 후 이를 준거로 하여 제목(그림 10, 11, 12)을 달았다. '코카서스인종—상인', '몽골인종—한국의 하류계층의 남자', '코카서스인종—선주', '몽골인종—한국의 젊은 남자', '몽골인종—한국의 중류계층의 남자' 등과 같이 금전적으로 부유한 사람과 그렇지 못한 계층을 상중하로 나누어 상류계층은 코카서스 인종으로, 나머지 부류의 한국인은 몽골 인종으로 구분하여 제목을 정하여 붙였다. 이렇듯 당시 상인이었던 오페르트는 한국인을 인종적으로 분류하는 과정에서 편향된 시각을 보였다. 그

러나 그가 사회계층에 기반을 두고 한국인의 인종을 분류한 것은 한국인을 바라보는 기존 서양인의 시각과는 사뭇 다르다는 점에서 의미가 있다고 하겠다.

3. 개항 이후 서양인의 기록에 나타난 한국인의 민족성

은자의 나라로만 알려지던 한국은 1882년 조미수호조약이 체결된 이후 서구의 여러 나라들과 수교를 하게 된다. 마침내 서양인들이 합법적이면서도 자유롭게 우리 땅을 밟게 된 것이다. 외교관, 교육자, 의사, 군인, 상인, 선교사, 기자, 여행가 등 다양한 직업을 가진 서양인들은 그들의 방문 목적에 따라 단기간 혹은 장기간 체류하며 다양한 기록을 남겼다. 또한 한국을 방문하지 않았다 하더라도, 몇몇 서양인들은 한국이 청일전쟁과 러일전쟁을 겪는 과정 속에서 동북아시아에서 제국 간 힘겨루기의 각축장이 되고, 이어 을사조약으로 인해 일본의 보호국으로 전락하며 식민지화될 수밖에 없었던 한국의 사정에 주목하였다. 국제정세가 급변함에 따라 서양은 다양하고 심도 있는 한국 관련 정보를 요구하였는데, 이를 위해 한국을 다녀간 많은 서양인들은 자신들이 보고 겪고 느낀 점에 대해 인상기, 여행기, 보고서 등의 형식으로 기록을 남겼다. 신급을 요하는 정보는 대중매체를 통해 소개되는 한편, 서구 여러 나라의 기밀정보와 외교문서는 각국의 해당기관에 보고서 형식으로 전달되었다. 또한

19세기 중엽부터 서양에서 태동하여 하나의 학문으로 자리 잡은 한국학을 통해 한국의 역사, 문화, 예술, 언어, 종교 등 여러 방면에서 심도 깊고 다양한 연구논문을 축적해갔다. 이런 측면을 고려해보면 한국을 찾은 서양인들의 기록은 기하급수적으로 늘어났다고 해도 과언이 아니다.

개항 이전에 제출된 서양의 기록들이 한국과 한국인에 대한 제한적인 파노라마를 제공했다면, 개항 이후의 기록들은 다양한 시각으로 한국과 한국인 그리고 그들이 바라보는 한국의 역사와 사회 및 정치적 상황을 담아내고 있다. 이 시기 서양인의 한국 관련 기록의 특징 중 하나는 그들이 텍스트 중심의 기록만을 남기지 않고 다양한 사진과 이미지를 기록으로 남긴 것이다. 이들 기록에서는 인종과 성정에 관한 한국인 관련 기록과 이미지가 정형화되어 가는 경향을 보인다.

1) 서양인의 눈에 비친 한국인의 인종

19세기 중반에 접어들면서 인종학적 분석이 성행하여 골상의 분석이나 신체검사를 시행하는 경우가 많이 나타났다. 서구인의 인종에 대한 관심은 급기야 '인종전시'라는 명목으로 울타리 안에 낯선 인종을 가두어 전시하기에까지 이르렀다. 1855년 파리 만국박람회에 처음 등장한 '인종전시'는 1899년 파리 만국박람회를 계기로 본격화되었다. 여기에 전시된 사람들은 관객의 호응을 이끌어내기 위해 실제로는 하지 않는 이상한 행동을 하도록 교육받았고, 관람객들은 이들의 행동을 야만인들이 할 법한 미개한 행동으로 여겼다. 일본 역시 1903년 오사카에서 개최된 제5회 내국권업박람회와 1907년에 열린 도쿄권업박람회에 서구의 '인종전시'를 흉내내어 전시장에 한국인을 가두어 놓아 한국인의 분노를 산 적이 있었다. 서구의 '인종전시'는 우월한 문명인과 열등한 야만인이라는 위계화된 인종의 차이를 보여주는 것으로, 그 이면에는 각 인종에 대해 위계질서를 부여하고자 한 제국의 시선을 담고 있다. 이러한 인종학적 관점은 비서구세계의 인종을 대상화하는 서구 중심의 인류학적 시각을 발전시켰는데, 실제로 당시 많은 서적에서 이러한 관점을 담은 인종 관련 이미지가 게재되었다(그림 13, 14). 인종을 문명과 야만으로 이분한

그림 13 1880년대에서 1900년대 초반까지 판을 바꾸어가며 출간된 독일의 백과사전에 나오는 '아시아 인종'을 그린 채색 판화

ASIATISCHE VÖLKERTYPEN.

그림 14 1880년대에서 1900년대 초반까지 판을 바꾸어가며 출간된 독일의 백과사전에 나오는 '아시아 인종'을 그린 채색 판화

시각은 당시의 분위기로 짐작해 보건대 자연스럽게 수용된 듯하다. 오페르트의 한국인에 대한 인종 분류도 이러한 시각이 잠재적으로 자리 잡고 있었다. 금전적으로 또는 교육적으로 지위가 높은 사람은 그들과 가까운 유럽 인종과 비슷하게 묘사하고, 이에 반하는 인종을 아시아계의 인종으로 구분하는 방식은 철저하게 제국주의적 관점에 따라 만들어진 시각이라 하겠다.

개항 이전 서양의 기록에는 한국인이 외형적으로 중국인과 일본인에 비해 우월하고 튼튼한 체력을 지닌 우수한 민족으로 묘사되고 있다. 개항 이후의 기록 역시 개항 이전과 별반 차이가 없는 것으로 보인다. 이것이 바로 한국인과 대면했던 서양인들이 기록으로 남긴 공통적인 견해이다. 에밀 브르다레Emile Bourdaret는 한국인의 체격 조건을 조사할 목적으로 많은 양의 신체검사 자료를 수집하려고 하였다. 브르다레는 서울과 송도 간 철도 건설을 위해 그에게 고용된 노동자들에게 신체검사를 의무화하여, 한국인의 신체적 특성에 대한 개략적인 개념을 세웠다. 이때 브르다레가 측정한 113명의 평균신장은 162cm였다. 데니커Deniker에 의하면 중국인의 평균신장은 161cm, 일본인의 평균신장은 157~159cm 정도였다. 특히 영국 왕립지리학회 회원이었던 이사벨라 버드 비숍Isabella Bird Bishop은 한국을 여행하면서 사람들의 키를 일일이 조사했는데, 당시 한국남자의 평균신장은 163.4cm였다.

한국인을 인종적 측면에서 다민족 혼혈 인종으로 접근한 최초의 사람이 시볼트였다면, 오페르트는 인종의 문제를 사회 계층과 결부하여 내용을 좀 더 진척시켰다. 개항 이후 서양인의 기록에서도 다민족의 혈통을 강조하고 있어 개항 전 서양인이 한국인을 바라보는 시각과 큰 차이점이 발견되지 않는다. 알렌Horace N. Allen은 '1888년 워싱턴 주재 한국 공사관의 모임 당시 니카라과 공사公使가 한국인은 자기 나라의 학식 있는 원주민과 매우 비슷해 놀랐다'고 그의 저서 *Things Korean*에서 언급한 바 있다. 알렌이 아메리카 대륙의 원주민과 한국인 간의 인종적으로 유사하다고 본 것이다.[7]

헐버트Homer Bezaleel Hulbert는 1886년 23세의 나이에 목사 신분으로 제물포에 첫 발을 내디딘 후 교육자, 한글학자, 역사학자, 독립운동가로 활동하며 한국의 문명화를 위해 헌신한 인물이다. 고종 황제의 외교 고문으로 을사보호조약의 부당성을 전 세계에 알렸고, 1907년에는 헤이그 만국평화회의에 참가하여 고종 황제의 밀사로도 활약하였다. 이러한 일련의 활동을 하는 가운데 1906년에 발간한 『대한제국 멸망사*The passing of Korea*』는 을사보호조약의 부당성을 세계에 알리기 위해 집필했던 그의 저작이다. 한국에 대한 사랑과 일제의 국권침탈에 대한 증오심이 그가 이 책을 쓰게 된 동기와 목적이라는 점에서도 알 수 있듯이, 그는 이 책을 고종황제와 한국인들에게 헌정하였다.

이 책의 1장과 2장에서는 주로 한국인의 국민성을 일본의 식민지로 전락해 가는 한국의 운명과 관련지어 설명하고 있다. 시볼트의 책을 접하지 못했던 헐버트는 오페르트가 한국인의 얼굴을 두 가지 유형, 즉 몽골족의 특징을 가진 부류와 몽골족의 특징을 결여한 말라이 유형에 근접한 부류로 분류하여 언급한 바 있음을 그의 책에서 밝히고 있다. 이어서 그는 한국인을 처음 보는 사람들의 경우 한국인이 모두 비슷해 보이지만, 한국에 오랜 동안 체류한 사람은 한국인의 개인적인 특성을 알 수 있으며, 서양과 같이 여러 유형의 인종적인 특질을 가지고 있음도 파악할 수 있다고 하였다. 또한 그는 '일본 근대의학의 아버지'라 불리며 동양인의 관상학에 조예가 깊은 독일의 바엘츠Erwin Von Baelz 박사의 견해를 그의 책에서 소개하고 있다. 바엘츠는 한국인이 몽골족의 특징을 많이 포함하고 있지 않은 옛 야마토 인종의 후손과 현저하게 닮았으나 이러한 인종적 특징이 시간이 흐르면서 폴로네시안 혈통과 교접되었다고 밝히며, 한국에서 나타나는 이런 비몽골족 인종 유형과 일본의 인종적 유형의 관계가 극동에서의 가장 흥미로운 인종적 문제라는 지적을 덧붙였다.

A. H. 새비지 랜도어Arnold H. Savage Landor는 빅토리아 시대의 유명한 여행가이며 화가로, 1890년 12월에 한국에 입국하여 몇 개월 간 서울에 머물렀다. 1895년에는 38장의 손수 그린 그림을 수록한 『고요

그림15 랜도어 책에 수록된 평민 이하의 한국인 모습

그림16 랜도어 책에 수록된 결혼하여 상투를 튼 평민 이하의 한국인 모습

한 아침의 나라 조선*Corea or Cho-sen : The Land of the Morning Calm*』을 출간했다. 한국에 관한 그의 저술은 이사벨라 버드 비숍 여사가 실측과 조사관찰에 역점을 두고 객관성을 유지하려 애쓰면서 저술했던 태도와 달리 주관적 경험을 바탕으로 한국과 한국인들, 그리고 풍습에 대해 담담하고 흥미롭게 소개하고 있다. 그는 '아시아에 거주하고 있는 거의 모든 인종의 표본이 이 조그만 반도에 정착한 것'처럼 보인다고 언급하며 한국인의 다인종성을 강조하였다. 랜도어는 시볼트의 인종 구분과 오페르트의 사회적 신분에 따른 인종의 구분을 수용하고 있다. 그러나 화가였던 그는 한걸음 더 나아가 미적 아름다움이라는 주관적 견해에 따라 한국 인종을 구분하고 있는데, 바로 이 부분에서 랜도어가 시볼트나 오페르트와는 다른 견해를 가지고 있음을 알 수 있다. 랜도어는 한국인이 백인들과 비슷한 코카서스족과

그림 17 랜도어 책에 수록된 한국의 미인

아리안족의 인종적 특질을 가지고 있으며 백인 못지않게 아름다운 민족이라고 보았다. 랜도어는 모든 한국인이 백인과 비슷한 외양을 가졌다고 한 것은 아니었고 상류계층에만 한정된다고 밝히며 하층 계급의 경우에는 몽골계 인종으로 보이며, 심지어 흑인계통인 듯한 사람들도 있다고 하였다. 이렇듯 그는 인종적 차별을 통해서 해당 인종이 가지는 미적 자질을 구분해 갔다. 여기서 한국인에게 흑인계통의 인종적 특질이 보인다는 언급은 다른 서양인들에게서는 찾아볼 수 없는 랜도어만의 특징이다. 그는 아프리카인이나 소아시아인처럼 얼굴색이 검은 인종을 막노동자 계층에 속한 사람들에게서 찾아볼 수 있다고 하였다(그림 15, 16, 17).

랜도어가 인종의 문제를 계층의 문제로 환원하여 이해했다는 것은 문제적인 시각이라 할 수 있다. 특히 상류층이 백인종에 가까워 보인다고 밝히고 있는 랜도어의 견해에서도 알 수 있듯이, 그에게 있어 '미'의 기준은 백인종이었다. 백인종인 유럽인에 가까울수록 미적으로 아름답고 우월하다는 표현에는 명백한 백인 우월주의가 깔려 있다. '상류층은 백인종이다'라는 명제가 성립되는 것은 백인종이 육체적으로나 정신적으로 '고귀함', '우월함', '아름다움'을 지녔다는 견해가 전제되었기 때문이다. 한국인의 인종 구분 역시 기본적으로 서구 우월주의적 시선인 오리엔탈리즘이라는 프리즘을 통해서 이루어졌다. 이렇듯 한국인의 민족성 자체가 그들보다 못할 것이라는 가정 하에 한국인의 인종적 특질을 분석한 것이기 때문에 서양인들이 파악한 한국민족성은 상당 부분 부정적인 시각이 지배적이다.[8]

개항 후 한국인에 관한 인종 논의는 시볼트와 오페르트의 견해를 기본적 골조로 삼는 가운데 다른 서양인들의 시각을 덧붙이며 제출되었으나 두 사람의 관점을 넘어서는 견해는 나오지 않았다. 단일민족이 아닌 혼혈민족으로 바라보는 시각이 개항 이후에 정형화된 시각으로 굳어짐에 따라, 이러한 시각이 곧 서양인이 한국인을 바라보는 일반적 시각이 된 것이다.

그러나 개항 이후의 서양인들은, 유럽계 인종과 몽골계 인종적 특성에서 나오는 우수한 체력에 비해 정신력은 그 반대의 무기력하고 게으르고 무책임하며 우둔하다고까지 표현하였다. 이탈리아 영사인 까를로 로제티Carlo Rosseitti가 그 이유를 인종적 특성에서 찾고 있다는 점이 흥미롭다. 그는 몽골계와 남방계의 교접으로 생겨난 한국인이 인종적 특성상 육체적으로는 우수할지 모르나 정신적으로는 쇠잔한 상태라고 인식하며, 순수혈통이 아닌 타민족과의 혼혈의 결과로 인해 정신적 쇠약에 이르렀다는 개인적인 견해를 덧붙였다.[9] 이렇듯 로제티는 개항 이후 한국인이 그들이 처해 있는 현실을 적극적으로 해결하지 못하는 무능함을 극단적으로 인종의 문제로 환원하여 그 원인을 찾으려 하고 있었다. 랜도르가 미적 아름다움에 따라 한국인의 인종을 구분하였고 그의 인종에 대한 이해가 육체에 한정되어 있었다면, 로제티는 인종을 구분하는 데 있어 육체뿐만 아니라 정신까지 다룸으로써 좀 더 다양한 인종에 대한 해석을 보여주었다.

2) 서양인의 눈에 비친 한국인의 성정

서양인의 한국 인종에 대한 관찰은 육체적 특징에 집중하였기 때문에 일정 부분 객관성을 확보할 수 있었지만, 이에 비해 상대적으로 한국인의 성정은 정신적 차원에서 한국인을 이해하는 것이기 때문에 매우 주관적일 수밖에 없었다. 이때 서양인의 주관적인 판단을 결정짓는 요인은 관찰자의 한국 체류기간, 우리의 역사 및 문화에 대한 인식 수준, 국내외의 정치적 현실인식 등에 따라 그 시각차가 매우 컸다

서양인들은 대부분의 한국인들이 정신적으로 매우 쇠약하며, 성정은 나태하고 게으르다는데 의견 일치를 보였다. 느리고, 어리석고, 멍하다는 의미를 가진 'slow-moving', 'dull', 'vacant'가 한국인의 성정을 형용하는 말로 자주 사용되었다. 의욕도 없고 명민하지도 못하며 목적도 없는 인생을 살아가는 사람들이 한국인으로 묘사된 것이다. 서양인들은 이러한 한국인의 성정 때문에 한국의 장래에 대해 안타까워하거나 암담해 하며 체념하기도 하였다.[10]

그림 18 1900년대 초반 발행된 한국남성의 모습을 담은 사진엽서

그림 19 1900년대 초반 발행된 한국남성의 모습을 담은 사진엽서

1894년에 한국을 방문한 영국의 지리학자 이사벨라 버드 비숍은 한국인의 모습을 가난과 나태와 우울함으로 묘사하였다. 게으르고, 무기력해 보이고, 비생산적이며, 할 일 없이 길거리를 배회하고, 현실을 이해하고 대처하는 데는 전혀 관심이 없는, 담배만 피우며 허송세월을 보내는 한국남성의 모습은 그 당시 평범한 남성의 일반적인 모습을 표상화한 것이다(그림 18, 19). 이러한 남성의 이미지는 상당한 양의 사진 기록에서 나타나는데, 이들 사진 이미지는 서양의 대중매체와 서적 등에 수록되거나, 일본인이 제작한 사진엽서의 형태로도 서구에 전해졌다. 특히 한국에 머물렀던 외교관이나 선교사 등이 보낸 엽서와 사진은 현재 여러 나라의 기록물 보관소나 박물관에 소장되어 있다.

서양의 언론에서도 한국남성의 무기력함을 소개하는 경우가 있었다.[11] 다음 두 사진은 러일전쟁이 한창인 1904년 5월 21일자 영국의 화보신문 *The London Illustrated News*와 1904년 9월 3일자 프랑스 화보신문인 *L'illustration*에 소개된 사진이다. 영국 신문에 실린 한국남성의 모습은 러일전쟁 중에 승리를 향해 고난의 길을 가고 있는 일본군의 모습을 묘사하는 장면 가운데 일본 군인을 따라 군수물자를 나르는 한국인 지게꾼으로 포착된다(그림 20). 프랑스 신문에 실린 한국남성의 모습은 일본과 러시아 군대가 출정하는 모습을 담은 사진들 가운데 담뱃대를 물고 장기에 몰두한 한국인들로 포착된다(그림 21). 두 사진은 기본적으로 러시아군과 일본군이 전쟁을 위해 출정하는 역동적인 모습을 묘사하고 있다. 하지만 이처럼 한국을 배경으로 해서 일어나는 전쟁에 관심이 없거나 수동적으로 일본의 전쟁을 돕는 존재로 한국남성은 묘사되고 있다. 이러한 이미지는 한국남성의 성

그림 20 1904년 5월 21일자 영국의 화보신문인 *The London Illustrated News* 에 실린 한국남성

그림 21 1904년에 9월 3일자 프랑스 화보신문인 *L'illustration*에 실린 한국남성

정이 매우 무기력하다고 생각하게 만들기에 부족함이 없었다.

많은 사람들은 이렇듯 현실 대처 능력을 상실한 한국남자의 심성을 부정적으로 그리면서, 그 원인을 한국의 왜곡된 사회체제에서 찾았다. 사유재산을 보호받을 수 없고, 양반의 수탈이 심하기 때문에 나태한 성정이 만들어졌으며, 이로 인해 빈곤이 초래됐다는 것이 이들의 생각이었다. 관리의 타락과 부정부패에 대한 이야기는 서양인의 기록에서 흔하게 찾을 수 있는 내용으로, 17세기 중반 하멜의 기록에서부터 일제강점기 직전까지 서양인의 기록에서 빠지지 않고 등장하는 주제였다.

서양인들이 인식한 한국여성에 관한 기록을 살펴보면, 한국여성은 유교적 사회체제 아래 고유한 존재감을 가질 수 없는 존재로 묘사되었다. 이들은 대부분 고통스럽게 생활하는 한국여성의 현실에 대해 비관적으로 기술하였다. 하지만 노동과 관련해서는 무능한 한국남성의 이미지와는 반대로, 한국여성을 강인하고 다재다능한 모습으로 묘사하고 있다. 물론 이러한 긍정적인 언급에도, 남성 중심적 관습이 지배하는 억압적인 사회에서 살며 노예와 같은 생활을 하고 있는 한국여성에게 부가된 것이 강도 높은 노동이라는 사실을 덧붙이고 있다. 이처럼 서양인들은 체제에 복종하고 순응하면서 강인한 생활력을 가진 존재로 한국여인의 성정을 표상한다. 그러면서 이러한 현실을 거부할 권리나 기회를 갖지 못하는 한국여성의 불행한 운명을 연민의 정으로 바라보고 있다. 남성에 비해 열등하며 남성에 부속된 존재로 그려진 한국여성의 이미지 속에서 서양인들은 그 당시 사회체제에 속박된 인간으로 살아갈 수밖에 없었던 한국여성의 고단한 삶을 엿보았다. 의복 만들기, 식사 준비, 탈곡, 세탁, 무거운

그림 22 1910년 11월호 『내셔널 지오그래픽』 잡지에 소개된 빨래하는 한국여성

짐 지기, 물 긷기, 베 짜기 등을 하는 모습은 당시 촬영된 사진에서 쉽게 찾아볼 수 있는 장면이다. 노동하는 한국여성과 노동하지 않는 한국남성의 이미지는 이 시기 한국인을 묘사하는 텍스트와 이미지 기록에서 하나의 정형화된 모습으로 반복되었다.[12]

특히 이 시기 서양인의 시각에서 한국여성의 성정을 가장 극단적으로 이미지화하여 정형화한 두 주제가 있다. 하나는 가슴을 드러내며 거리를 활보하는 원시성과 야만성이 가득 찬 하류계층의 여성을 이미지로 정형화한 것이고, 나머지 하나는 장옷을 걸쳐 얼굴이 신비스럽게 베일에 감춰져 격리된 채 은둔생활을 하는 상류계층의 여성을 이미지로 정형화한 것이다. 서양인들은 장옷에 가려진 한국여성을 통해 유교사회에 순응하는 한국여성의 성정을 보았다. 이에 반해 비정상적으로 가슴을 노출한 채 거리를 활보하는 한국여성에 대해서는 경악을 금치 못하며, 그 이유로 여러 가지 가설을 내놓았다. 그

그림 23 서울의 거리에서 목격되는 장옷을 입은 한국여성

그림 24 비숍의 책 『한국과 그 이웃 나라들 *Korea and Her Neighbors*』에 〈한국 어머니의 복식Korean maternal costume〉이라는 제목으로 소개된 삽화

러나 이러한 다양한 가설에도 불구하고 현재까지 그 이유가 정확하게 밝혀지지는 않았다. 가장 일반적인 해석은 아들을 낳은 것에 대한 자랑의 표식이라고 보는 입장이다. 그러나 이 가설 역시 우리의 기록이나 이야기를 통해 알려진 것이 아니라 서양인의 기록을 통해 밝혀진 사실이기 때문에 그 정확한 이유로 단정 내리기는 매우 어렵다. 조선시대의 여성에게 있어 결혼이란 자신이 태어난 부모의 가정으로부터의 격리를 의미하였고, 결혼을 해서도 다른 집안의 대를 이을 아들을 낳아야 했다. 결국 여성의 가슴을 보여주는 행위는, 댕기머리에서 상투를 틀어 올림으로서 어린 남자가 성인 남자로서의 새로운 정체성을 부여받는 것과 같이, 어린 여성이 성인 여성으로서의 새로운 정체성을 부여받는 통과의례의 상징이었던 것으로 추측해 볼 수 있다. 따라서 가슴을 노출한 여성의 모습은 얼굴을 가린 여성의 모습과 같이 사회적 체제에 순응하는 한국여성의 이미지와 그 심성을 보여준다.

가슴을 노출시킨 여성의 이미지는 일상생활 속에서 자연스럽게 촬영된 사진과 인위적인 조작이 가능한 스튜디오에서 촬영된 사진으로 나누어진다. 1890년 한국에는 일본인 사진관들이 상업적 목적으로 생겨났고, 이들 사진관의 스튜디오에서 촬영한 사진들이 한국을 방문하는 서양인에게 판매되었다. 1891년에 발행된 『미국 국립박물관 연보』에는 이렇게 판매된 것으로 추정되는 사진이 「한국의 시녀」라는 제목으로 실려 있다(그림 25). 한국여성을 성적으로 대상화하는 동시에 한국여성에게 미개함과 원시적 이미지를 부여한 사진이다. 또한 이러한 이미지 기록들은 박람회의 '인종전시'를 정당화하는 증거 자료로 활용되었다. 이처럼 서구사회에서 가슴을 드러

그림 25 1891년 발행된 『미국 국립박물관 연보』에 실린, 스튜디오에서 촬영한 가슴을 드러낸 한국여성을 〈한국의 시녀〉라는 제목으로 소개한 사진

낸 한국여성의 이미지가 정형화된 것은, 일본인들이 한국여성을 성적 욕구의 대상으로 삼기 위해 의도적으로 이러한 이미지를 생산하고 유통시킨 결과이다. 이렇듯 서구사회에 한국여성의 부정적인 시각을 확산시키는 데 기여한 나라가 바로 일본이었던 것이다.

1910년 8월 29일에 체결된 한일병합조약으로 일제의 식민지로 전락한 이후인 1910년 11월 잡지 『내셔널 지오그래픽』에는 한국의 일상을 담은 31장의 사진이 실렸다. 여기에는 가슴을 드러낸 여성의 이미지를 촬영한 네 점의 사진과 개울가에서 빨래를 하는 한 점의 사진도 포함되어 있었다(사진 26, 27). 다섯 점 가운데 가슴을 노출한 사진을 네 점이나 배치한 것은 다분히 의도적이라고 볼 수 있다. 이

그림 26 1910년 11월호 『내셔널 지오그래픽』 잡지에 소개된 가슴을 드러낸 서울의 노동자 계급의 한국여성

그림 27 1910년 11월호 『내셔널 지오그래픽』 잡지에 소개된 가슴을 드러낸 서울여성

러한 표상들은 제국주의적 시각에서 한국여성을 야만적이고 미개한 존재로 인식하게 만들었고 결과적으로 그들의 성적 대상으로 전락시켰다.

이와 같이 서양인의 눈으로 본 한국남성과 한국여성에 대한 표상들이 한국인의 성격적 특성을 간접적으로 정형화했다면, 보다 직접적으로는 당시 서양인들의 한국민족성에 대한 인식과 해석들이 한국인의 심성을 정형화하는 또 다른 방식으로 활용되었다. 이를 살펴보면, 크게 두 가지로 구분된다. 한 부류는 표면적인 관찰을 통해 한국인을 경시하고 악평하는 시선이며, 또 하나는 심층적인 역사문화적 고찰을 통해 한국인의 숨어있는 민족적 잠재성과 한국인이 가진 본원의 성정을 긍정적인 시각으로 바라보는 시선이다. 한국인의 민족성을 경시하는 경향은 주로 한국인과 깊은 접촉이 없었던 사람이나 일본과 친밀한 관계에 있었던 사람을 중심으로 제기된다.

1870년 일본의 초청으로 일본에서 한국을 연구하기 시작한 그리피스William Elliot Griffis는 1907년 이토 히로부미伊藤博文의 초청으로 한국을 방문하였다. 그를 비롯하여 1908년에 *In Korea with Marquis Ito*를 집필한 예일대학의 래드George T. Ladd와 러일전쟁을 취재하기 위해 한국에 온 루스벨트의 친구인 케난George F. Kennan 등은 한국인과 한국문화를 경시하는 기록을 남긴 대표적인 인물이다.

특히 한국민족과 민족성에 대해 부정적인 시각을 가진 대표적인 인물은 케난이었다. 1905년 한 달 미만의 짧은 한국 체류로 인해 한국을 충분히 관찰할 시간적 여유를 가지지 못한 그는 한국인을 나태하고 무기력함에 빠져 있는 민족으로 상정하며, 한국인이 이러한 성향을 지닌 민족이라는 명제를 일반화하는 데 일조하는 글을 썼다.

1905년 10월 *Outlook*이라는 잡지에 실린 그의 글 「퇴보하는 국가Korea, a Degenerate State」는 한국인의 민족성을 극도로 부정적인 시각에서 기록한 대표적인 예라고 할 수 있다. 그는 아무런 선입견이나 편견 없이 보더라도 한국의 첫 인상은 도저히 호감을 가질 수 없다고 하였다. 한국인들은 게으르고 더럽고 비양심적이고 부정직하고 믿을 수 없을 만큼 무지하고 자존심도 없다고 서술하며, 한국인들을 미개한 야만인이요 퇴폐한 동양문명의 썩은 분비물이라고까지 비난하였다. 이러한 황당한 민족성 인식이 만들어낸 서구인의 한국에 대한 불신감은 부정적인 정치적 담론의 재생산으로 이어졌다. 특히 서구인의 이러한 한국인 인식은 한국이라는 퇴보하는 국가가 진보적인 일본에 국권을 빼앗기는 것을 "당연하고 다행스러운 일"로 평가하기에 이른다.

그리피스 역시 궁중의 파벌싸움과 만성적인 재정적자 등으로 한국이 독립을 유지하기 곤란하다고 생각하였다. 이러한 친일성향을 바탕으로 한국민족성에 대해 기술한 내용은 일본이 국제사회에 한국인의 부정적 민족성을 전파하는 데 큰 역할을 하였다. 일본은 이러한 서양인의 인식을 사진이나 엽서로 이미지화하여 언론매체를 통해 국제사회에 전파함으로써 한국에 대한 일본의 보호조치 및 한일병합의 정당성을 합리화하는 도구로 사용하였다.

이와는 달리, 한민족이 근면하고 성실하며 도덕적으로 진실하다는 견해는 주로 한국에 오랫동안 체류하면서 많은 경험을 쌓은 서양인들로부터 나왔다. 모리스 쿠랑Maurice Courant, 헐버트Hulbert. b. Homer, 맥켄지F. A. Mckenzie 등과 같이 한국을 각별한 애정을 가지고 대했던 서양인들은 한국인에 대해 상당히 호의적인 인식을 가지고 있었다.

한국학 학자인 모리스 꾸랑은 1900년 파리만국박람회를 기념하기 위해 출판된 사진집인 『서울의 추억』에서 한국과 한국인에 대해 매우 긍정적인 시각을 보여주고 있다. 그는 한국에 대해 애정 어린 시각으로 연구하면서 오만함과 우월주의에 빠져 있던 서구인들에게 한국이 문화적으로 결코 야만국이 아님을 알리고자 애썼다.

헐버트는 한국인에 대한 긍정적 측면으로 근면성, 성실성, 높은 도덕성을 꼽았다. 그는 목회자답게 인간의 성질과 정신적 특성은 세계적으로 같다는 전제 아래 한국인에 대한 그의 견해를 밝혔다. 그는 한국을 처음 접하게 되는 사람은 이국적인 모습을 인상적으로 느끼는 등 표면적인 것에 주목하겠지만, 언어를 배우고 오래 머물다보면 한국에 대해 심층적인 것을 알 수 있다고 하였다. 이어서 그는 동양인과 서양인이라는 외모상의 차이는 있겠지만 성정과 기질에 있어서는 현저한 차이가 없다는 말을 덧붙였다. 또한 헐버트는 고대 그리스와 로마시대 의사들과 철학자들이 주장하던 인체의 구성 원리인 사체액설四體液說, Humor theory에 의거하여 중국과 일본의 성정을 설명하였다. 그는 중국인을 매우 미신적이며 비교적 점액질phlegmatic 성격을 소유한 민족으로, 그리고 일본인은 다혈질sanguine temperament 성격을 소유한 민족으로 상정하였다. 헐버트는 한국인이 중국의 합리주의와 일본의 이상주의의 아주 적절한 조화를 지니고 있다고 설명하면서 한국인의 성격을 한국의 지리적 성격과 마찬가지로 중국과 일본의 사이에 있는 것으로 규정하였다. 이러한 두 성질의 혼합으로 나타나는 한국인의 성정을 합리적 이상주의라고 하였다. 그는 이러한 성정의 혼합적 자질을 바탕으로 한국인과 앵글로 색슨Anglo-Saxon족의 인종적 자질을 연결하여 한국인의 성품을 설명하고 있다.[13] 또한 그는 이러한 성품에 대해 한국인이 현재의 정체 상태로부터 탈피할 희망이 있다는 것을 보여주는 것이라고 하며, 한국과 한국인에 대해 악의적 평가를 내놓은 사람에 대해 그들이 한국에서의 생활 경험이 길지 않기 때문에 느끼는 감정이라고 보았다.

헐버트는 한국인의 민족성을 부정적으로 본 케난의 글에 대해 편견과 고의적인 부정확함에 기초한 것이라며 비난하였다. 그는 '케난이 한여름 대낮에 노동자들이 휴식을 취하는 것을 보았을 뿐이지 미국 노동자들보다 두 시간 앞서 새벽부터 활기차게 일하는 모습은 보지 못했다'고 반박하였으며, 한국인이 근본적으로 우수하고 잠재력 있는 민족이지만 유교적 폐해에 따른 관리계급의 탐욕과 실정으로 사회정의가 부재하여 한국인이 게으르고 무감각하게 되었다고 서술하였다. 또한 신비주의, 운명결정론, 비관주의, 정적주의靜寂主義 등 한국인의 다양한 속성이 천 년에 걸친 불교의 오랜 지배와 억압이라는 역사적 운명 속에서 민족성으로 자리 잡게 되었다고 본 그는, 이를 현재의 정신적 자질을 야기한 원인으로 간주하며 서양의 종교와 교육 등으로 개조하려고 노력하였다.

한국에서의 체류기간이 길고 한국에 대한 이해가 깊어지면서 한국역사와 문화의 심층적 내면을 들여다 본 서양인들은, 오랜 역사와 문화의 전통을 바탕으로 하는 문명국으로서의 한국을 발견하게 된다. 서양인들은 한국의 도시를 벗어나 산속에서 만나는 폐허가 된 사찰, 무덤, 고궁 등에서 문명과 역사의 흔적을 발견하였고, 잠시나마 낭만적인 감흥에 젖기도 하였다.[14] 숭부숭조하는 민족, 겸손하고 선량하며 예의바른 민족이라는 이미지는 한국인의 민족성을 긍정적 시각으로 바라본 서양인들에게 포착된 한국인의 성격이었다.

4. 나가는 말

개항 이전 서양인의 한국에 관한 기록은 주목할 만한 역사적 사건(몽골제국의 성장, 임진왜란)을 통해 전해진 간접적인 정보와 한국에서의 짧은 체류를 통해 얻은 직접적인 정보의 결과물이 전부였다. 당시 서양에서 접할 수 있었던 한국과 한국인에 관한 기록이 매우 부족하였기 때문에 한국인의 민족성 파악은 더욱 피상적일 수밖에 없었다. 개항 이후 한국과 관련된 서양인의 기록이 증가하면서 한국인의 민족성에 대한 기록 역시 다양해졌다. 특히 개항 이후에는 이미지 기록이 증가하면서 이전과는 다른 양상을 보이며 한국인의 새로운 초상들이 유통되었다.

기록의 증가는 한국과 한국인에 관한 특정한 내용들을 정형화시켰다. 일부 정형화된 기록은 한국을 모르는 서양인들에게 한국에 관한 고정관념을 심어주었다. 당시 서양사회에서 유통된 한국인에 관한 내용을 살펴보면, 인종 면에서는 다민족 혼혈인종으로 정형화되었고, 성정 면에서는 긍정적인 면과 부정적인 면이 길항하며 한국인의 초상으로 정형화되어 갔다. 한국인의 성정에 대한 부정적인 인식은 일본의 정보를 무비판적으로 수용하며 제국주의적 시각으로 한국을 바라본 이들에 의한 것인 반면에, 긍정적으로 보는 시각은 한국의 역사와 문화를 잘 이해하고 체류의 기간이 길었던 소수의 서양인들에 의한 것이었다. 이렇듯 긍정적인 시각과 부정적인 시각이 혼재하는 서양인의 기록 속에서 우리가 주목해야 할 점은 무엇일까? 그것은 긍정적인 이미지와 부정적인 이미지가 어떻게 만들어지고 어떻게 정형화되는가를 면밀하게 추적해 보는 일일 것이다. 이 기록들 속에는 우리가 미처 인식하지 못한 우리의 모습과 왜곡된 우리의 모습이 공존하면서 새로운 한국인을 만들어내고 있기 때문이다. 이처럼 서양인의 기록은 타자가 소유한 우리를 비추어주는 거울이라는 점에서 그 중요성은 적지 않다.

● 주석

근대 한국과 일본의 조선민족성 논의

1 지리상의 발견과 제국주의의 강화로 인해 19세기에 이르러 세계의 다양한 민족문화의 특징과 그 민족성의 문제를 학문적으로 다루는 일은 인류학과 함께 인기 있는 시대적 학문으로 부상하였다. 독일의 심리학자 분트(Willhelm Wundt)는 『민족심리학』(1910)을 통해 민족성을 유형화하고자 하였는데, 이는 당시 독일 대학에서 상당히 인기 있는 강의였다고 한다. 제국주의 식민전략을 학습하고자 한 일본의 학자들은 분트의 이러한 연구에 영향을 받으며 다양한 민족 간의 차이에 대한 인식을 객관화하고자 노력하였다. 1920년을 전후하여 일본 대학 강단에서 이루어진 민족심리에 대한 강의는 이러한 정황을 잘 보여준다. 여기에서 논의하고자 하는 조선의 민족성 논의 또한 일본의 민족성 논의를 수용, 변형, 저항한 텍스트라고 볼 수 있다.

2 민족성 논의에서 가장 중요한 민족성 입증 방식은 단군신화를 통해 진행되었다. 단군신화의 문헌기록이 고려시대 몽고의 침입이라는 위기에 의해 촉발되었다는 점과 단군의 역사적 부각이 구한말에서 일제강점기를 거치는 근대사의 위기로 인해 제기되었다는 점은 단군서사를 통한 민족의 내부 결속 및 민족 만들기의 전형적 예로 평가되어 왔다. 실제로 1930년대의 조선학 담론에 있어서 단군신화 연구는 가장 중요한 내용이 되었다. 그러나 단군신화를 통한 민족사의 유구성을 입증하고자 하는 확고한 입장들은 민족성에 대한 종합적인 논의로 이어지지는 못하였다.

3 강상중, 『오리엔탈리즘을 넘어서』, 이산, 1997, 참조.

4 劉建輝, 「근대 일본에 있어서 내셔널 아이덴티티의 성립과 전개」, 『일본문화연구』 제5집, 동아시아일본학회, 2001, 47쪽.

5 청일전쟁을 전후하여 三宅雪嶺의 『眞善美日本人』(1891), 志賀重昂의 『日本風景論』(1894), 新渡戸稻造의 『武士道』(1899)가 발표되고, 러일전쟁 후에는 岡倉天心의 『茶の本』(1906), 芳賀矢一의 『國民性十論』(1907), 『日本人』(1912) 등이 발표되면서 일본인론이 일대 붐을 일으키게 되었고, 이것이 종합적인 체계를 이루어나간 것이다. [日清戰爭前後の三宅雪嶺『眞善美日本人』(一八九一年), 志賀重昂『日本風景論』(一八九四年), 新渡戸稻造『武士道』(一八九九年), 日露戰後の岡倉天心『茶の本』(一九〇六年), 芳賀矢一『國民性十論』(一九〇七年)『日本人』(一九一二年)などを通して日本人論が大ブームになり, それが綜合的な體系を整えていくのである](南富鎭, 『近代日本と朝鮮人像の形成』, 勉誠出版, 2002, 29쪽)

6 이규수, 「한국강점 직후 일본 지배계층의 조선인식」, 『대동문화연구』 제54집, 성균관대 대동문화연구원, 2008, 참조.

7 육당은 그가 발간한 『少年』지 창간호에서부터 세 번에 걸쳐(1908.11~1910.6) 「海上大韓史」를 게재한 바 있다. 여기에서 그는 반도국가가 갖는 문화사적 의미를 제시하고, 이를 바탕으로 반도국가인 우리의 지리적 의의를 나름대로 규정하고자 노력하고 있다. 일차적으로 이러한 논의는 일본의 반도정체론에 대한 대응논리 개발로 볼 수 있으며, 장대한 육당의 문화사적 인식의 출발점이 식민논리에 대한 대항논리를 생산하는 데 있었음을 여실히 보여주는 예라 할 수 있다.

8 1920년에 창간된 『조선일보』, 『동아일보』를 살펴보면 1920년대 초 신문 지상에는 각종 강연회에서 민족성이 강연의 주제가 되었음을 알 수 있다.

9 1925년 『개벽』 7월호에 수록된 「조선의 자랑」 편에는 「조선민족만이 가진 優越性」(金起田), 「天惠가 特多한 조선의 地理」(靑吾), 「高句麗 國民의 氣象과 努力」(李丙燾), 「마침내 조선사람이 자랑이여야 한다」(權悳奎), 「朝鮮의 十三大 畵家」(高羲東), 「朝鮮産業과 그 價値」(鮮于全), 「外國人이 본 朝鮮의 印象」 편에는 「才藝 世界第一」(獨逸), 「三大感嘆」(佛國), 「禮儀是各國第一」(中國), 「朝鮮의 四大美」(日本), 「朝鮮에 대한 七大信條」(美國), 「自然美人情美」(露國), 「朝鮮人의 印象」(英國), 「朝鮮人이 본 朝鮮의 자랑」 편에는 「淳良性이 第一자랑」(李商在), 「健康上으로 본 朝鮮사람의 優越点」(金容埰), 「우리 자랑은 正音文字」(洪命熹) 등이, 부록 형식으로 「八道代表의 八道자랑」(朴돌이)이 붙어 있다.

10 南富鎭, 『近代日本と朝鮮人像の形成』, 勉誠出版, 2002, 참조.

11 加藤周一, 오황선 역, 『일본인이라 무엇인가』, 한림신서, 1996, 18쪽.

12 이기백, 『민족과 역사』, 일조각, 1978, 113쪽.

13 일본은 이 도식에서 조선을 중국에 흡수시키는 방식으로 조선의 정신성을 무화시킨다.

14 김현주, 『이광수와 문화의 기획』, 태학사, 2005, 217쪽.

15 김윤식, 『이광수와 그의 시대』, 한길사, 1986, 733쪽.

1920년대 민족주의자들의 우리 민족성 인식

1 박찬승, 『민족·민족주의』, 소화, 2010, 65쪽.

2 이현주, 「신간회의 창립과 조직」, 『현대사연구』 4호, 한국현대사연구회, 1994, 58쪽.

3 이광수, 「民族改造論」, 『개벽』 23호, 1922, 37~38쪽.

4 전복희, 『사회진화론과 국가사상－구한말을 중심으로』, 한울, 1996, 188쪽.

5 강만길, 좌담 「한국 근현대사의 성격과 민족운동」, 『창작과비평』, 1988 여름, 30쪽.

6 최남선, 「朝鮮民是論」 1, 『동명』, 1922.9.2.

7 고대 아세아연구소 편, 「歷史를 通하여 본 朝鮮人」, 『육당 최남선 전집』 1, 동방문화사, 2008, 90쪽.

8 류시현, 「최남선의 국학, 조선학, 그리고 한국학 연구」, 『최남선 다시 읽기』, 현실문화, 2009, 86쪽.

9 「학도가 빈약한 조선」, 『조선일보』, 1926.11.18, 1쪽.

10 안재홍, 「그러면 조선인아—제군은 기백이 잇느냐?」, 『민세 안재홍선집』 1, 지식산업사, 1981, 40쪽.

11 안재홍, 「조선민족성의 국제사적 고찰」, 『민세 안재홍선집』 6, 지식산업사, 2005, 304~305쪽.

12 이지원, 「일제하 안재홍의 현실인식과 민족해방운동론」, 『역사와 현실』 6권, 한국역사연구회, 1991, 45쪽.

13 안재홍, 「그러면 이 일을 어찌하랴—우려할 조선인의 심적 경향」, 『민세안재홍선집』 1, 앞의 책, 54쪽.

14 안재홍, 앞의 책, 55쪽.

15 윤건차, 「일본의 동아시아 인식과 한국」, 『한일 근대사상의 교착』, 문화과학사, 2003, 284쪽.

16 신기욱, 『한국 민족주의의 계보와 정치』, 창비, 2009, 84쪽.

17 김병구, 「고전부흥의 기획과 '조선적인 것'의 형성」, 『'조선적인 것'의 형성과 근대문화담론』, 소명출판, 2007, 16쪽.

18 장문석, 『민족주의』, 책세상, 2011, 86쪽.

민족성과 미의식

1 시안 존스는 문화적 차이 또는 공통의 혈통에 대한 인식을 토대로, 타자들에 대비하는 집단과 자신을 동일시하는 한 개인의 주관적 개념화와 관련된 양상을 '민족 정체성(ethnic identity)'으로, 상호작용하거나 공존하는 타자들과 자신들을 구별하는 또는 그들의 구별되는 집단을 '민족 집단(ethnic group)'으로 보고 이 두 과정에서 생겨나는 사회적, 심리적 현상을 '민족성(ethnicity)'으로 정의하고 있다(Siân Jones, 이준정・한건수 역, 『민족주의와 고고학』, 사회평론, 2008, 참조).

2 이 시기 조선민족성에 대한 기존 연구로는 「일제강점기 한국과 일본의 조선민족성 담론 비교」(이선이, *Comparative Korean Studies* 제16권 제2호, 국제비교한국학회, 2008), 「근대 초 조선민족성 담론의 형성 배경과 논의 방식」(이선이・이준태, *Comparative Korean Studies* 제18권 제2호, 국제비교한국학회, 2010), 「조선연구의 발산과 수렴의 교차점으로서 민족성 연구」(구인모, 『한국문학연구』 38집, 동국대 한국문학연구소, 2010) 등이 있다.

3 Andre Eckardt, 권영필 역, 『에카르트의 朝鮮美術史』, 열화당, 2003, 374쪽.

4 근대에 접어들어 전개된 한국의 미론(美論)에 대한 전반적인 논의는 권영필 외, 『한국의 美를 다시 읽는다』, 돌베개, 2005를 참조하였다.

5 1930년대 조선의 문화적 고유성이 어떻게 담론화 되었는가에 대해서는 조현일 외, 『'조선적인 것'의 형성과 근대문화담론』(소명출판, 2007)이 대표적이다. 기존 학계에서는 1930년대에 진행된 조선학운동과 고전부흥론 등이 문화적 주체의식을 가지고 한국적 고유성을 확보하려는 근대적 노력을 보여준 것으로 보았다. 하지만 이 시기가 지나치게 강조됨에 따라, 한국적인 고유성에 대한 논의가 그 이전 시기부터 논의되어 왔다는 점은 간과되었다고 할 수 있다.

6 여기에서 인용한 야나기 무네요시의 글은 1922년에 펴낸 『朝鮮とその藝術』을 번역한 『조선과 그 예술』(신구, 1994)에서 발췌하였다.

7 이 글들이 수록된 곳과 발표연도는 다음과 같다. 「조선어가치」(『학지광』 제4호, 1915), 「조선의 미술」(『학지광』 제5호, 1915), 「조선의문학」(『학지광』 제6호, 1915).

8 안확, 「朝鮮人의 民族性」, 『조선문학사 : 부편』, 한일서점, 1922.

9 안확, 「朝鮮歌詩의 苗脈」, 『별건곤』 제4권 7호, 1929.

10 안확, 「朝鮮歌詩의 條理」, 『동아일보』, 1930.4.1~10.2.

11 안확, 「조선의 미술」, 『학지광』 제5호, 1915, 169쪽.

12 안확이 강조한 '소박미'가 에카르트가 한국미의 특징을 규명하고자 하면서 제기한 소박미와 어떻게 같고 다른가는 좀 더 면밀한 논의가 필요한 대목이다. 서양의 고전미에 상응하는 개념으로 한국미의 특징을 단순성에서 찾은 에카르트는 이러한 단순성을 소박미로 규정한다. 이 두 논자의 주장에는 인공미가 아닌 자연미에 대한 경외감이 내재해 있는데 이러한 특징을 '소박미'로 명명할 때, 우리의 민족성이 갖는 순수함은 일층 강화된다고 할 수 있다. 에카르트의 한국미론에 대해서는 권영필의 「유연함에 숨겨진 고전적 조화, 단순미와 소박한 아름다움」(권영필 외, 『한국의 美를 다시 읽는다』, 돌베개, 2005)을 참조하였다.

13 안확, 「朝鮮歌詩의 苗脈」, 『별건곤』 제4권 7호, 1929, 170쪽.

14 야나기에 대해서는 근대적인 한국미학의 독자성을 규명한 최초의 논자라는 긍정적인 평가와 함께 일제의 식민사관을 한국미에 대입시켜 미학적인 식민주의를 실천한 인물이라는 평가가 공존하고 있다. 그에 대한 대표적인 연구로는 조선미의 「야나기 무네요시의 한국미술관에 대한 비판과 수용」(『한국현대미술의 흐름』, 일지사, 1988), 이인범의 『조선예술과 야나기 무네요시』(시공사, 1999), 이양숙의 「야나기 무네요시(柳宗悅)의 '조선예술론'에 대한 고찰」(『민족문학사연구』31권, 민족문학사학회 민족문학사연구소, 2006) 등이 있다.

15 柳宗悅, 이길진 역, 「조선의 미술」, 『조선과 그 예술』, 신구, 1994, 85쪽.

16 柳宗悅, 위의 글, 88쪽.

17 柳宗悅, 위의 글, 98쪽.

18 柳宗悅, 이길진 역, 「조선의 벗에게 보내는 글」, 『조선과 그 예술』, 신구, 1994, 45쪽.

19 이인범, 『조선예술과 야나기 무네요시』, 시공사, 1999, 57쪽.

20 柳宗悅, 이길진 역, 「조선의 미술」, 『조선과 그 예술』, 신구, 1994, 102쪽.

21 정일성, 『야나기 무네요시의 두 얼굴』, 지식산업사, 2007, 226쪽.

22 柳宗悅, 「조선도자기의 특질」, 『조선과 그 예술』, 신구, 1994, 156쪽.

23 백색에 대한 담론화 과정에 대해서는 고대에서부터 현재에 이르기까지 대표적인 논의와 담론의 형성과정에 대해 논의한 이인범의 연구가 있다. 그는 '민족국가의 공동체의 미의식의 본질을 지시하는 상징적 기호'로 백색담론이 형성되었다고 보았으며, 이 근대적 기원에 야나기 무네요시와 최남선이 놓인다고 보았다(이인범, 「백색담론에 대하여 – 한국인의 미의식 논의에 대한 비판적 고찰」, 『미학예술학연구』 제19호, 한국미학예술학회, 2004).

24 당시 백색에 대한 인식차는 최남선의 경우를 살펴보면 더욱 명백해진다. 그는 1925년에 저술한 『불함문화론』에서 한국의 산 이름에 백자 계열이 많다는 점에 주목하며 한국의 신화와 백색의 연관성을 통해 백색을 민족적 상징으로 제시한 바 있다. 이처럼 백색을 두고 조선과 일본의 논자 간에는 분명한 인식차가 존재하였다.

25 안확, 「朝鮮歌詩의 條理」, 『동아일보』, 1930.10.2.

26 안확, 「朝鮮歌詩의 苗脈」, 『별건곤』 제4권 7호, 1929, 170쪽.

27 김창규는 안확이 1920년대 전후에 보여준 유교비판에서 벗어나 1930년대의 들어서면서 유교를 수용하려는 자세로 돌아서고 있다고 보았다(김창규, 『안자산의 국문학연구』, 국학자료원, 2000, 42쪽).

제국의 시선이 포섭한 조선민족성

1 이에 대한 상세한 내용은 『帝國之眼』(陳光興, 백지운 외 역, 『제국의 눈』, 창비, 2003)을 참조.

2 후쿠자와의 아시아 멸시 및 침략사상의 전모에 대해서는 『福澤諭吉のアジア認識—日本近代史像をとらえ返す』(安川壽之輔, 이향철 역, 『후쿠자와 유키치의 아시아 침략사상을 묻는다』, 역사비평사, 2011)을 참조.

3 福澤諭吉, 「脫亞論」, 慶應義塾編, 『福澤諭吉全集』 10(이하 『전집』으로 표기), 岩波書店, 1970, 239쪽.

4 Edward W. Said, *Orientalism —Western Concepts of the Orient*, New York : Pantheon Books, 1978, p.53.

5 근대 일본의 학지에 대해서는 『帝國日本の學知』 1~8, 山本武利他 編, 岩波書店, 2006를 참조.

6 28,000여 책의 내역에 대해서는 『조선총독부 공문서 종합목록집』, 한국국가기록원, 한울, 2005을 참조.

7 이밖에도 무라야마 치준의 또 다른 저서 『석존・기우・안택(釋尊・祈雨・安宅)』(1938), 『조선의 점복과 예언(朝鮮の占卜と豫言)』(1933), 『조선의 유사종교(朝鮮の類似宗教)』(1935), 『부락제(部落祭)』(1937) 등에 조선총독부편 조사자료의 일련번호가 부여되어 있다.

8 https://op.kulib.kyoto-u.ac.jp/webopac/ctlsrh.do(검색일 2011.7.25).

9 鈴木榮太郎, 「朝鮮農村社會踏査記」, 『鈴木榮太郎著作集』 V, 未來社, 1973, 138쪽.

10 鈴木榮太郎, 위의 글, 140쪽.

11 朝鮮總督府의 『朝鮮の聚落』, 한국문집편찬위원회 편, 『韓國地理風俗誌叢書 朝鮮の聚落 1~5』, 景仁文化社, 1994에서 각 편의 「序」를 참조.

12 有賀喜左衛門의 「日本家族制度と小作制度」, 『有賀喜左衛門著作集』 I~II, 未來社, 1966는 1942년에 최초로 발간되었음.

13 及川宏의 『同族組織と村落生活』(未來社, 1967)에 수록된 논문의 최초 공간은 대부분 1930년대 중후반의 것임.

14 朝鮮總督府, 『朝鮮の聚落』, 한국문집편찬위원회 편, 『韓國地理風俗誌叢書 朝鮮の聚落』 5, 景仁文化社, 1994, 422쪽.

15 이에 대해서는 위의 책, 394~452쪽을 참조.
16 鈴木榮太郎, 앞의 글, 137쪽.
17 鈴木榮太郎, 위의 글, 171쪽.
18 鈴木榮太郎, 위의 글, 170쪽.
19 鈴木榮太郎, 위의 글, 258쪽.
20 成田龍一, 「『少年世界』と讀書する少年たち－1900年前後, 都市空間のなかの讀書共同體」, 『近代都市空間の文化經驗』, 岩波書店, 2003, 121쪽.

1920년대 일본에서 전개된 조선민족성 논의의 지형

1 高橋亨, 『朝鮮の俚諺集 附物語』, 日韓書房, 1914, 2쪽.
2 高橋亨, 『朝鮮人』, 朝鮮總督府學務局, 1921, 21쪽.
3 高橋亨, 위의 책, 25쪽.
4 高橋亨, 위의 책, 26쪽.
5 高橋亨, 위의 책, 47쪽.
6 高橋亨, 위의 책, 48쪽.
7 高橋亨, 위의 책, 47쪽.
8 리우 지엔후이, 「근대 일본에 있어서 내셔널 아이덴티티의 성립과 전개－잡지 『태양』과 그 주변의 언설을 중심으로」, 『日本文化硏究』 제5집, 2001, 58~59쪽.
9 이선이, 「일제강점기 한국과 일본의 조선민족성 담론 비교」, *Comparative Korean Studies* 제16권 제2호, 2008, 460~461쪽.
10 山室信一, 『思想課題としてのアジア 一其軸連鎖投企』, 2001, 2쪽.
11 孫歌, 류준필 역, 『아시아라는 사유공간』, 창비, 2003, 59쪽.
12 高橋亨, 앞의 책, 64~65쪽.
13 村山智順, 『朝鮮人の思想と性格』, 朝鮮總督府編, 1927, 1쪽.
14 高橋亨, 앞의 책, 61쪽; 村山智順, 『朝鮮人の思想と性格』, 위의 책, 113쪽.
15 高橋亨, 위의 책, 65쪽.
16 高橋亨, 위의 책, 61쪽; 村山智順, 『朝鮮人の思想と性格』, 위의 책, 113쪽.
17 細井肇, 『鮮滿の経營－朝鮮問題の根本解決』, 自由討究社, 1921, 141쪽.
18 細井肇, 위의 책, 142쪽.
19 細井肇, 위의 책, 142쪽.
20 細井肇, 위의 책, 146쪽.
21 青柳綱太郎, 『朝鮮統治論』, 朝鮮硏究會, 1923, 792쪽.
22 青柳綱太郎, 위의 책, 174쪽.
23 青柳綱太郎, 위의 책, 794쪽.
24 青柳綱太郎, 위의 책, 125쪽.
25 高橋亨, 앞의 책, 64쪽.

26 青柳網太郎, 앞의 책, 796쪽.

27 김정인, 「『개벽』을 낳은 현실, 『개벽』에 담긴 희망」, 임경석 · 차혜영 외, 『『개벽』에 비친 식민지 조선의 얼굴』, 모시는사람들, 2007, 264쪽.

근대 중국의 조선(인) 인식

1 Rey Chow, 정재서 역, 『원시적 열정-시각, 섹슈얼리티, 민족지, 현대중국영화』, 이산, 2004, 40쪽.

2 王秀苗, 「韓國民族特點及旅華客源開發」(『商場現代化』, 2008), 李銳銳, 「韓國現代化中的儒學因素」(延邊大學碩士學位論文, 2007), 馮金岭, 「韓國民族文化特性与韓國現代化進程」(『國際關系學院學報』, 2004), 韋山, 「韓國人的民族自强精神」(『当代韓國』, 2007) 등.

3 王元周, 「근대 중국인의 한국 인식-경로와 특징」(『東方學志』, 연세대 국학연구원, 2005); 양귀숙 · 송진한 · 이등연, 「량치차오의 시문에 나타난 조선 문제 인식」(『중국인문과학』 26, 2003); 白玉陳, 「梁啓超朝鮮觀的變遷及原因分析」(『當代韓國』, 2009, 夏季號); 권혁수, 「근대 이래 中韓 양국의 상호인식」(『근대한중관계사의 재조명』, 혜안, 2007).

4 박명희, 「淸末民初時期 中國朝野의 對韓國觀-5 · 4時期 中國 關內의 言論을 中心으로」, 『中國近現代史研究』 22, 2004.

5 백영서, 「梁啓超의 근대성 인식과 동아시아」, 『아시아문화』 14, 1998.

6 전동현의 「청말 량치차오의 대한제국기 한국 인식-망국-자강개념을 중심으로」(『중국사연구』 34, 2005), 권혁수의 「근대 이래 中韓 양국의 상호인식-황염배의 『朝鮮』과 이시영의 『感時漫語』를 중심으로」(『근대 한중관계사의 재조명』, 혜안, 2007)를 참조.

7 Prasenjit Duara, 문명기 · 손승희 역, 『민족으로부터 역사를 구출하기-근대 중국의 새로운 해석』, 삼인, 2004.

8 정지호, 「梁啓超의 近代的 歷史敍述과 國民國家」, 『梨花史學研究』 32, 2005, 3쪽.

9 박명희, 앞의 글, 2004.

10 王元周, 앞의 글, 2005.

11 梁啓超, 「朝鮮亡國史略」(1904), 『飮冰室專集』 17, 『飮冰室合集』(中華書局, 2003, 이하 동일), 1쪽.

12 위의 글, 1~2쪽.

13 최승현, 「역사적 분석을 통한 한국과 중국의 상호인식 연구」, 『중국인문과학』 33, 2006, 436쪽.

14 梁啓超, 『日本併呑朝鮮記』(1910), 『飮冰室專集』 21, 2쪽.

15 정지호, 「中國 近代史學에 대한 試論」, 『현대중국의 動學과 근대의 뿌리』 국민대 CIRC HK사업단 학술대회발표집, 현대중국학회, 2010.4.2.

16 Prasenjit Duara, 문명기 · 손승희 역, 앞의 책, 49쪽.

17 坂本ひろ子, 「中國民族主義の神話」, 『中國民族主義の神話ー人種 · 身体 · ジェンダー』, 岩波書店, 2004, 25쪽. 사카모토 히로코(坂本ひろ子)의 「중국 민족주의의 신화-진화론 · 인종관 · 박람회사건」(양일모 · 조경란 역, 『중국 민족주의의 신화-인종 · 신체 ·

젠더로 본 중국의 근대』, 지식의 풍경, 2006)을 참조.

18 吉澤誠一郎, 정지호 역, 『애국주의의 형성－내셔널리즘으로 본 근대 중국』, 논형, 2006.

19 梁啓超, 「朝鮮亡國史略」(1904), 『飲冰室專集』 17, 8쪽.

20 梁啓超, 「變法通議」, 『時務報』, 1896~1899.

21 梁啓超, 「日本併呑朝鮮記」(1910), 『飲冰室專集』 21, 3쪽.

22 梁啓超, 「朝鮮滅亡之原因」(1910), 『飲冰室專集』 20, 3쪽.

23 梁啓超, 위의 글, 4쪽.

24 梁啓超, 위의 글, 6쪽.

25 黃炎培(1878~1965)의 자(字)는 任之, 호(號)는 抱一, 중국동맹회 가입, 1917년 5월 상해에서 근대 중국 최초의 직업교육기관인 중화직업교육사를 창설한 사회교육가이다. 1945년 7월 4일 재야출신의 국민 참정회 참정원 자격으로 연안을 방문하여 마오쩌뚱(毛澤東)과 나눈 민주정치에 관한 담화는 중국 현대 정치사 속에서 유명한 정치 담론의 하나이다. 중화인민공화국 창건이후에도 직업교육과 사회교육사업에 종사하면서 동시에 상당한 영향력을 발휘한 정치가이다.

26 중국의 무술변법운동이나 한국의 갑신정변 등이 일본의 메이지 유신을 모델로 하고 있는 것은 우연이 아니라고 할 수 있다(山室信一, 임성모 역, 「국민국가 형성의 삼중주와 동아시아세계」, 『여럿이며 하나인 아시아』, 창비, 2003, 참조).

27 강상중, 「日本の植民地政策學とオリエンタリズム」, 『近代文化批評 オリエンタリズムの彼方へ』, 岩波書店, 2000, 86쪽.

28 권혁수, 「근대 중국과 한국의 상호인식의 문제점－황염배의 『朝鮮』과 이시영의 『感時漫語』를 중심으로」, 『근대한중관계사의 재조명』, 혜안, 2007, 395쪽.

29 黃炎培, 「序言」, 『朝鮮－朝鮮八道誌』, 商務印書館, 1929, 2쪽, 5쪽.

30 瀧澤規起, 「稻葉岩吉와 '滿鮮史'」, 『韓日關係史硏究』 19, 2003, 63쪽.

31 黃炎培, 「過去的朝鮮及朝鮮人」, 『朝鮮－朝鮮八道誌』, 商務印書館, 1929, 42쪽.

32 예를 들면 3·1운동 이후 일본 정부의 조처에 대해서 "8월 19일 일황은 특별히 조서를 내려서 한일 합병의 본래 취지가 조선인을 (일본인과) 동등하게 사랑하는데 있으며 각각 그 바를 구하도록 노력할 것을 선언한다"라는 식으로 액면 그대로 인용하는 식이다(黃炎培, 「過去的朝鮮及朝鮮人」, 『朝鮮－朝鮮八道誌』, 商務印書館, 1929, 95쪽).

33 이시영, 『感時漫語－駁黃炎培之韓史觀』, 일조각, 1995, 24쪽.

34 이시영, 위의 책, 14쪽.

35 黃炎培, 「現在的朝鮮人」, 『朝鮮－朝鮮八道誌』, 商務印書館, 1929.

36 이시영, 앞의 책, 44쪽.

37 章淸, 「청말 중국의 '아시아론'에서 이어진 '역사기억'－'타자'인 일본과 조선을 함께 논함」, 동북아역사재단, 『동아시아의 지식교류와 역사 기억』, 동북아역사재단, 2009.

38 당시 중국 언론매체에서 다루고 있는 조선인론의 많은 부분은 일본에서 저술된 글을 번역 수입하는 형식으로 이루어졌다. 君實의 「朝鮮之民族性」(『東方雜誌』 제15권 제8호)과 克士의 「朝鮮的新婦女」(『婦女雜誌』 제9권 6호)는 각각 일본의 잡지에 실린 글의 번역물들이다.

1 구체적인 주제를 시기별로 보면 중국문화논전, 사회주의논전, 과학과 현학(玄學)의 논전, 중국사회 성질・사회사・농촌사회 성질 논쟁, 중국본위문화(中國本位文化)와 전반서화(全般西化) 논전을 들 수 있다. 논전을 자세히 살펴보면 서양의 문화와 사상 때문에 일어났다는 데에 주제의 공통점이 있다. 이 밖에도 단순한 사상문화와 관련된 것이 아니라 서양 정치사조의 영향을 받아 일어나게 된 정치 혁명문제와 관련된 주제도 있다.(신승하・임상범・김태승, 『20세기의 중국』, 서울대 출판부, 1998, 145~146쪽)

2 샤리앤샹(沙蓮香)은 『중국민족성(中國民族性)』에서 중국의 '국민성'개념은 '민족성'과 동의어로 사용된다고 설명하고 있는데, 영문으로는 모두 National Character라는 단어로 표시되며 한 민족 또는 한 국가의 문화 속에 깊숙이 스며들어있는 정신 또는 의의(意義)를 나타낸다. 이렇듯 민족성이라 함은 어떤 민족 내부를 일관되게 관통하고 있는 문화정신으로서 민족심리와 민족심리로 구성되는 특유의 민족성격－민족풍채(民族風采)－국조(國潮) 등의 형태로 나타난다. 민족성 또는 국민성은 개성, 인격 등의 상대적 개념이다(沙香蓮, 『中國民族性』(二), 北京 : 中國人民大學出版社, 1990, 2쪽). 필자가 여기에서 굳이 '국민성'이라고 표현한 이유는 중국이 실제 56개의 민족으로 구성된 다민족국가라는 점과 중국 역시 이를 고려하여 중국 국민 전체를 아우르는 '중화민족(中華民族)'이라고 표현하기 때문이다. 따라서 '중화민족'이라는 용어가 인위성을 내포하고 있다고 보고 '중국 국민'은 실제로 존재하고 있으므로 '국민성'이라는 표현을 쓴다.

3 Lidia H. Liu, 민정기 역, 『언어횡단적 실천』, 소명출판, 2005, 102~116쪽.

4 내용은 총 27개로 되어 있으나 27번째 항목은 「중국의 현실과 필요(中國的現實與時務)」로 되어 있어 중국인의 성격에 대해서는 아래 26개의 항목이라 할 수 있다. 즉 「체면 중시(face / 保全面子)」, 「근검・절약(economy / 節儉持家)」, 「부지런함(industry / 勤勞刻苦)」, 「예절중시(politeness / 講究禮貌)」, 「시간에 대한 무시(a disregard of time / 漠視時間)」, 「정확성의 결여(a disregard for accuracy / 漠視精确)」, 「오해를 잘함(a talent for misunderstanding / 易于誤解)」, 「우회하여 말을 잘함(a talent for indirection / 拐彎抹角)」, 「유순하고 고집스러움(flexible inflexibility / 順而不從)」, 「지적 모호성(intellectual turbidity / 思緒含混)」, 「무관심(an absence of nerves / 不緊不慢)」, 「외국인에 대한 경멸(contempt for foreigners / 輕視外族)」, 「공공 정신의 부족(an absence of public spirit / 缺乏公心)」, 「구습 답습(conservatism / 因循守旧)」, 「안락함과 편의에 대한 무관심(indifference to comfort and convenience / 隨遇而安)」, 「생명의 활력 중시(physical vitality / 頑强生存)」, 「인내심과 악착스러움(patience and perseverance / 能忍且韌)」, 「분수에 만족(contentment and cheerfulness / 知足常樂)」, 「효성(filial piety / 孝悌爲先)」, 「자비심(benevolence / 仁愛之心)」, 「동정심의 결여(an absence of sympathy / 缺乏同情)」, 「사회적 분쟁(social typhoons / 社會風波)」, 「책임감 있고 법률을 존중(mutual responsibility and respect for law / 株連守法)」, 「상호 불신 (mutual suspicion / 相互猜疑)」, 「성실함의 결여(an absence of sincerity / 缺乏誠信)」, 「다신론－범신론－무신론(polytheism・pantheism・atheism / 多元信仰)」등이 그것이다. 위 항목들에 대한 각 언어별 표현은 리디아 리우의 『언어횡단적

실천』의 원문 인용 부분과 민경삼이 중국어 본을 번역한 『중국인의 특성』(Arthur H. Smith, 민경삼 역, 경향미디어, 2006), 위에아이구워(樂愛國)와 짱화위(張華玉)가 중국어로 번역한 『性格』(Arthur H. Smith, 樂愛國・張華玉 譯, 『中國人的性格』, 學苑出版社, 1998)에서 발췌하여 내용에 맞게 다시 정리하였다.

5 중국어로 '미엔즈(面子, 얼굴)'라고 표현하는데 한국의 연구자들은 일반적으로 '체면(體面)'으로 번역한다. 하지만 중국어의 '미엔즈'와 한국어의 '체면'은 동의어가 아니다. 한국에서의 체면은 겸양과 겸손의 의미도 함축되어 있는 반면, 중국어의 '미엔즈는 유아독존적 '자존감(自尊感)' 또는 '자존의식(自尊意識)'이 강하게 내포되어 있기 때문이다. 본고에서는 현재 한국 학계에서 일반적으로 통용되고 있는 '체면(體面)'으로 표현하겠다.

6 영국이 상해에서 출판한 영자신문, 1864년 7월부터 출판. 그 전신은 1850년 8월에 창간된 『北華捷報(*North china Hereald*)』이며 1951년 3월 31일에 정간되었다.

7 『춘추대의(春秋大義)』 혹은 『원화(原華)』라고도 한다.

8 揚玉好, 「審視中國民族性格的兩種目光」, 『烟台師範學院報』 第17卷第4期, 烟台師範學院歷史系, 2000, 46쪽.

9 辜鴻銘, 김창경 역, 『중국인의 정신』, 예담, 2004, 13쪽.

10 辜鴻銘, 위의 책, 164쪽.

11 루쉰은 「摩羅詩力說」에서 처음으로 '국민성(國民性)'이라는 개념을 사용했다. 1907년에 쓰인 이 글은 일본에 거류하고 있던 중국지식인들이 발행한 『河南』 제2, 3호(1908. 2, 3)에 실렸다(Lidia H. Liu, 민정기 역, 앞의 책, 101쪽, 각주21 재인용).

12 루쉰이 『性格』을 본 것은 일본 유학시절 일본어로 번역된 것(사부에 타모츠(澀江保), 『지나인기질(支那人氣質)』)을 보았다고 한다. 죽기 전 남긴 글에서 "누군가가 아더 스미스의 『性格』의 번역에 착수할 것이라는 희망을 가지고 있다"라는 기록이 남아있는 것으로 보아 그가 사망한 1936년까지 이 책이 중국어로 번역된 것이 없었던 것으로 알려졌으나 리디아 리우는 『언어횡단적실천』에서 두 권이 있었음을 밝히고 있다. 한 권은 1903년 상하이 작신사(作新社)에서 일본어본을 중국어로 번역하여 출판한 『支那人之氣質』이며, 또 다른 한권은 1937년 판꾸앙딴(潘光旦)이 영문 원본 중에서 15개의 장을 뽑아 『민족의 특성과 민족의 위생(民族特性與民族衛生)』이라는 책에 끼워 넣어 출판한 것이라고 한다.

13 魯迅, 『魯迅全集』 第6卷, 人民出版社, 1981, 326쪽.

14 李大釗, 「東西文明根本之伊譯异点」, 陳崧, 『五四前后東西文化問題論戰文選』, 中國社會科學出版社, 1985, 65~66쪽.

15 李大釗, 위의 글, 67쪽.

16 陳獨秀, 「再質問 『東方雜誌』 記者」, 『陳獨秀文章選編』, 三聯書店, 1984, 346~347쪽.

17 Arthur H. Smith, 민경삼 역, 앞의 책, 42쪽.

18 곽거(郭巨)라는 사람은 동한(東漢)시대 지금의 하남성 사람이었는데 매우 가난했다고 한다. 가난으로 인해 먹을 것이 항상 부족한 가정인지라 곽거의 모친은 손자를 너무 사랑하여 자신의 밥을 손자에게 먹이고 본인은 굶었는데 이에 모친의 건강을 걱정하고 모친이라도 제대로 모시기 위해 곽거는 부인과 상의 후 자식을 땅에 묻어 죽이기로 하였

다. 자식을 묻기 위해 땅을 파는 데 땅속에서 황금이 나왔고, 거기에는 '이 황금항아리는 하늘이 곽거에게 내리는 것이다'라고 쓰여 있었다고 한다. 이 이야기는 효순(孝順)의 미명 하에 후세에 이십사효도 중의 하나로 전해지는데 동진(東晋)의 『수신기(搜神記)』, 송대(宋代) 『태평광기(太平廣記)』, 원대(元代) 곽거경(郭居敬)의 『이십사효(二十四孝)』, 명대(明代) 가정(嘉靖) 시기의 『창덕부지(彰德府志)』 등에 실려 있다.

19 ① 잘못된 아첨을 떨어서 부모를 불의하게 만드는 일, ② 부모가 연로하도록 벼슬을 하지 못해서 가정을 빈곤하게 하는 일, ③ 장가들지 않아 자식을 둘 수 없어 선조의 제사가 끊어지게 하는 일(趙岐曰, 於禮 有不孝者三事, 謂阿意曲從 謟親不義 一也, 家貧親老 不爲祿仕 二也, 不娶無子 絶先祖祀 三也, 三者之中 無後爲大).

20 각 장의 제목은 「서론」, 「중국인의 정신」, 「중국 여인」, 「중국 언어」, 「중국의 존 스미스」, 「위대한 한학자」, 「중국학 I」, 「중국학 II」, 「집단숭배 종교 또는 전쟁과 전쟁의 출구」로 구성되어 있다.

21 辜鴻銘, 앞의 책, 2004, 52쪽.

22 辜鴻銘, 위의 책, 53쪽.

근대 중국의 한국 국민성 인식

1 이와 관련된 연구를 한국과 중국의 경우로 대별해 살펴보면 다음과 같다. 한국의 경우는 朴元鎬 외의 『15~19世紀中國人的朝鮮認識』(高句麗硏究財團, 2005), 최소자의 『朝・淸交流系統中所呈現的中國社會－以18世紀朝鮮知識人的記錄爲中心』(韓國學術振興財團 硏究報告, 2005), 崔承現의 「通過歷史分析硏究中韓相互認識」(『中國人文科學』 33, 2006), 서영희의 「韓淸通商條約以后韓中外交的實際与相互認識」(『東北亞歷史論叢』 13, 2006), 박동옥의 「崔斗燦的『乘槎錄』中出現的韓中知識分子的相互認識」(『東亞細亞文化硏究』, 45, 2009) 등이 있다.

한편, 중국의 경우는 孫科志의 「中國人對尹奉吉事件的認識－以媒體報道爲中心」(『韓國硏究論叢』 13, 中國社會科學出版社, 2006), 權赫秀의 「近代以來中韓兩國的相互認識 以黃炎培的'朝鮮'和李始榮的『感時漫語』爲中心」(『社會科學論集』 38, 2007), 王元周의 「認識他者與反觀自我 近代中國人的韓國認識」(『近代史硏究』, 2007), 孫科志의 「近代中國人對韓國三一運動的認識識」(『東北亞文化硏究』 13, 2007), 孫科志의 「近代中國人對韓國獨立運動的認識硏究」(『東洋學志』 43, 2008), 孫科志의 「近代中國媒體對光州學生運動的報道與認識」(『韓國獨立運動史硏究』 35, 2010) 등이 있다.

2 梁啓超, 「麗韓十家文鈔序」, 『飮冰室文集之三十二』.

3 趙中浮・張存武・胡春惠 외, 『近代中韓關系史資料匯編』 제12권, 타이베이, 1990.

4 吳芳伯, 「遊高麗王城記」, 『近代中韓關系史資料匯編』 제12권, 552쪽.

5 저자 미상, 「高麗風俗記」, 『近代中韓關系史資料匯編』 제12권, 445쪽.

6 저자 미상, 「朝鮮風土記」, 『近代中韓關系史資料匯編』 제12권, 514쪽.

7 聶士成, 「東遊紀程」, 『近代史料筆記叢刊－「東遊紀程」・「日知堂筆記」』, 中華書局, 2007

년 6월, 100, 106, 116쪽.

8 薛培榕, 「朝鮮風俗記」, 『近代中韓關系史資料匯編』 제12권, 454쪽.

9 聶士成, 앞의 글, 100쪽.

10 「哀亡韓」, 『大公報』(톈진), 1910.7.23.

11 梁启超, 「朝鮮滅亡之原因(四)」, 『時報』(상하이), 1910.9.3.

12 『殷鑒篇其一』, 『桂林南報』 제2기, 1911.1.

13 梁启超, 「朝鮮滅亡之原因」, 趙中孚 외, 『近代中韓關系史資料匯編』 제12권, 타이베이, 1990, 266~276쪽.

14 梁启超, 「朝鮮貴族之將來」, 趙中孚 외, 위의 책, 239쪽.

15 梁启超, 「朝鮮滅亡之原因(三)」, 『時報』 (상하이), 1910.9.1.

16 논자 미상, 「說朝鮮」, 『大公報』 (톈진), 1912.6.13.

17 「對于日韓合邦論之批判」, 『大公報』 (톈진), 1910.7.23.

18 논자 미상, 앞의 글, 1912.6.13.

19 梁启超, 「朝鮮滅亡之原因」, 『時報』 (상하이), 1910.9.1, 참조.

20 본고는 한국 수도의 옛 이름인 '한성'을 사용하겠다.

21 「朝鮮滅亡史」, 『東方雜誌』 제3권 제3기, 1906.3.25.

22 梁启超, 「朝鮮亡國史略」, 『近代中韓關系史資料匯編』 제12권, 257쪽.

23 논자 미상, 「朝鮮亡國之尾聲」, 『桂林南報』 제2기, 1911.1.

24 梁启超, 『朝鮮滅亡慘史』, 醒社, 출판일자 미상, 52쪽.

25 논자미상, 앞의 글, 앞의 잡지, 1911.1.

26 「可怜亡國之學生」, 『申報』 (상하이) 1910.9.1.

27 논자미상, 앞의 글, 앞의 잡지, 1911.1.

28 梁启超, 앞의 글, 앞의 잡지, 1910.9.3.

29 孟眞, 「朝鮮獨立運動中之新教訓」, 『新潮』 제1권 제4호, 1919.4.

30 若愚, 「朝鮮革命與外蒙騷亂」, 『申報』, 1919.3.27.

31 孟眞, 앞의 글, 1919.3.20.

32 穗庭, 「朝鮮獨立運動感言」, 『新潮』 제1권 제4호, 1919.4.

33 馬毅, 「朝鮮紀遊」, 『東北月刊』 제1권 제2기, 1932.6.

중국문학에 투영된 근대 한국인상

1 梁启超, 朝鮮亡國史略(1904), 飮冰室專集17, 中華書局, 2003.

2 李圭景, 민족문화추진회 공역, 『五洲衍文長箋散稿』 경사편5 논사류2, 한국학술정보, 2008.

3 박명희, 「清末民初時期 中國朝野의 對韓國觀」, 『中國近現代史硏究』 제22집, 중국근현대사학회, 2004.

4 陳獨秀, 『陳獨秀著作選』 제1권, 上海人民出版社, 1993, 115쪽.

5 『상하이신보(上海晨報)』와 『베이징신보(北京晨報)』는 당시 중국에서 가장 영향력 있는 언론매체였다. 특히 상하이신보는 그해 사월까지 3.1운동의 발생배경 및 사상자 숫자 등 일본의 비인도적 행위를 비판하는 기사를 게재하였다.

6 김경석, 「3・1운동 이후 중국의 조선인식」, 『중국인문과학』 제42집, 중국인문학회, 2009, 287쪽.

7 陳獨秀, 『陳獨秀著作選』 제1권, 上海人民出版社, 1993, 509쪽.

8 위의 책, 497쪽.

9 1919년부터 1950년까지 창작된 중국문학 속의 한국인상에 대한 연구는 대체로 식민지 시대상황과 이에 대한 저항담론이 인물형상 가운데 내재된 양상에 초점이 맞추어져 있다. 이와 같은 연구는 크게 다음과 같이 분류해 볼 수 있다. 첫째는 1907년 대한제국 군대 해산 이후 일어난 사건들을 중심으로 시기별 항일투쟁의 양상에 따라 작품에 반영된 한국인상을 분석한 것인데, 이는 작품 속의 인물형상을 유형별로 분석하고 있는 것과 다소 중복되기도 한다. 박재우는 1917년에서 1949년까지 중국에서 발표된 한국인을 제재로 한 소설 16편을 선정하고 이에 묘사된 한국인의 형상을 항일표현방식 등에 따라 비교적 상세하게 분류하고 있다. 이를 살펴보면 1. 대한제국의 군인이나 의병장으로 무력투쟁을 전개하는 형상 2. 조선의 구귀족이나 지사로서 항일의식이 강한 형상 3. 일제치하의 노동자로 일제통치의 제도권 내에서 항거하다가 비참한 최후를 맞이하는 형상 4. 일제에 저항하는 여성형상 5. 중국과 소련의 국경지역에 거주하며 항일의식을 분출하는 형상 6. 중국 또는 일본에서 무력투쟁을 전개하다 최후를 맞이하는 형상 7. 해외에서 국제적 연대를 통해 투쟁하는 혁명투사 형상 8. 중국에 이주한 농민으로 농민들을 조직화하여 일제에 저항하는 형상 9. 중국의 혁명유격대에서 활동하거나 조선인들을 혁명당으로 조직화하는 형상 10. 팔로군(八路軍)의 일원이 되는 형상 등이다.(박재우, 「중국현대작가의 한인 항일투쟁에 대한 반영과 묘사」, 『중국학연구』 제35집, 중국학연구회, 2006) 그러나 16편의 작품이 모두 한국인을 주요 인물로 묘사하는 것은 아니기 때문에 이를 10가지 형상으로 분류하여 일반화하기에는 다소 무리가 있다. 둘째는 작가의 창작의식이나 민족적 아이덴티티에 따른 분석으로 주로 중국인작가 또는 만주에서 활동하던 조선족 작가의 시각에 따른 고찰이다. 김시준은 중국문학작품에 투영된 한국인상에 대한 연구에서 한인제재소설을 크게 한족작가의 작품과 만주족 작가의 작품으로 분류하고 만주족 작가의 소설을 중심으로 서술하고 있으며 창작의 모티브가 되는 실제 사건을 사료학적 관점에서 서술하고 있다.(김시준, 「중국문학작품에 투영된 한국인상」, 『중국문학』 제31집, 한국중국학회, 2001)

10 東北作家群 : 1931년 9・18사변이후 蕭軍, 蕭紅, 舒群, 羅烽, 李輝英, 白朗, 駱賓基 등 동북삼성(길림성, 요녕성, 흑룡강성)일대의 작가들은 일본군의 탄압을 피해 만리장성 이남으로 이동하였다. 이들 작가들은 고향의 풍습, 타향생활의 애환과 향수, 동북지역 농민들의 항일투쟁 등을 반영한 작품을 주로 창작하였는데, 이들을 가리켜 東北作家群이라고 하게 되었다. 동북작가군의 대표작품으로 蕭軍의 「八月的鄕村」, 「第三代」, 蕭紅의 「生死場」, 「馬伯樂」, 「呼蘭河傳」, 「曠野的歡喊」, 白朗의 「犧牲」, 「伊瓦魯河畔」, 羅烽의 「歸來」 등이 있다.

11 엄영욱, 『중국문학여행』, 국학자료원, 2005, 153쪽.

12 김시준, 「중국문학작품에 투영된 한국인상」, 『중국문학』 제31권, 한국중국학회, 2001, 181쪽.

13 박난영은 바진 소설의 한인 형상 연구를 통해 류자명의 생애와 활동에 대해 자세하게 서술하고 있다(박난영, 「바진 소설의 한인 형상 연구－「머리카락 이야기」와 「불」을 중심으로」, 『중국소설논총』 제34집, 한국중국소설학회, 2011).

14 巴金, 「創作回憶錄」, 『巴金全集』 제20권, 人民文學出版社, 1993, 650쪽.

15 중국현대문학 6대 작가는 루쉰(魯迅), 궈모뤄(郭沫若), 마오뚠(茅盾), 바진(巴金), 라오서(老舍), 차오위(曹禺)를 지칭한다.

1920년대 한일 소설에 재현된 조선인상

1 김정인, 「1920년대 전반기 민족 담론의 전개와 좌우투쟁」, 『역사와 현실』 39권, 한국역사연구회, 2001, 237쪽.

2 이미림, 「근대인 되기와 정주 실패－여행소설로서의 『만세전』」, 『현대소설연구』 제31집, 한국현대소설학회, 2006, 110쪽.

3 염상섭, 「만세전」, 『염상섭 전집』 1, 민음사, 1987, 57쪽.

4 장문석, 『민족주의』, 책세상, 2011, 37쪽.

5 최서해, 「큰물진 뒤」, 곽근 편, 『최서해 전집』 상, 문학과 지성사, 1987, 128~129쪽.

6 박광현, 「나카지마 아쓰시 문학의 타자 체험」, 『동서비교문학저널』 13호, 한국동서비교문학학회, 2005 가을겨울, 94쪽.

7 이원희, 「나카지마 아츠시(中島敦)의 초기작품과 조선」, 『일본학보』 47집, 한국일본학회, 2001, 377쪽.

8 中西伊之助, 이한정・미즈노 다쓰로 편역, 「불령선인」, 『일본 작가들이 본 근대조선』, 소명출판, 2009, 199쪽.

9 中西伊之助, 위의 책, 205쪽.

10 안확, 『조선문학사－부편』, 한일서점, 1922.

11 『개벽』 61호, 1925.7.1.

12 『별건곤』 12・13호, 1928.5.1.

13 정용화, 「한국인의 근대적 자아 형성과 오리엔탈리즘」, 『정치사상연구』 10집 1호, 한국정치사상학회, 2004, 34쪽.

14 유상희・이한정, 「근대 일본 작가들의 조선표상－1910년대부터 1940년대까지」, 『일본문화연구』 제35집, 동아시아일본학회, 2010, 277쪽.

15 강창일, 「일제의 조선지배정책－식민지 유산문제와 관련하여」, 『역사와 현실』 제12집, 한국역사연구회, 1994, 41쪽.

16 中西伊之助, 「불령선인」, 앞의 책, 195~196쪽.

17 今村仁司, 이수정 역, 『근대성의 구조』, 민음사, 1999, 201쪽.

18 염상섭, 「만세전」, 앞의 책, 36쪽.

19 염상섭, 「만세전」, 앞의 책, 47쪽.

1 Edward Wadie Said, 박홍규 역, 『오리엔탈리즘』, 교보문고, 2007.

2 송석원, 「근대 일본의 조선민족성 인식에 관한 연구」, 『일본연구』, 외국어대 일본연구소, 2011.

3 『婦女新聞』은 1900년 5월 10일 福島四良에 의해 창간되었다. 福島는 자신이 존경하던 누나의 불행한 결혼 생활과 요절, 그리고 이로 인해 슬퍼했던 어머니 때문에 여성 문제에 관심을 갖게 되었다. 그리고 "부인문제를 위해 생애를 바칠 결의"로 『婦女新聞』을 창간하였으며, 이것은 주간지로 '유일한 여성신문'이었다. 창간호는 1만부 정도였지만 그 후 1,200부까지 감소하자 일본 여성계의 세력자들이 노력하여 독자수를 배가시킨 이후 7,000부에서 1만부 정도의 발행부수를 유지했다. 경영에 곤란을 겪으면서도 1942년 까지 지속적으로 발행되었던 것은 '여성계의 힘' 덕분이었다고 할 수 있다. 독자층은 여학생, 여성 교원, 처녀회, 부인회 등 지역의 중심 멤버인 지식인 여성들이었다. 후쿠시마는 황실 숭배 의식이 강한 '애국자'였으며 『婦女新聞』은 체제 내에서 여성의 사회적 지위 향상을 지향하였다. 본 연구에서 『婦女新聞』을 분석 대상으로 삼은 것은 시사성이 강한 신문이라는 것과 중류계층의 여성 독자들을 중심으로 여성계에 대한 영향력이 적지 않았기 때문이다. 또한 당시 상당히 장기간 다채로운 지면 구성으로 여성계발을 위한 글을 편성한 여성저널로 타의 추종을 불허한다.

4 근대 중국에서 여성 대상 잡지, 즉 여성을 독자로 상정하여 여성문제를 주요 내용으로 다루는 정기 간행물은 1898년 7월 상하이에서 창간된 『女學報』를 시작으로 1949년까지 총 600종이 넘는다. 특히 辛亥革命 이후 1912년부터 중국 언론계는 다양한 잡지의 창간 붐을 맞았는데 여성잡지도 예외는 아니었다. 하지만 대부분은 규모가 작아 발행을 시작한지 1년 혹은 2년 만에 정간되는 일이 많았다. 또한 학교와 단체에 의해서 간행된 것들이 많아 출판하는 데 있어 시간적 공간적 제한이 있었을 뿐만 아니라 독자층 역시 매우 제한적이었다. 이러한 소규모 간행물 속에서 17년간 지속적으로 간행되며 당시 중국 여성 담론을 이끌고 해외 여성 담론을 소개하는 역할을 한 잡지가 바로 상하이 商務印書館이 1915년부터 1931년까지 간행한 『婦女雜誌』이다. 『婦女雜誌』는 상하이에서 발행되고 베이징, 톈진, 펑톈, 지린, 지난, 시안, 난징, 항저우 등 중국 각지의 30곳이 넘는 상무인서관 분관에서 판매되었다. 뿐만 아니라 싱가포르, 홍콩을 포함한 해외에서의 구독도 가능해 유통 범위도 유례를 찾을 수 없을 만큼 광범위 했다. 이처럼 간행 연수, 유통 범위, 판매 부수 등이 최고라는 점에서 여성대상 간행물로는 타의 추종을 불허하는 영향력을 지니고 있었다. 그러나 『婦女雜誌』가 이와 같이 영향력을 발휘할 수 있었던 데에는 무엇보다도 편집에서 판매까지 담당한 商務印書館의 막대한 자본의 역할을 빠뜨릴 수 없을 것이다. 그리고 상무인서관의 자본주의적 기업 윤리는 『婦女雜誌』가 당시의 시대적 변화에 민감하게 반응하도록 한 요인이 되기도 하였다. 당시 商務印書館은 판매 이익 확보가 최종적인 목적이었기 때문에 『婦女雜誌』는 독자의 수요에 부응하여 시기에 따라 그 내용에 변화를 보이고 있었다. 따라서 당시 특정한 주의와 주장 아래 발행되고 있던 많은 여성잡지와 달리 '팔리는 잡지'라고 할 수 있으며, 당시 빠른 변화를 보이고 있던 중국 근

대사의 조류를 반영하고 있었다고 할 수 있다.

5 商務印書館에서 1904년 3월에 창간된 근대 중국의 대표적인 종합잡지인 『東方雜誌』도 조선여성 담론을 파악하기 위해 함께 분석할 것이다. 『東方雜誌』는 초기에는 월간으로 간행되었으나 후에 반월간으로 간행되다가 1948년 12월에 정간되었다. 이 잡지는 역사 변천을 충실하게 기록한 것으로 평가되며, 梁啓超, 蔡元培, 嚴復, 魯迅, 陳獨秀 등 저명한 사상가와 작가 등이 왕성하게 글을 발표한 잡지이다.

6 『婦女新聞』에서는 한반도와 그곳에 살고 있는 사람들을 가리켜 조선, 한국, 선인, 한인, 조선인 등의 용어를 사용하였다. 본고에서는 '조선'으로 통일한다.

7 扶桑生, 「韓國の婦女子」, 『婦女新聞』 제72호, 1901년 9월 23일.

8 扶桑生, 「韓國の婦女子(續)」, 『婦女新聞』 제75호, 1901년 10월 14일.

9 早川紀代 외, 『동아시아의 국민국가 형성과 젠더－여성표상을 중심으로』, 소명출판, 2009, 21쪽.

10 秀蘭女史, 「鎭南浦より一男女の別…女の任務 …(8)」, 『婦女新聞』 제396호, 1907.12.9.

11 "실제로 우리는 가능한 경성의 사회 상태를 보고자 하여 특히 종로의 모리 경찰서장에게 의뢰하여 고등경찰을 대동하여 부유한 가정부터 가장 가난한 자유노동자의 빈한한 집까지 허락되는 한 타인에게 보이지 않는 내방까지 들어가 시찰했지만 엄중한 몇 겹의 벽과 몇 개의 문으로 세상과 차단하고 있는 비밀 본위의 상류가옥의 구조에"(五月二日滿州開原にて宮田修, 「朝鮮での印象(1)」, 『婦女新聞』 제1456호, 1928.5.13)

12 荻原夫人, 「韓國の婦人」, 『婦女新聞』 제279호, 1905.

13 金澤庄三郎, 「朝鮮の婦人」, 『婦女新聞』 제211호, 1905.5.23.

14 扶桑生, 「韓國の婦女子(續)」, 『婦女新聞』 제75호, 1901.10.14.

15 秀蘭女史, 「鎭南浦より一男女の別…女の任務…(8)」, 『婦女新聞』 제396호, 1907.12.9.

16 河原晴子, 「朝鮮から出雲へ(7)一はしりある記」, 『婦女新聞』 제1415호, 1928.7.24.

17 本島百合子, 「黎明を迎へた滿鮮の婦人(上)」, 『婦女新聞』 제1621호, 1931.7.5.

18 河原晴子, 「朝鮮から出雲へ(12)一はしりある記」, 『婦女新聞』 제1424호, 1928.9.25.

19 河原晴子, 「朝鮮から出雲へ(9)一はしりある記」, 『婦女新聞』 제1417호, 1928.8.7.

20 東京女高師, 教授 森岩太郎, 「聞いた鮮滿と見た鮮滿」, 『婦女新聞』 제847, 1916.8.11.

21 「朝鮮風俗談(4)」, 『婦女新聞』 제177호, 1904.9.28.

22 在京城 小松天劍, 「朝鮮の女」, 『婦女新聞』 제664, 1913.2.7.

23 竹島茂郎, 「滿鮮旅行談(下)」, 『婦女新聞』 제901호, 1917.8.24.

24 春甫, 「鮮滿トランク(1)」 제1130호, 1922.

25 桑田半窓, 「滿州(滿韓의 오기인 듯하다－필자)だより(第六信)」(みよしの丸より), 『婦女新聞』 제336호, 1906.10.15.

26 이옥순, 『여성적인 동양이 남성적인 서양과 만났을 때』, 푸른역사, 1999.

27 京城支局 ともを의 「秀蘭女史を送る」에 따르면 秀蘭女史는 경성일보의 일요부록, 부녀신문 등에 다수의 글을 게재하였으며, 경성여자 기예 학교 가사과와 수신과 강의를 하고 있었다. 남편 야스다 후지마루(安田不二丸)는 통감부 기사로 한반도 13도의 도로를 설계하였다고 한다(『婦女新聞』 제545호, 1910.10.28, 참조).

28 관광을 어떻게 정의할 것인가에 대한 상당한 논란이 있다. 통상적으로 거주지로부터 멀리 떨어진 곳에서 하룻밤 이상을 체류하는 것을 관광이라고 하지만 사업, 회의, 정치적 사건 등과 같이 도구적 목적(instrumental purpose)으로 여행하는 것도 관광의 범주에 넣을 것인가는 입장에 따라 갈라진다. 여기서는 이러한 도구적 목적의 여행을 관광에 포함시켜 사용하고자 한다. 관광과 관광객의 정의에 대해서는 닝왕(NingWang), 이진형・최석호 역, 『관광과 근대성』, 일신사, 2004 참조.

29 국사편찬위원회, 『여행과 관광으로 본 근대』, 두산동아, 2008.

30 조성운, 「제4장 근대 해외여행의 탄생과 여행지」, 위의 책, 197쪽.

31 하세봉, 「근대, 관광을 시작하다—관광의 동아시아적 回路」, 『근대, 관광을 시작하다』, 민속원, 2010, 199쪽.

32 우리가 알고 있는 것이나 믿고 있는 것은 우리가 사물을 보는 방식에 영향을 준다. (…중략…) 과학 철학자들이 지적한 것처럼, 냉철한 관찰을 한다는 과학자들 사이에서도 동일한 현상은 서로 다른 것을 의미한다. 그들이 보는 방식이 다양한 것은 상이한 세계관 또는 (…중략…) 상이한 패러다임을 가진 상이한 집단 내에서 훈련을 받았기 때문이다. (…중략…) 간단히 말해서, 사회화와 매스컴의 결과인 세계관, 가치, 신념 등은 보는 방식에 영향을 미친다. (…중략…) 관광객의 보는 방식은 보통 전형화된 보기에 해당한다. 관광지에 도착하기 전에 이미 관광객은 장소에 대한 이미지를 갖고 있고 장소를 상징적으로 구조화한다. 따라서 그들의 보는 방식은 "지리학적 상상력 그리고 문화적 분류와 관련이 있다. 그들은 관광지에 대한 상세한 지식은 없겠지만 특정한 지리적, 정치적, 경제적, 문화적, 종교적, 민족적 범주로 이미지를 구성할 것이다(NingWang, 이진형・최석호 역, 앞의 책, 2004, 247쪽, 249쪽).

33 하세봉, 앞의 책, 196쪽.

34 みやこ, 「福島社長の鮮滿行を送る」, 『婦女新聞』 제1117호, 1921.7.5.

35 「朝鮮から出雲へ—はしりある記」, 『婦女新聞』 제1413호, 1928.7.10.

36 13일 오전 9시 반 도쿄 출발, 14일 오전 9시 반 시모노세키 도착, 동일 오후 9시 반 승선, 15일 오전 9시 부산 도착, 동일 오전 10시 부산 출발, 동일 오후 7시 50분 경성 도착, 16일, 17일, 18일, 19일, 20일 금강산 탐방, 21일, 22일, 23일, 24일 경성체재, 경성 이후는 25, 6일경 개성, 26, 7일경 평양, 27, 8일경 안동현, 28, 9일경 펑톈, 30일 전후 푸쉰(撫順), 31일 양강즈(陽崗子), 11월 1일 전후부터 수일간 다롄, 뤼순, 5일 전후 창춘 그로부터 재차 경성으로 들어가, 대전, 대구, 경주, 부산을 거쳐 내지로 돌아올 예정이다(福島生, 「鮮滿旅行の日程」, 『婦女新聞』 제1116호, 1921.6).

37 春甫, 「鮮滿旅行記」, 『婦女新聞』 제1118호, 1921.

38 권혁희, 「일제시기 조선 관광과 기생」, 『근대, 관광을 시작하다』, 민속원, 2010.

39 秀蘭女史, 「鎭南浦より一男女の別…女の任務…(4), 『婦女新聞』 제392호, 1907.11.11.

40 하세봉, 앞의 책, 199쪽.

41 어제 서쪽에서 바라본 일본해를 지금 동쪽에서 보는 나는 어제부터 내밀히 바람이여 불어라고 빌었다. 그것은 신라의 영주가 "용으로 변해 왜를 물어뜯겠다"라고 한 맹세를 은발을 휘날리며 이 해안에 밀려오는 노도를 방불하고자 하는 야심이었다. 그러나 비

원은 다행히 이루어지지 않고 평온한 항해가 계속되고(河原晴子, 「朝鮮から出雲へ(17)一はしりある記」, 『婦女新聞』 제1420호, 1928.8.28).

42 河原晴子, 「朝鮮から出雲へ(5)一はしりある記」, 『婦女新聞』 제1413호, 1928.7.10.

43 本島百合子, 「黎明を迎へた 滿鮮の婦人(上)」, 『婦女新聞』 제1621호, 1931.7.5.

44 五月五日滿州長春にて 宮田 修, 「朝鮮での印象(2)」, 『婦女新聞』 제1458호, 1928.5.20.

45 目賀田夫人の談話, 「朝鮮婦人の交際振り(下)」, 『婦女新聞』 제315호, 1907.5.21.

46 조성운, 「제4장 근대 해외여행의 탄생과 여행지」, 앞의 책, 222쪽.

47 「社說 朝鮮貴婦人の歡迎に就て」, 『婦女新聞』 제544, 1910.10.21.

48 「社說 朝鮮貴婦人に呈する書」, 『婦女新聞』 제546호, 1910.11.3.

49 下田歌子의 「史上のの日本婦人と朝鮮」(『婦女新聞』 제5호, 1910.9.2), 荻野由之의 「古代のおける日本と朝鮮(一~四)」, 『婦女新聞』 제540호~제543호, 1910.9.23, 9.30, 10.7, 10.14) 등 다수.

50 이옥순, 「'닮음'과 '다름'의 식민주의」, 앞의 책.

51 「社說 朝鮮貴婦人に呈する書」, 『婦女新聞』 제546호, 1910.11.3.

52 부녀신문은 발간사에서도 "전국 2천만 명의 여자들을 위하여 (…중략…) 지위를 높이고 체력을 강화하고 남편을 받들어 양처가 되고 아이를 위하여 현모가 되어 어지러운 가정을 다스려, 이로써 퇴폐한 사회의 풍기를 바로 잡는" 것을 목적으로 한다고 밝히고 있다(「發刊辭」, 『婦女新聞』 제1호, 1900.5.11). 小薗崇明는 「1900年代の『婦女新聞』にみる'朝鮮の女性一構成される他者・'良妻'論を背景に」(『專修史學』 第44号, 2008.3)에서 당시 일본의 젠더전략인 양처현모론과 교차하면서 형성되는 '조선'여성에 대해서 논하고 있다.

53 京城ともを, 「觀光團婦人の感想」, 『婦女新聞』 제550호, 1910.12.2.

54 京城ともを, 「觀光團婦人の感想(つづき)」, 『婦女新聞』 제551호, 1910.12.9.

55 조성운의 지적에 따르면 "일본시찰단으로 일본을 여행한 사람들이 일본에 대해 느낀 점은 천편일률적"으로 우선 "일본의 첫인상으로 보통 울창한 숲을 든다"라고 한다. 그리고 "철도 연변의 공장굴뚝에서 나오는 시커먼 연기"를 보면서 일본 시찰자들은 근대 일본의 '문명'에 대해 깊은 인상을 받는다고 한다, 다음으로 그들이 시찰 장소를 돌아다니면서 본 것은 일본의 고대문물이 조선과 비교해서도 그리 차이가 나지 않는다는 것이다. 조성운, 「제4장 근대 탄생과 여행지」, 앞의 책, 246쪽.

56 京城ともを, 「 內地觀光の影響」 『婦女新聞』 제552호, 1910(明治43).12.16. 뿐만 아니라 당시 관광단 참여자 중 가장 연로했던 조중응의 어머니를 방문하여 이야기를 나눈 후에 "일본관광이 분명 새로운 사상을 유입시켜 가규가훈의 의미를 확장"시켰다고 자평하는 글도 게재하고 있다(「趙子爵母堂を訪ふ(上・下)」, 『婦女新聞』 제562호, 563호, 1911).

57 김혜련, 「조선어과 교과서와 '조선인' 형성 기획」, 『일제 강점기 조선어과 교과서와 조선인』, 역락, 2011, 211쪽.

58 강상중, 이경덕・임성모 역, 『오리엔탈리즘을 넘어서』, 이산, 1997.

59 「海國の婦人」, 『婦女新聞』 제90호, 1902.1.27.

60 『福澤諭吉全集』 第8巻, 岩波書店, 1960, 436쪽.

61 岡淺子, 「我が國家の使命を鑑みよ」, 『婦女新聞』 제486호, 1909.9.3.

62 芳岳, 「韓國の女子教育」, 『婦女新聞』 제221호, 1904.8.1.

63 社說, 「朝鮮開發と婦人」, 『婦女新聞』 제538호, 1910.9.9.

64 檜山望月, 「韓國の教育と女子」, 『婦女新聞』 1905.7.24.

65 「二十歲の少女祖國のために女學校を興さんとす－韓國吳小坡讓父子の來朝」, 『婦女新聞』 제467호, 1909.4.23.

66 社說, 「朝鮮開發と婦人」, 『婦女新聞』 제538호, 1910.9.9.

67 金澤庄三郎博士演說要領, 「朝鮮の婦人(つづき)」, 『婦女新聞』 제212호, 1905.5.30.

68 김혜련, 앞의 글, 223쪽.

69 秀蘭女史, 「鎭南浦より一渡韓を志す方へ(25)」, 『婦女新聞』 제434호, 1908.9.4.

70 「社說 在韓婦人の任務(上)」, 『婦女新聞』 제480호, 1909.8.27.

71 현재의 총독부는 선인(鮮人)의 문화를 높이기 위해서 상당히 노력하고 있다고 믿는다. 학교에 도서관에 사회교화사업에 볼만한 것이 적지 않다. 민간의 뜻있는 자 사이에서도 상당한 식자가 있어서 고심하고 있는 것처럼 보였다. 그 중 후치자와(淵澤)여사가 창립한 숙명여자 고등보통학교는 창립 이래 20여년 오로지 조선부인의 교육을 위해 상당한 성적을 올리고 있다. 여사는 올해 79세인데 젊은 조선 부인들과 같은 조선식 가옥의 기숙사에서 함께 생활하고 있는 모습을 보면 누가 그 존경스러운 봉사에 사의가 생기지 않겠는가. (…중략…) 숙명여학교에서 본 학생은 민첩하고 쾌활하며 필경 조선 장래 문화는 이들 새로운 부인이 선구자 역할을 할 것이라고 상상된다(宮田修, 「五月二日滿州開原にて 朝鮮での印象(1)」, 『婦女新聞』 제1456호, 1928.5.13).

72 小の子, 「朝鮮女學生の將來」, 『婦女新聞』 제664호, 1913.2.7.

73 大越愛子, 전성곤 역, 『근대 일본의 젠더 이데올로기』, 소명출판, 2009.

74 彌弼, 「朝鮮婦女狀況」, 『婦女雜誌』 제9권 제7호, 1923.7.

75 君實, 「朝鮮的民族性」, 『東方雜誌』 제15권 제8호, 1918.8.

76 吉澤誠一郞, 정지호 역, 『애국주의의 형성－내셔널리즘으로 본 근대 중국』, 논형, 2006.

77 綺雨, 「朝鮮的婦人運動」, 『婦女雜誌』, 1931.4.

서양인의 눈에 비친 한국인의 초상

1 고려, 조선, 대한제국 등의 국호를 이 글에서는 '한국'으로 통일한다.

2 M. Le Baron, *Petits Voyages Pittoresques dans L'asie, L'Afrique, L'Amerique, La Polynesie et Les Terres Australes*, 1813, Paris.

3 *Quadro geografico-fisico storico-politico di tutti i paesi e popoli del mondo*, Vol. I, Editore Carlo Bertoni, 1814, Milano.

4 이 탐사는 두 권의 책으로 기록되었다. 군의관 M'Leod John의 *Voyage of His Majesty's ship Alceste, along the coast of Corea, to the island of Lewchew; with an account of her subsequent shipwreck*(London, 1818)과 리라(Sloop Lyra)호의 선장 Basil Hall 대령의 *Account of a Voyage of Discovery to the West Coast of Corea and the Great Loo-Choo Island*(London : John Murray, 1818)이다.

5 Edward Belcher, *Narrative of the Voyage of H. M. S. Samarang*, London, Reeve, 1848.

6 Karl F. A. Guzl-aff, *The Journa lof Three Voyages along the Coast of China in 1831, 1832 & 1833 with Notices of Siam*, Corea and Loo Choo Island, 1834.

7 Horace N. Allen, *Things Korean; a collection of sketches and anecdotes, missionary and diplomatic*, 1908, New York, p.73.

8 이영아, 「서양인의 눈에 비친 조선인의 인종적 특질 연구－새비지 랜도어(Arnold H. Savage Landor)의 『고요한 아침의 나라 조선(*Corea or Cho-sen : The Land of the Morning Calm*)』을 중심으로」, *Homo Migrans*, Vol. 3, 2010, 5~37쪽.

9 Carlo Rossetti, *Corea E Coreani : Impressioni E Ricerche Sull'impero Del Gran,* Istituto Italiano d'Arti Grafiche, vol. I, 1904, Bergamo, pp.20~24.

10 1898년 3월 3일자 『독립신문』 사설을 보면 한국인의 대다수가 하는 일없이 놀면서 입고 먹고 있다(遊衣遊食)고 개탄하고 있음을 볼 때, 어쩌면 이러한 시각은 서양인이나 한국인이 공히 품었던 생각이라고 추정해 볼 수 있다.

11 김장춘, 『세밀한 일러스트와 희귀사진으로 본 근대조선』, 살림, 2008. 영국 화보신문에 나타난 한국과 한국인의 모습을 정리한 책으로, 서양의 언론에 비춰진 한국의 모습을 가늠해 볼 수 있다.

12 서양인이 제작한 근대 한국 이미지 기록 분석에 있어 나타나는 정형화의 문제는 홍순민, 박현순, 강명숙의 『서양인이 만든 근대전기 한국 이미지』(청년사, 2009)에서도 다루고 있다.

13 Homer B. Hulbert, *The Passing of Korea*, 1906, New York, p.31.

14 프레데릭 불레스텍스, 이향 · 김정연 역, 『착한 미개인 동양의 현자－서양인이 본 한국인 800년』, 청년사, 2007. 이 책에서 저자는 프랑스에서 발간한 한국관련 역사자료를 중심으로 한국인과 한국문화를 문명과 비문명의 대립적 관점에서 바라보고 있다. 저자의 책 제목은 그의 시각을 극명하게 보여주고 있다.